AF139037

Stefan Lütkemüller

Wie sehr *Krisen* unsere *Chancen* sind!

Die Zeit ist reif für Veränderungen

www.novumverlag.com

Bibliografische Information
der Deutschen Nationalbibliothek:

Die Deutsche Nationalbibliothek
verzeichnet diese Publikation in
der Deutschen Nationalbibliografie.
Detaillierte bibliografische Daten
sind im Internet über
http://www.d-nb.de abrufbar.

© 2016 novum Verlag

ISBN 978-3-95840-165-5
Lektorat: Christine Schranz
Umschlagfotos: Yael Weiss,
Alhovik | Dreamstime.com
Umschlaggestaltung, Layout & Satz:
novum Verlag

Gedruckt in der Europäischen Union
auf umweltfreundlichem, chlor- und
säurefrei gebleichtem Papier.

www.novumverlag.com

Inhaltsverzeichnis

Einleitung. Unsere Motivation

Warum sollten Sie dieses Buch lesen?

Falls Sie aktuell eine Krise durchleben, werden Sie sehen, wie sehr diese eine Chance für Sie sein kann. Möchten Sie mit Blick auf die Konflikte dieser Welt etwas in Ihrem Handeln verändern, bekommen Sie dafür Anregungen. Bekleiden Sie eine verantwortliche Position in der Gesellschaft, Wirtschaft oder Politik, finden Sie Ideen, wie Sie und wir gemeinsam vieles zum Guten bewegen können.

In den letzten Jahrhunderten hat sich unsere Zivilisation enorm entwickelt. Wir leben in einem nie dagewesenen Wohlstand, erleben in Mitteleuropa seit 70 Jahren Frieden und haben in Deutschland seit Jahren Steuereinnahmen auf Rekordniveau. Viele technische Erfindungen erleichtern uns das Leben und Fortschritte in der Medizin lassen unsere Lebenserwartung stetig ansteigen.

Wie sieht es aber emotional in uns aus? Wie zufrieden sind wir mit uns selbst und unserer Gesellschaft? Viele scheinen es nicht so zu sein, wie es jemand aus einem armen Land über uns im Wohlstand lebende Menschen wohl vermuten würde.

Neben positiven gab es aber auch negative Entwicklungen, die wir seit Jahren anhand diverser Krisen spüren, vor allem die Auswirkungen des Klimawandels. Der Weltklimarat mahnt in seinen Erklärungen vom 31. März und 13. April 2014 zu Maßnahmen, die Erderwärmung zu stoppen, um die Schäden für Natur und Menschen, aber auch die wirtschaftlichen Kosten zu begrenzen:

„Artensterben, Hungersnöte, Bürgerkriege: Diese Konsequenzen hat der Klimawandel. Der Klimawandel hat brutale Konsequenzen für die Menschheit – und das kann man bereits jetzt auf allen Kontinenten spüren. Zu diesem Ergebnis kommt der neue Weltklimabericht. Doch noch könnten die Folgen abgemildert werden."[1]

Seit Jahren finden regelmäßig UN-Klimakonferenzen statt, die mit dramatischen Appellen zum Handeln aufrufen; zum Beispiel bei der Eröffnung der UN-Klimakonferenz am 23. September 2014 in New York: „Der Klimawandel ist nach den Worten von UN-Generalsekretär Ban Ki-moon die größte Gefahr in der Geschichte der Menschheit: ‚Wir haben uns noch nie solch einer Herausforderung gegenüber gesehen.' … ‚Der Klimawandel bedroht den so hart errungenen Frieden, unseren Wohlstand und die Chancen für Milliarden Menschen. Er ist die prägende Aufgabe unserer Zeit. Unsere Antwort wird die Zukunft entscheiden. Dazu brauchen wir jede Hand', sagte Ban. ‚Eine emissionsarme Zukunft wird eine bessere Zukunft sein. Sauberer. Gesünder. Gerechter. Stabiler. Nicht für einige, für alle.' … Ex-Vizepräsident Al Gore sagte, erneuerbare Energien seien ein gutes Geschäft und könnten die Menschheit retten. ‚Unsere Kinder können uns zwei Fragen stellen, je nach dem Weg, den die Menschheit jetzt geht: Wenn wir nichts tun, werden sie uns fragen: Was habt Ihr Euch dabei gedacht? Wir können aber auch dafür sorgen, dass sie fragen: Wie habt Ihr damals den Mut gefunden, den Kurs zu ändern?'"[2]

Zugespitzter als Al Gore kam man die Herausforderungen unserer Zeit wohl kaum formulieren. Welche Krisen und Erkenntnisse benötigen wir noch um zu erkennen, dass wir unserem Leben eine Wende in natürlichere und nachhaltigere Bahnen geben sollten? Es gibt bereits länger Debatten über gesellschaftliche Veränderungen; diese waren aber lange ideologisch und theoretisch geprägt. Staaten und deren Politiker können Be-

---

1 http://www.focus.de/wissen/klima/weltklimarat-schlaegt-alarm-hungersnoete-und-buergerkriege-diese-folgen-hat-der-klimawandel-fuer-die-menschheit_id_3731342.html vom 31. März 2014
2 (http://www.welt.de/newsticker/dpa_nt/infoline_nt/brennpunkte_nt/article132522121/Klimawandel-groesste-Herausforderung-der-Menschheit.html) 23. Oktober 2013

schlüsse fassen, doch diese mit Leben füllen und handeln müssen schließlich wir als Bürger und Unternehmen.

Dieses Buch umfasst ein breites Spektrum an Themen, unsere Welt zum Guten zu verändern, die alle etwas verbindet: Seit dem Jahrtausendwechsel hat es einen Paradigmenwechsel gegeben, der eine gemeinsame Klammer bildet: Noch nicht für alle, aber für viele Menschen ist aufgrund der Veränderungsdynamik neben der theoretischen Debatte die Zeit der Taten gekommen. Wie schon Erich Kästner sagte: „Es gibt nichts Gutes, außer man tut es." Diese Menschen handeln pragmatisch, konsequent und nachhaltig. Dazu finden Sie viele Beispiele und weitere Ideen, Ihr Leben und unsere Gesellschaft nachhaltiger zu gestalten – ohne neue Ideologien und Revolutionen.

Ich hatte das Glück, Einblicke in viele Bereiche unserer Gesellschaft zu bekommen. Neben theoretischen Kenntnissen habe ich eine große Bandbreite an praktischen Erfahrungen sammeln können: Sei es in der Landwirtschaft, der Industrie, der Finanzwirtschaft, im sozialen und kirchlichen Bereich, in der Kultur, in der Bildung, der Hochschularbeit, der Politik, dem Sport, bei Stiftungen und dem Wohnen in einem Mehrgenerationenhaushalt sowie Wohngemeinschaften.

Der Wunsch, die Welt zum Guten zu verändern und ein Buch zu schreiben mit Anregungen, wie wir das alle gemeinsam tun können, war schon immer Teil meines Lebens. Dieser hat sich aber durch eine persönliche Veränderung verstärkt: Im Jahr 2010 wurde bei mir ein Gehirntumor entdeckt. Diese Krise motivierte mich, mein Leben in vielen Bereichen zu ändern. Diese Änderungen haben mein Leben bereichert und mir gezeigt, wie sehr Krisen Chancen sind. Und diese Krise hat meinen Blick auf die Welt verändert: Ich nehme positive Nachrichten viel stärker wahr. Lese ich von Krisen, kommen mir Ideen, wie wir diese dauerhaft lösen können. Ich wünsche Ihnen viel Freude beim Lesen!

Ein formeller Hinweis: Aufgrund der besseren Lesbarkeit verwende ich meist nur die männliche Form, zur Abwechslung auch mal die weibliche, meine aber jeweils Frauen und Männer. Um es an einem Beispiel zu beschreiben: Ich schreibe also nicht „Erzieher/innen", sondern einmal schreibe ich „Erzieher", dann „Erzieherin". Ich bin sicher, das ist jeweils im Kontext eindeutig.

Grundlegendes. Unsere Basis

Ich glaube tief, dass uns eine göttliche Kraft umgibt und die Natur ein wesentlicher Ausdruck dieser Kraft ist, auf deren leitende Hinweise wir stärker hören sollten. Gleichzeitig hat uns diese Kraft einen Verstand mit einem freien Willen gegeben, sodass wir zu eigenem Handeln fähig sind.

Die Art, wie wir leben und konsumieren, beeinflusst unsere Umwelt. Wer möchte, dass Menschen von ihrem Lohn leben können, Arbeitsplätze erhalten bleiben, die Umwelt und das Klima geschützt werden, Tiere artgerecht leben lassen und Massentierhaltung ablehnt, kann etwas dafür tun. Die Lösungen sind oft einfach und bedeuten, nachhaltig zu leben.

Manche denken, dieses Handeln sei für sie persönlich kompliziert und teuer. Dabei ist es leicht, lässt uns Geld sparen und Freude bereiten. Dass der Begriff „Nachhaltigkeit" ursprünglich aus der Forstwirtschaft stammt, wissen mittlerweile die meisten von uns: Fälle nur so viele Bäume, wie du benötigst und nachpflanzt, auch mit Blick auf künftige Generationen. Die Finanz- und Schuldenkrise zeigt uns quasi das Gegenteil nachhaltigen Handelns mit kurzfristig orientierter Gewinnmaximierung. Aber bekanntlich ist jede Krise auch eine Chance. Nach dem Ende des Kommunismus im sogenannten Ostblock hatte sich der Kapitalismus als Leitsystem etabliert. Die Finanzkrise bildet nur einen vorläufigen Höhepunkt neben den weiteren eingangs genannten Krisen unseres modernen Lebens.

Häufig geht es in öffentlichen und politischen Diskussionen um einzelne Veränderungen. Diese Maßnahmen sind speziell, schaffen neue Bürokratie, die zu neuen Tricks animieren, um sie auszunutzen. Ideal wäre ein Gesamtkonzept, ausgerichtet nach wichtigen nachhaltigen Zielen, woraus sich schließlich Einzelmaßnahmen ableiteten, die leicht verständlich und für alle transparent sind – eine ideale Aufgabe für die „große" Politik. Stattdessen wird oft lang und ideologisch über Einzelmaßnahmen diskutiert: Sinkt die Mehrwertsteuer für Hoteliers, sind die einen dafür, die anderen dagegen. Wenn es aber ein Gesamtkonzept für eine nachhaltige Politik und damit auch die Steuern gäbe, verbunden mit den zu erwartenden positiven Auswirkungen, könnte ein Wegfall einer Begünstigung durchaus von den Beteiligten akzeptiert werden.

Die Schuldigen sind häufig die anderen, vor allem die Industriebosse und die Politiker. Was häufig fehlt, ist der Blick auf uns, die Verbraucher und das Volk. Am Ende sind wir es, die Entscheidungen treffen, Produkte kaufen oder auch nicht.

Ich möchte unsere Sichtweise auf ein bewusstes Leben richten, auf die Macht jedes Einzelnen, und pragmatische Lösungen aufzeigen. Diese mögen zum Teil naiv wirken, sollen zum Nachdenken anregen und Anstöße für uns liefern. Das nicht mit erhobenem Zeigefinger, sondern mit der Aussicht, dass es uns oft mit nur leichten Veränderungen besser gehen wird. Es wäre doch ideal, wenn wir uns alle selbst und aus voller Überzeugung von innen heraus positiv änderten.

In unserer informationsüberfluteten Welt ist es bewusst ein reduziertes Buch, mit dem zu verschiedenen Themen die wichtigsten Fakten sowie Zusammenhänge aufgeführt werden, denn ein wesentliches Merkmal unserer Gesellschaft ist die Informationsflut. Wir wissen nicht mehr, was wir alles wissen. Das wird zunehmend zur Gefahr für unsere Gesellschaft: Die Kluft zwischen gebildeten Experten in den verschiedenen Fachgebieten und einer ungebildeten Schicht wächst. Es ist zu beobachten, dass Teile der Gesellschaft Entscheidungen nicht mehr nachvollziehen können und sich von gesellschaftlichen Prozessen abkoppeln bzw. ausschließlich dagegen protestieren. Das reicht von der privaten Lebensführung bis hin zur Teilhabe an der Politik, bei der die Beteiligung an Wahlen abnimmt. Das sollten wir nicht weiter zulassen und alle Menschen mitnehmen hin zu einem besseren Leben mit Blick auf Ökologie, Ökonomie und Sozialem, denn alle diese Bereiche umfasst Nachhaltigkeit.

Das Prinzip eines alten Philosophen, Kants kategorischen Imperativ „Handle stets so, dass die Maxime deines Willens jederzeit zugleich als Prinzip einer allgemeinen Gesetzgebung gelten könne", können wir wie folgt interpretieren: Jede unserer Handlungen sollte im Idealfall für sich beispielhaft für das Handeln anderer sein und eine Win-Win-Situation für alle Beteiligten ergeben. Richten wir unser Handeln nach folgenden Kriterien aus:

- Was entspricht unserer menschlichen Natur? Die Natur hat uns diverse Grundmuster mitgegeben. Wenn wir die verschiedenen Bereiche unserer Gesellschaft stärker danach ausrichteten, wären die Chancen groß, dass wir zufriedener lebten, auch bei technologischen Entwicklungen.
- Wie hat die Menschheit in früheren Zeiten die grundlegenden Fragen gelöst, die uns auch heute noch betreffen? Ein Blick zurück heißt wahrlich nicht, dass früher alles besser war. Er hilft aber, Fragestellungen in einem größeren evolutionären und historischen Rahmen zu sehen und so auf natürliche Lösungen zu kommen.
- Wie bleibt der dauerhafte Aufwand für eine Lösung so gering wie möglich, was Kosten und Energie betrifft?
- Was ist sinnvoll und gut für die Gesellschaft, den Staat und die ganze Welt? Wie gestalten wir das Leben vieler Menschen besser?
- Was ist gut für mich als Einzelnen? Nur wer für sich selbst sorgt und zufrieden ist, kann das auch für andere tun.

Es ist einiges aus einem natürlichen Gleichgewicht geraten, das wir aber wieder beheben können, wenn wir die Ursachen der Krisen lösen. Wäre es nicht schön, wenn in Zukunft die Menschen von uns als der Generation sprächen, die mit Veränderungen die Welt wieder ins Lot gebracht hat?

Nach Jahrzehnten teils unnatürlichen Wachstums hilft uns in vielen Bereichen ein „Weniger ist mehr": „Weniger haben und besser leben" prophezeite der Hamburger Zukunftsforscher Horst Opaschowski immer wieder in seinen Vorträgen, die ich unter anderem im Jahr 2012 hörte.

Das Motto des evangelischen Kirchentages 2013 in Hamburg –
„So viel du brauchst!" – passt bestens in unsere Zeit. Nicht der
Mangel ist in unserer westlichen Gesellschaft wie früher das
Problem, sondern oft das Übermaß, sei es bei der Ernährung
oder beim Alkohol- und Medienkonsum. Änderungen und ver-
meintliche Einschränkungen sind nicht per se unangenehm,
sondern bieten oft Chancen für ein besseres Leben. In einzelnen
Lebensbereichen ist das offensichtlich: Wer diszipliniert Sport betreibt, wird damit belohnt, dass er bessere Leistungen vollbringt
und gesünder ist. Wer kennt nicht das gute Gefühl nach dem
Sport, auch wenn er währenddessen als anstrengend empfunden
wird? So ist es mit vielen Dingen im Leben: Was vermeintlich als
Minderung der Lebensqualität angesehen wird, zeigt sich später
als das genaue Gegenteil.

Krisen. Unsere Chancen

Ideen und Innovationen entstehen bekanntlich zum einen durch Begeisterungsfähigkeit wie bei Musikern, die Lieder komponieren. Andere verwirklichen ihre Ideen und gründen sogar eigene Unternehmen. Ideen und Innovationen entstehen aber auch aus der Not heraus, denn Krisen bieten Chancen zur Veränderung, wie schon der Begriff sagt, den der Journalist Christoph Drösser in seiner Kolumne „Stimmt's" erklärt: „Schon das griechische Wort *krisis* bezeichnet nicht eine hoffnungslose Situation, sondern den Höhe- oder Wendepunkt einer gefährlichen Lage – von da an kann es eigentlich nur noch besser werden. Auch die Mediziner bezeichnen mit Krise oft das Stadium einer Infektion, in der das Fieber schon wieder im Sinken begriffen ist."[3] Verdrängen wir Krisen nicht, weder als Individuen durch Ignoranz noch als Gesellschaft mit Schulden, sondern nutzen wir sie als Anregungen dazu, ihre Ursachen zu lösen.

Hier lohnt sich der Blick in unsere jüngere Geschichte. Viele Unternehmen in Deutschland entstanden nach dem Zweiten Weltkrieg im wahrsten Sinne des Wortes aus und auf Trümmern. Menschen ohne Arbeitsstelle mussten im vom Krieg zerstörten Land überleben und ihren Lebensunterhalt verdienen. Sie sahen, wo es Bedürfnisse gab, entwickelten Güter und Dienstleistungen, um diesen Bedarf zu bedienen, und schufen so ihren eigenen Arbeitsplatz. Manchmal wurden dies große Firmen mit vielen Arbeitsplätzen, der Beginn des deutschen Wirtschaftswunders, wie beim Hamburger Otto-Versand: „Es begann 1949 – mit einem handgeklebten Katalog und 28 Paar Schuhen. Mit der Gründung seines Versandhauses

---

3 http://www.zeit.de/2003/36/Stimmts_Chin_Schriftzeichen vom 20. Mai 2013

schreibt Unternehmer Werner Otto ein bedeutendes Kapitel deutscher Nachkriegsgeschichte."[4]

Auch im privaten Bereich kennt jeder von uns Beispiele dafür, dass Krisen Wegweiser in Richtung Veränderung sind. Wenn uns nach einer Feier mit viel Alkoholgenuss am nächsten Tag unwohl ist, signalisiert uns der Körper: „Trinke nicht zu oft und zu viel Alkohol, das tut dir nicht gut." Beim Übermaß, sei es bei der Ernährung oder beim Alkohol- und Medienkonsum, liegt die Lösung meist in uns selbst: bei einer bewussten Selbstverantwortung und Achtsamkeit in unseren Handlungen. Wenn ich mir bewusst bin, weshalb ich etwas tue, kann ich mein Verhalten auch ändern. So lassen Krisen unsere Persönlichkeit reifen.

Bei den aktuellen Krisen unserer Gesellschaft, zum Beispiel der Finanz- und Schuldenkrise, kommt dieser Punkt viel zu kurz. Der Schwerpunkt richtet sich auf schuldenbasierte Rettungs- und Konjunkturprogramme, die darauf zielen, das Finanzsystem zu erhalten, aber auch einen gewissen Status quo zu sichern. Es sollte das erfolgen, was bei jeder persönlichen Krise hilfreich ist: die Ursachen analysieren, daraus Konsequenzen ziehen und für die Zukunft lernen. Prof. Ulrich Reinhardt von der BAT-Stiftung für Zukunftsfragen beschreibt dies wie folgt: „Um den Zustand der permanenten Angst und Unsicherheit zu verändern, müssten wir anfangen, aus unseren Fehlern tatsächlich zu lernen und Veränderungen – wie im griechischen Sinne – auch als Chance auf eine Verbesserung zu begreifen. Oder um es in den Worten von Max Frisch zu sagen: ‚Krise kann ein produktiver Zustand sein. Man muss ihr nur den Beigeschmack der Katastrophe nehmen.'"[5]

Haben wir den Mut, aus Fehlern zu lernen, sowohl persönlich als auch als Gesellschaft, mit einem einfachen Gedanken: Versuchen wir, die Ursache einer jeden Krise, sei sie privat oder politisch, ohne Geld bzw. neue Schulden zu lösen, denn das be-

---

4 https://www.otto.de/unternehmen/de/unternehmen/chronik.php vom 13. September 2014
5 Hamburger Abendblatt, 11. August 2014, Seite 10

hebt die Ursachen meist nicht, sondern verschiebt die Probleme lediglich in die Zukunft. Auf diese Weise beschäftigen wir uns gleich mit den eigentlichen Ursachen und kommen zu nachhaltigen Lösungen. Das geht am besten gemeinsam, denn Krisen lassen unsere individualisierte Gesellschaft spüren, wie wir gemeinsam besser Herausforderungen bewältigen. Die Änderungen setzen wir um, erklären und begleiten diese kommunikativ, um alle Beteiligten mitzunehmen.

Wir. Unsere Verantwortung und Wegweiser

Wir. Unser Denken und Handeln

Wir sind bei der Suche nach Schuldigen und Verantwortlichkeiten gern bei anderen. Natürlich sind wir externen Bedingungen und Einflüssen ausgesetzt. Andere Menschen haben Einfluss auf unser Leben, aber nicht so umfassend, wie wir meinen. Was wir ändern können, gilt es zu erkennen, wie es dieses bekannte Gebet beschreibt: „Gib mir die Gelassenheit, Dinge hinzunehmen, die ich nicht ändern kann. Gib mir den Mut, Dinge zu ändern, die ich ändern kann. Und gib mir die Weisheit, das eine vom anderen zu unterscheiden." Es liegt viel mehr Macht in uns selbst, auch bei Krisen.

Der Wissenschaftsjournalist Stefan Klein beschreibt in seinem Buch „Die Glücksformel" anhand wissenschaftlicher Studien – vor allem aus der Hirnforschung –, dass wir Menschen quasi jederzeit lernen. So können wir durch veränderte Gewohnheiten unser Gehirn formen und uns verändern: „Unser Augenmerk solle nicht in erster Linie darauf liegen, die Umstände zu ändern, sondern uns selbst ... Wiederholung und Gewohnheit sind unerlässlich, um das Gehirn neu zu verdrahten."[6] Der Dalai Lama, Buddhist und das geistige Oberhaupt der Tibeter, drückt es mit Blick auf die Finanzkrise so aus: „Ich nenne es die verantwortliche freie Marktwirtschaft. Letztlich kommt es auf jeden Einzelnen an. Es hängt vom individuellen Sinn für moralische Verantwortung, für Selbstdisziplin, für Werte ab. Diese Finanzkrise ist keine Krise der Marktwirtschaft an sich, sondern sie ist eine Krise der Werte."[7] Der deutsche Bundespräsident Joachim Gauck betont

---

6 Klein 2005, Seite 88
7 Die WELT, 29. Juni 2009, Seite 3

dies auf ähnliche Weise: „Ich wünsche mir, dass sich unsere Gesellschaft tolerant, wertbewusst und vor allen Dingen in Liebe zur Freiheit entwickelt und nicht vergisst, dass die Freiheit der Erwachsenen Verantwortung heißt."[8]

Leben wir verantwortlicher und richten unsere Handlungen stärker daran aus.

Mitdenken. Unser gesunder Menschenverstand

Wir können nicht alles wissen, aber jederzeit unseren gesunden Menschenverstand benutzen. Das heißt im Wesentlichen, aus Erfahrungen zu lernen und Meinungen sowie Informationen zu hinterfragen.

Hinterfragen wir immer wieder unser Handeln und werden uns bewusst, dass viele unsere Handlungen aus dem Unterbewusstsein heraus geschehen. Wir sind nicht so frei in unseren Entscheidungen, wie wir meinen. Wir sind geprägt durch unsere Erziehung, Sozialisation und Erlebnisse. Wir haben Gedankenmuster und Sätze in uns wie „Das darfst du nicht!", „Das gehört sich nicht!", „Sei perfekt und mache keine Fehler" oder „Sei rebellisch und dagegen" und „Passe dich nicht der Mehrheit an!"

Ebenso prägt das historische Umfeld: Die Nachkriegsgeneration, die Hunger und Mangel erlebt hat, drückt ihre Liebe gegenüber ihren Enkeln daher gerne mit vielen Süßigkeiten und Geschenken aus; ihren Enkeln soll es ja besser gehen. Diese wiederum wachsen im Wohlstand und teilweise im Überfluss auf, sodass die vielen Süßigkeiten und Geschenke zwar gut gemeint sind, den Kindern aber in dieser Menge nicht immer guttun. Vor allem die Hersteller dieser Produkte nutzen dies über die Werbung und zeigen uns Bilder glücklicher Kinder mit viel Spielzeug und Schokoriegeln.

---

8 Gauck 2012, Seite 62

Wir können uns dieser im Unterbewusstsein verankerten Einstellungen bewusst werden, diese annehmen, reflektieren und, wie anhand der Hirnforschung beschrieben, auch ändern. Ältere Menschen können dies als Chance sehen, mit gutem Gewissen ihren Enkeln nicht so viel Materielles zu schenken, sondern Zeit, in der sie den Enkelkindern vorlesen oder Geschichten aus ihrer eigenen Kindheit erzählen. So erfährt der junge Mensch, dass sein Opa als Kind zu Weihnachten neben selbst gestrickten Socken nur eine Schokolade geschenkt bekam und dennoch ein glückliches Fest erlebt hat.

Benutzen wir unseren gesunden Menschenverstand vor allem bei Themen, in denen wir uns nicht so gut auskennen.

Wegweiser. Unsere Gefühle und unser Glauben

„Was habe ich persönlich davon?", wird sich mancher fragen. Wenn wir nicht das Günstigste kaufen, sondern uns nach nachhaltigen Gesichtspunkten entscheiden und dafür etwas mehr bezahlen? Wir sparen, da wir bewusster konsumieren. Wenn wir uns dann noch für andere engagieren, uns fortbilden, statt in Materielles zu investieren, werden wir zufriedener und belohnen uns damit selbst. Wer dann noch an eine göttliche Kraft glaubt, lebt erfüllter, wie nicht nur Glaubensvertreter, sondern auch Wissenschaftler meinen.

Unser Gehirn schüttet Glückshormone für Zufriedenheit aus und belohnt uns damit unmittelbar: „Bei Begehren, Zufriedenheit ... spielen die Botenstoffe Dopamin, Oxytocin und Beta-Endorphin wichtige Rollen."[9] ... „Mit ausgelöst wird die Langzeitverstärkung von den Botenstoffen Serotonin und Dopamin, zwei Hormonen, die wesentlich auch für die guten Gefühle verantwortlich sind. Dieselben Substanzen, die uns Lust, Genuss

---

9 Klein 2005, Seite 52

und Sympathie erleben lassen, spielen eine Schlüsselrolle bei dem Umbau des Gehirns. Das ist kein Zufall, denn wie wir sehen werden, sind Lernen und die Erfahrung von Glück untrennbar miteinander verbunden."[10] Der Glücksforscher Miahly Csikszentmihalyi beschreibt in seinem Buch „Flow. Das Geheimnis des Glücks" solche Glückszustände als „Flow"[11]. Ein solches Denken können wir trainieren. Durch unsere Gedanken verändern wir unser Denken: „Negative Emotionen wie Wut und Trauer verschwinden nicht, wenn wir sie ausleben, sondern wir verstärken sie dadurch sogar noch. Die Gewohnheit, Dampf abzulassen, schadet uns also. Sie beruht auf einer inzwischen widerlegten Psychologie. Dagegen ist es möglich   und für das seelische Gleichgewicht besser – solche Emotionen bewusst zu kontrollieren."[12] Mit dieser Erkenntnis richten wir unsere Aufmerksamkeit auf das Gute in unserem Leben und trainieren uns auf diese Weise um. Wäre es nicht konsequent, diesen Gefühlen auch als Staat mehr Bedeutung zu schenken, statt lediglich auf Faktoren wie die Wirtschaftskraft zu schauen?

In vielen Kulturen glauben Menschen an eine göttliche Kraft, die uns führt und leitet.

Manche hadern mit Gott, wenn es ihnen schlecht geht. Ein guter Freund von mir formuliert es mit einem Lächeln so, wenn jemand über etwas klagt: „Der liebe Gott hat uns nicht ‚90 Jahre all-inclusive Urlaub' geschenkt, sondern ein Leben mit Herausforderungen." Andere Menschen missbrauchen Religion, indem sie unter Berufung auf die vermeintlich einzig wahre Religion andere fanatisch bekämpfen, unterdrücken und gar töten. Es ist doch offensichtlich, dass solche Extremisten für ihre Taten religiöse oder politische Motive nur als moralische und ethische Legitimation vorschieben. Dahinter stecken verminderte Selbstwert- und Ungerechtigkeitsgefühle – mehr dazu im Kapitel Außenpolitik.

---

10 Klein 2005, Seite 81
11 Csikszentmihalyi 2004, Seite 13 ff.
12 Klein 2005, Seite 282

Andere sehen das Gute im Glauben und sind religiös motiviert, gut zu leben. Mit diesem tiefen Glauben leben diese Menschen achtsam, sorgen sich um andere und haben auf diese Weise ein erfülltes Leben. Anhand einer Textzeile des wohl bekanntesten Gebets der Welt, des „Vater unser", erläutert Pastor Christian Butt dies anhand des dritten Satzes „dein Wille geschehe". Am Beispiel einer Fabel, bei der ein Mann ein armes krankes Mädchen sieht und sich fragt, warum Gott dem Mädchen nicht hilft, bekommt der Mann von Gott die Antwort: „Ich habe wohl etwas dagegen getan, ich habe dich geschaffen." Butt interpretiert das so: „,Dein Wille geschehe', so legt es die Fabel nahe, dass unsere Aktivität gefragt ist … Klar ist es möglich, den Zustand der Welt zu beklagen. Wir müssen uns selbst der Aufgabe stellen, Verantwortung für die Erde und unser Leben zu übernehmen … Was für ein wunderbarer Gedanke: ‚Auch ich bin Gottes Beitrag für eine menschenfreundlichere Welt'."[13]

Auch diese Geschichte zeigt, wie weit der Glauben tragen und motivieren kann, ein gutes Leben zu führen: „Im vorigen Jahrhundert besuchte ein Tourist aus den Vereinigten Staaten den berühmten polnischen Rabbi Hofetz Chaim. Erstaunt sah er, dass der Rabbi nur in einem einfachen Zimmer voller Bücher wohnte. Das einzige Mobiliar waren ein Tisch und eine Bank. ‚Rabbi, wo sind Ihre Möbel?', fragte der Tourist. ‚Wo sind Ihre?', erwiderte Hofetz. ‚Meine? Aber ich bin nur zu Besuch hier. Ich bin nur auf der Durchreise', sagte der Amerikaner. ‚Genau wie ich', sagte der Rabbi."[14]

Wer weiß, vielleicht sind unser Leben und der Tod nur weitere Stationen einer langen Reise, die wir durch ein gutes Leben positiv beeinflussen können? Ist der Gedanke nicht eine tolle Motivation, dass es eine große göttliche Kraft gibt, die das Universum, unsere Erde und uns alle erschaffen hat? Eine Kraft, die

13 Hamburger Abendblatt, Beilage „Himmel & Elbe", 27. Mai 2014, Seite 9
14 http://www.herder.de/aktuelles/tagestext/text_des_tages_html?datum_
    zur=2009-06-24 vom 7. Februar 2015

in uns ist und über die wir alle miteinander verbunden sind? Eine Kraft, die uns unterschiedlich sein, aber auch spüren lässt, wie es dem anderen geht, eine Wahrnehmung, die wir als Empathie bezeichnen? Die uns Engel schickt bzw. uns einander zu Engel werden lässt? Eine Kraft, die uns anleitet zu einem guten Leben?

Solche Weisungen zu einem guten Leben finden sich in vielen Religionen. Helge Adolphsen, emeritierter Hauptpastor der Hamburger Kirche St. Michaelis, bekannt als Hamburger Michel, erklärt in seinem Beitrag „Wir müssen den Islam einfach besser kennenlernen" die Gemeinsamkeiten des Islams und des Christentums. Er beschreibt, wie sich Extremisten auf einzelne Passagen berufen, ohne das Ganze zu kennen, und kommt zu folgendem Fazit: „Die eigentliche Intention der Bibel ist wie im Koran Barmherzigkeit, Gerechtigkeit und Frieden … Bibel und Koran sind kein Steinbruch, aus dem man sich die einem passenden Steine willkürlich herausbrechen kann … In der Tat, wir müssen mehr über den Islam und die Bibel wissen."[15] Im Artikel „Das Miteinander der Religionen" betonen die muslimische Filiz Güven (Vorstand DITIB Moschee Lüneburg) und die evangelische Christine Schmid (Superintendentin im Kirchenkreis Lüneburg) ebenso die Gemeinsamkeiten ihrer Religionen. So sagt Filiz Güven: „Ein Vers im Koran sagt: ‚Wenn jemand eine Seele tötet, dann ist es so, als habe er die Menschheit insgesamt getötet' (Koran 5/32). Der Islam verurteilt jede Form von Gewalt. Terrorismus als Mittel zur Durchführung von bestimmten Zielen widerspricht den Grundsätzen des Islams." Christine Schmidt ergänzt: „Christlicher Glaube hat seinen Mittelpunkt im Glauben an einen gnädigen Gott und im Doppelgebot der Liebe: ‚Du sollst Gott lieben von ganzem Herzen … und deinen Nächsten wie Dich selbst.' (Matthäus 22, 37 ff.) … Den eigenen Glauben gut zu kennen, das ist die beste Prävention gegen extreme oder fanatische Fehlformen der Religionen. Und wer seine eigene Religion schätzt, achtet auch den Glauben anderer."[16]

---

15 Hamburger Abendblatt, Beilage Harburg & Region, 24. Januar 2015, Seite 3
16 Landeszeitung Lüneburg, 27. Februar 2015, Seite 14

Vertreter dieser und anderer Religionen betonen das Gute und Barmherzige. Laut Bibel sagte schon Jesus: „Behandelt die Menschen so, wie Ihr selbst behandelt werden wollt – das ist es, was das Gesetz und die Propheten fordern."[17] Der Dalai Lama, Buddhist und das geistige Oberhaupt der Tibeter, sagte bei seinem Besuch im Jahr 2014 in Hamburg: „Wenn wir die Welt besser machen wollen, muss jeder Einzelne besser werden."[18] Mahatma Gandhi, der als Hindu Indien gewaltfrei in die Unabhängigkeit führte, wird diese Aussage zugeschrieben: „Sei du selbst die Veränderung, die du dir wünschst für diese Welt."[19]

Alle großen monotheistischen Weltreligionen wie das Christentum, der Islam und das Judentum glauben an einen allumfassenden Gott, nicht an mehrere wie beispielsweise die griechische Mythologie, und meinen, dass sie jeweils den einzig wahren Gott anbeten. Bekanntlich ist das Christentum aus dem Judentum heraus entstanden. Der Islam folgte später, wie hier beschrieben: „Der Islam ist die dritte der monotheistischen Religionen und nach dem Christentum die zweitstärkste an Mitgliedern … Er geht auf Mohammed zurück, den die Muslime als den letzten Propheten verehren. Er lebte von 570–632 n. Chr. und erlebte im Jahre 610 in der Wüste seine Berufung zum Propheten. Seine Offenbarungen wurden zuerst mündlich weitergegeben und später, nach seinem Tode, im Koran in Suren niedergeschrieben. Die Suren wurden nicht nach ihrer Entstehung, sondern ihrer Länge nach geordnet … Durch seine Handelszüge kannte Mohammed sowohl das Christentum, als auch das Judentum. Viele Propheten, die im Alten Testament vorkommen, kennt daher der Islam ebenso, wie er auch Jesus als den letzten Propheten vor Mohammed anerkennt und Maria als Mutter von Jesus."[20]

---

17 Die Bibel, Matthäus-Evangelium 7, Vers 12
18 Hamburger Abendblatt, 27. August 2014, Seite 6
19 http://www.zitate-online.de/sprueche/historische-personen/18971/sei-du-selbst-die-veraenderung-die-du-dir.html vom 31. Dezember 2014
20 http://www.lerncafe.de/static_pages/lerncafe/37/thema/hintergruende/weltreli.htm vom 5. Oktober 2014

Es gibt also viel Gemeinsames. Was ist, wenn alle recht haben und damit den gleichen Gott meinen und anbeten? Die jeweiligen Menschen und Propheten haben jeweils ihre persönlichen Erlebnisse mit und Gedanken von Gott niedergeschrieben. Die Unterschiede in ihren Schriften erklären sich also lediglich daraus, dass dies an verschiedenen Orten zu verschiedenen Zeiten geschah. Da jeder seine Erfahrungen mit Gott so überzeugend erlebte, hielt jeder von ihnen sowie später die jeweiligen Vertreter dieser Religionsgruppe diese für die einzig wahre Religion. Da alle wie beschrieben Gutes wie Barmherzigkeit, Gerechtigkeit und Frieden von ihren Gläubigen fordern, könnten alle diese Gläubigen ab sofort miteinander in Frieden leben, im Glauben an den einen wahren Gott. Diese monotheistischen Weltreligionen umfassen mit Milliarden Menschen einen Großteil der Menschheit.

Die Glaubensvertreter dieser Weltreligionen könnten diese Gemeinsamkeiten stärker betonen und Unterschiede respektvoll diskutieren. Dies möchte man auch für die untereinander zerstrittenen und sich bekanntlich in diversen Ländern bekämpfenden Glaubensrichtungen des Islams, die Sunniten und Schiiten, hoffen. So könnten sie Extremisten aller Art die moralische und ethische Legitimation nehmen, die sich viele Extremisten selbst zuschreiben und so ihr Handeln rechtfertigen. Denn warum sollte dieser eine Gott Menschen dafür belohnen, dass sie seine von ihm ebenso geschaffenen Menschen bekämpfen oder gar töten? Vielmehr sollten sie diese zu einem guten Leben anleiten und dies selber vorleben.

Auch die Wissenschaft hat Argumente dafür, dass der Glaube an Gott zu einem längeren Leben verhilft, egal, welcher Weltreligion man angehört, wie im Artikel „Wem Gott zu langem Leben verhilft" anhand eines Arztes beschrieben: „Harold Koenig war einer der Ersten, die sich mit dem Thema beschäftigten … Er beobachtete, dass die Gläubigen besser mit Krankheiten umgingen als seine atheistischen Patienten … Heute leitet er das Center for Spirituality, Theology and Health an der Duke University im Bundesstaat North Carolina. Der Glaube vermittle das Gefühl, einer Gemeinschaft anzugehören und durch Gott geschützt und aufgehoben zu sein. Zudem fördere der Glaube, jedenfalls in den Weltreligionen, Werte wie die Nächstenliebe. ‚Das verbessert die Beziehungen zu Freunden und zur Familie‘, sagt Koenig. Stabilere soziale Beziehungen und das Grundvertrauen in Gott bedeuten nach Koenig schlicht weniger Stress.“[21]

Auch Philosophen wie der Hamburger Volker Gerhardt beschreiben ihre Sichtweise zum Glauben. Gerhardt äußert sich im Interview „Warum die Welt den Glauben braucht“ über Aufklärung, Christentum und den Islam: „Der Hamburger Philosoph Volker Gerhardt, Seniorprofessor an der Berliner Humboldt-Universität, der in Berlin auch in der Grundwertekommission sitzt, hält den Glauben für unverzichtbar. Zuletzt erschien von ihm ‚Der Sinn des Sinns. Versuch über das Göttliche‘.“ Auf die Frage, ob er an die Aufklärung glaube, antwortet Gerhardt: „Ihre Frage lässt mich vermuten, dass Sie an die Aufklärung glauben. An die glaube ich auch … Aber ob das ‚wirklich‘ oder ‚letztlich‘ richtig ist, wissen wir nicht! … Und für diese uns und unsere Welt umfassende Gewissheit haben wir keinen besseren Begriff als den des Glaubens.“ Auf die Frage, ob er gläubig sei, antwortet Gerhardt: „Wie könnte ich nicht gläubig sein? Ich glaube nicht nur an das, was ich gerade in Verbindung mit den großen Leistungen der Aufklärung aufgezählt habe, sondern auch an den Wert der Bildung, an die Humanität und an die Kraft der Liebe. Aber ich bin auch davon überzeugt, dass wir vor lauter Staunen und Entsetzen gar nicht leben könnten, wenn wir nicht an einen Grund glaubten, der alles, was wir sind und was wir wollen, ermöglicht. Diesen Grund nenne ich das Göttliche … In der christlichen Lehre tritt uns das Göttliche im – auch mich tief berührenden – ertragenen Leiden des Gekreuzigten entgegen. Wenn ihm der Glauben in der Verlassenheit am Kreuz Kraft gegeben hat, kann er sie auch anderen geben, selbst jenen, denen es im Leben besser geht.“[22]

---

21 http://www.welt.de/gesundheit/article13318334/Warum-der-Glaube-an-Gott-das-Leben-verlaengert.html vom 2. Mai 2011
22 Hamburger Abendblatt, 31. Januar 2015, Seite 25

In modernen Ratgeberbüchern finden sich ebenfalls Hinweise, dass die Ursachen für Krankheiten und Krisen in uns Menschen selbst zu finden und daher mit einfachen Methoden zu heilen sind. David Servan-Schreiber geht in seinem Werk „Das Antikrebs-Buch" wie folgt darauf ein und gibt eine einfache Anregung: „Aufmerksamkeit ist reine Liebe und tut gut … Um wieder mit dieser dauernd verfügbaren inneren Quelle des Lebens und des Friedens in Kontakt zu kommen, müssen Sie nur die Aufmerksamkeit auf eine lange Atmung und auf die anschließende Pause richten."[23] Alex Loyd und Ben Johnson, die Autoren des Buches „Der Healing Code", die darin eine gleichnamige Heilmethode beschreiben, erläutern es wie folgt: „Die tiefstgehende Heilung, die jeder Mensch auf Erden braucht, ist nicht körperlicher und emotionaler, sondern seelischer Natur, und dazu gehört auch die Heilung einer gestörten Beziehung zu einem liebenden Gott … Es ist nicht die Absicht des Buches, Ihnen zu sagen, wie und was Sie glauben sollen. Aber wir hoffen und beten inständig, dass Sie den Einen erkennen mögen, der den Menschen und die Energie erschaffen hat und alles, was dafür sorgt, dass der Healing Code so wirkt, wie er es tut."[24]

Wie können wir mit Blick auf die Vielfalt unserer Welt sowie die Weiten und die Komplexität des Universums gar nicht an eine große, gute und leitende göttliche Kraft glauben, die alles umfasst und tief in uns zu Hause ist? Selbst Menschen, die sich als atheistisch bezeichnen, aber zugleich verantwortlich nach ihrem Gewissen leben sowie liebevoll für sich, ihre Kinder und andere handeln, sind auf ihre Weise gläubig. So heißt es in der Bibel: „Gott ist Liebe. Wer in der Liebe lebt, lebt in Gott, und Gott lebt in ihm." (1. Johannes 4,16b) Manche von ihnen wollen wohl mit Blick auf den geschilderten Missbrauch im Namen von Religionen nicht Teil einer Religionsgemeinschaft sein. Der Glaube kommt von Gott, die Religion und das, was wir daraus machen, von den Menschen.

---

23 Servan-Schreiber 2010, Seite 248 ff.
24 Loyd, Johnson 2014, Seite 44

Im Grunde möchte wohl jeder von uns wertgeschätzt, respektiert und geliebt werden. Was tun wir nicht alles dafür, dies zu bekommen? „Liebe deinen Nächsten wie dich selbst", so lautet eines der zehn Gebote. Den Nächsten lieben fällt dem ein oder anderen bereits schwer, aber sich selbst? Dabei geht es nicht um Egoismus und Narzissmus, sondern darum, sich selbst anzunehmen, mit all seinen Eigenschaften, wie Psychologen wie Robert Betz betonen: „Niemand außer dir hat die Macht und die Fähigkeit, dich glücklich zu machen ... Und wer sich selbst ins Zentrum seiner liebevollen Aufmerksamkeit stellt und die Verantwortung für sein Leben selbst in die eigenen Hände nimmt, der schafft die Voraussetzung für ein wunderbares Leben. Und zugleich ist er das beste Vorbild für seine Mitmenschen ... Wer nicht gut für sich selbst sorgt, bürdet sein Unglück den Mitmenschen auf."[25] Es gibt ausgeglichene, in sich ruhende Menschen, die keinen Argwohn gegen andere hegen, selbstbewusst ihren Weg gehen und tolerant gegenüber anderen sind. Was wäre, wenn jeder Mensch sich selbst liebte, seinen inneren Frieden in und mit sich selbst fände? Wenn wir den anderen annähmen, respektierten, wertschätzten und liebten, wie er ist? Und das nicht nur als Menschen untereinander, sondern auch als Gemeinschaften und Länder? Das wäre wohl der Weltfrieden, also gehen wir in uns. Lassen wir Kinder zu solch ausgeglichene Menschen werden! Mehr dazu im Kapitel Erziehung.

Was ist, wenn uns diese göttliche Kraft einen freien Willen gegeben hat, uns umgibt sowie alle unsere Schritte begleitet, wenn wir nur achtsam darauf hören? Wenn nicht nur die Natur, sondern auch unser Gewissen, unsere Seele und unsere innere Stimme Ausdrücke dieser tief in uns zu findenden göttlichen Kraft sind? Ist es dann nicht ein gutes Gefühl, richtig und bewusst zu leben? Probieren Sie es doch einfach aus und sprechen in Ruhe mit Ihren eigenen Worten zu Gott, danken, teilen Sorgen sowie Freude und bitten bei Entscheidungen um Unterstützung.

---

25 Betz 2011, Seite 97

Heute nehmen wir uns immer weniger die Ruhe für solche Momente. Wir haben alle viel zu tun, opfern uns auf für die Arbeit, Familie und Freizeitaktivitäten. Wenn wir mal nicht beschäftigt sind, lassen wir uns von den vielen modernen Medien berieseln. Nehmen wir uns einfach häufiger Zeit, in Ruhe zu uns selbst zu kommen und Antworten auf unsere Fragen zu finden. Neben einem Glauben an sich selbst und an eine göttliche Kraft helfen einfache Rituale, uns selbst zu belohnen: Machen wir uns am Ende des Tages, vielleicht beim Nachtgebet, unsere schönsten Momente des Tages bewusst und danken dafür. Vielleicht führen wir sogar ein Glückstagebuch, um diese Dinge dauerhaft festzuhalten.

Sehen wir jeden Tag als ein Geschenk, eine Herausforderung sowie eine Verpflichtung gegenüber uns selbst, unserem Nächsten sowie unserer Umwelt. Es gibt genügend Gründe, bewusst und mit Vertrauen auf eine gute, große göttliche Kraft unser Leben zu gestalten und uns mit guten Gefühlen selbst zu belohnen.

Generation V. Unsere nächste Generation

Junge Menschen wollen seit jeher die Welt zum Guten verändern. Heute handeln diese oft pragmatischer als in den Generationen zuvor. Sie tun Gutes, verdienen damit manchmal sogar Geld und verändern mit einem Lächeln die Welt.

Der Zukunftsforscher Opaschowski von der Stiftung für Zukunftsfragen spricht Ende 2008 von der Generation V: „Alles wird anders: Die ‚Generation V' ist da! – sagt zumindest Zukunftsforscher Horst Opaschowski. ‚Die drei V – Vertrauen, Verantwortung und Verlässlichkeit – sind der soziale Kitt, der die Gesellschaft und die Welt zusammenhält', sagte der wissenschaftliche Leiter der BAT Stiftung für Zukunftsfragen zum

Jahreswechsel."[26] Im September 2014 bestätigt eine weitere Studie diese Ergebnisse: „‚No future' war gestern. Die Generation der 14- bis 34-Jährigen blickt vielmehr mit Optimismus in die Zukunft. Zu diesem Ergebnis kommt eine repräsentative Erhebung, die der Zukunftsforscher Professor Horst W. Opaschowski … in Hamburg vorgestellt hat. Danach beschreiben 87 Prozent der jungen Frauen und Männer ihre Lebensperspektive positiv. ‚Das ist die neue Generation V', sagt der ehemalige Direktor und Gründer des BAT Freizeitforschungsinstituts in Hamburg: ‚Sie setzt auf Vertrauen, Verantwortung und Verlässlichkeit.' Der Generationenkonflikt spielt keine Rolle mehr. …Das IPSOS Institut Hamburg/Mölln hatte im Auftrag des emeritierten Hochschullehrers 1 000 Personen im Alter von 14 Jahren an in Deutschland zu ihren Zukunftshoffnungen befragt."[27]

Die Übernahme von Verantwortung für gutes Handeln, auch gegenüber ihren Familien und der älteren Generation, sehen viele junge Menschen als das richtige und gute Lebensgefühl. Die Zehn-Jahresstudie des „Hochschul-Informations-Systems" (HIS) unter Hochschulabsolventen im Auftrag des Bundesforschungsministeriums, bestätigt dies: „Die Pflege von Familienbanden nennen 73 Prozent der Befragten als wichtigsten Wert überhaupt. 86 Prozent nannten als zu verfolgendes Ziel den Schutz der Menschenrechte, … 79 Prozent den Klima- und Umweltschutz, 78 Prozent die soziale Gerechtigkeit."[28]

Diese Zahlen zeigen, wie sehr die aktuellen Krisen gerade bei jungen Menschen Werteveränderungen bewirken – und sie handeln auch danach. Es gibt tolle Beispiele von sozial handelnden jungen Unternehmensgründern, die mit gutem Gewissen und Produkten Geld verdienen, wie bei Lemonaid. Diese Firma aus Hamburg verkauft biologisch und fair produzierte Getränke. Aus den Erträgen fördern die jungen Firmengründer soziale

---

26 http://www.sueddeutsche.de/leben/214/452911/text vom 18. Januar 2009
27 Hamburger Abendblatt, 26. September 2014, Seite 30
28 Hamburger Abendblatt, 4. Juni 2014, Seite 3

Projekte in den Anbauregionen: „Mit jeder verkauften Flasche unterstützen wir den gemeinnützigen LemonAid & ChariTea e.V. und damit Projekte in den Anbauregionen unserer Zutaten. So kamen bislang mehr als 300 000 Euro zusammen, die dem Verein für unterschiedliche Entwicklungshilfeprojekte zur Verfügung stehen."[29]

Ähnlich ist der Ansatz der Firma Social Bite aus Schottland, eine soziale Imbisskette mit Standorten in Edinburgh und Glasgow. Die Gründer haben mehrere Obdachlose als Mitarbeiter eingestellt und spenden ihre Gewinne an soziale Projekte in Schottland oder auch Bangladesch.[30]

Claudia Assmuth und Henning Siedentopp sind die Gründer des Lüneburger Textilunternehmens mela wear, das in Indien fair und ökologisch Kleidung produzieren lässt. Siedentopp hatte die Idee dazu während eines Sabbatjahres in Indien. Dort lernte der junge Mann Unternehmen kennen, deren komplette Produktion fair und ökologisch ist: „Diese Firmen schaffen gute Arbeitsplätze und -bedingungen in Indien. Man könnte sie auch für den deutschen Markt produzieren lassen und damit unterstützen."[31] Seit Oktober 2014 ist mela wear auf dem Markt. Gutes tun und damit den eigenen Lebensunterhalt verdienen, das ist doch eine ideale Kombination.

Bekanntlich hat alles seine Zeit. Nun scheint die Zeit der positiven Vernunft und Verantwortung gekommen. Ein solcher Sinneswandel zeigt sich auch bei aktuellen Hoffnungsträgern, den jeder für sein persönliches Leben nutzen kann: Vom destruktiven Dagegen- zum positiven Dafür-Sein. Diese Umkehr macht in der Sache gar keinen wesentlichen Unterschied, ändert aber Grundsätzliches, wie an zwei populären Zeitgenossen beschreibbar: Jürgen Klinsmann hat als deutscher Fußball-Nationaltrainer im

---

29 http://www.lemon-aid.de/unsere-projekte-im-uberblick vom 1. Februar 2015

30 http://www.social-bite.co.uk vom 31. Dezember 2014

31 Magazin „Was zählt. Eine lebenswerte Zukunft in Lüneburg & Umgebung", Ausgabe 1/2015, Seite 20

Vorfeld der Weltmeisterschaft 2006, als der deutsche Fußball in einer tiefen Krise steckte und von den Boulevard-Medien als „Rumpelfußball" bezeichnet wurde, viele Trainingsmethoden und das Umfeld umgestaltet. Das Ganze verband er mit einem Lächeln und seiner positiven Wortwahl, Dinge weiterzuentwickeln. Er warb für eine neue Vision des modernen Fußballs, der Darstellung einer weltoffenen deutschen Gesellschaft, und sprach viel von den Zielen. Mit dieser Einstellung hat er wesentlich zum sogenannten deutschen Sommermärchen der Weltmeisterschaft 2006 beigetragen. Die Auswirkungen dieses Fußball-Ereignisses sowohl für unsere Gesellschaft als auch für ein positives Deutschland-Bild in der Welt wirken bis heute nach. Sein damaliger Assistenztrainer und Nachfolger als Bundestrainer, Joachim Löw, hat dies weitergeführt und wurde dafür ausgezeichnet: „Mit seinem sympathischen Auftreten bei der Weltmeisterschaft 2014 haben er und die deutsche Nationalmannschaft Deutschland weit mehr als den WM-Titel gebracht, sondern viel Sympathie im In- und Ausland, und wurde dafür ausgezeichnet: Jogi Löw bekommt den Deutschen Medienpreis: … Nach Meinung der Jury habe sein Führungsstil und seine Spielphilosophie die Nationalelf in der ganzen Welt zu einem herausragenden Botschafter eines modernen, weltoffenen und sympathischen Deutschlands gemacht', teilten die Organisatoren mit."[32]

Die Entwicklung des deutschen Fußballs durch eine positive Einstellung der Verantwortlichen ist ein gutes Beispiel, wie gut wir Krisen für positive Veränderungen nutzen können. Ein besonderer Nebeneffekt einer solchen Einstellung, den Klinsmann und Löw bestens beweisen: Sie haben eine positive Ausstrahlung und sind dadurch angenehme Zeitgenossen.

Wenn wir diese einfache Botschaft übernehmen, dass wir quasi durch unser Denken und Handeln ständig lernen und so unser Gehirn formen, verändert ein jeder von uns auf diese Weise sein

---

32 http://www.stern.de/lifestyle/leute/jogi-loew-bundestrainer-erhaelt-deutschen-medienpreis-2149147.html vom 30. Oktober 2014

Leben und damit auch unsere Gesellschaft zum Positiven. Die jungen Menschen zeigen uns pragmatisch, dass wir mit guten Taten auch Geld verdienen können, und das mit einem Lächeln im Gesicht. Einfach mitmachen.

Zusammenhänge. Unsere Erkenntnisse

Viele Zusammenhänge unseres Lebens sind uns offenbar nicht mehr bewusst. Dieses zeigt sich nicht nur in der Finanzkrise, sondern auch auf anderen Gebieten. Krisen können uns helfen, wenn wir die Ursachen erkennen und lösen. Darüber sowie durch das tägliche Erleben von Zusammenhängen lernen wir diese wieder, sowohl bewusst als auch unbewusst.

Ein erstes Beispiel soll dies verdeutlichen: Wir haben in unserer modernen Gesellschaft vermeintlich sichere Systeme wie die Renten-, Kranken- und Arbeitslosenversicherung erfunden, um elementare Risiken abzusichern. Wie haben sich Menschen in früheren Zeiten dagegen gewappnet? Sie haben seit jeher gemeinsam gelebt, ob in Sippen oder Familien. Alt und Jung zusammen; jeder tat das, was er konnte. Die jungen Menschen sorgten für die Nahrung, verrichteten die körperlich anstrengenden Arbeiten und versorgten die Kinder sowie die alten Menschen. Die Alten erledigten die körperlich leichteren Arbeiten, unterstützten die Elterngeneration bei der Kinderbetreuung und gaben ihr umfangreiches Wissen an diese weiter. Im Krankheitsfall war der eine für den anderen da. Der wichtigste Schutz vor den Risiken des Lebens sowie die Versorgung im Alter waren daher, eigene Kinder zu bekommen und in einer Gruppe zusammenzuleben. Jeder leistete seinen Beitrag und alle unterstützten sich gegenseitig. Einfache Prinzipien, die wohl seit jeher galten.

Im 19. Jahrhundert wurden die beschriebenen Versicherungssysteme eingeführt, die den Grundsatz „Jung sorgt für Alt" zwar beibehielten, aber in ein Geldtransfersystem gossen und von den unmittelbaren Leistungen entfernten: Junge und Leistungsfähige zahlen Geldbeträge in die Versicherungen, aus denen Alte und Kranke ihre Leistungen in Form von Geldzahlungen erhalten. Grundsätzlich eine gute Idee, die von der Voraussetzung ausging, dass es immer genug Kinder gibt und sich alle solidarisch an diesem System beteiligen. Mit dem Satz „Kinder kriegen die Leute immer" hat der damalige Bundeskanzler Konrad Adenauer 1957 die Einführung des sogenannten Generationenvertrages mit der Vorstellung begründet, dass die jeweils Jungen einer Generation die jeweils Alten finanzieren. Durch dieses künstliche System passiert aber Folgendes: Der eine, der keine Kinder hat, kann sein ganzes Leben Beiträge in das Rentensystem zahlen und hat daher hohe Rentenansprüche im Alter. Der andere, der Kinder bekommt, diese erzieht und dafür Zeit und Geld investiert, kann weniger in das Rentensystem einzahlen und hat weniger Ansprüche im Alter. Seine Kinder müssen später für beide Rentner aufkommen, und der Kinderlose bekommt mehr Rente als der mit den Kindern. Die Folge war und ist, dass wir Menschen einander weniger benötigen, denn in der Not hilft ja Vater Staat. Damit einher ging die Wertschätzung der Generationen füreinander verloren: Wir geben die Kinder in die Betreuung ab und die alten Menschen kommen ins Altenheim, damit die Eltern arbeiten und in ihre Altersvorsorge einzahlen können. Andere bekommen erst gar keine Kinder. Neben der gestiegenen Lebenserwartung ist dies wohl eine der Ursachen für den demografischen Wandel.

Zudem mindert das getrennte Leben von Jung und Alt nicht nur die gegenseitige Wertschätzung, sondern zunehmend auch das Verständnis füreinander. Manch junger Single oder junges Paar, das alleine lebt, nimmt ältere Menschen überwiegend als langsam und störend wahr, ob auf der Straße oder vor der Supermarktkasse.

Durch ein alltägliches Miteinander merkt das junge Paar, dass der Senior noch einiges leisten kann, nicht nur wenn es spontan einen erfahrenen Babysitter benötigt. Die jungen Menschen erleben im Zusammenleben unmittelbar auch die Stärken des älteren Menschen und sehen, wie ihr eigenes Leben im Alter aussieht, und dies unbewusst täglich. Hier können wir die Krisen unserer

Sozialsysteme als Chancen sehen, uns bei Reformen dieser Systeme und der Gestaltung unserer Gesellschaft an solchen natürlicheren Lösungen zu orientieren.

Eine Ursache der fehlenden Kenntnis über ursprüngliche Zusammenhänge ist sicher die Abstraktheit des Geldes, das in vielen Bereichen des Lebens die eigentlichen Funktionen wie beschrieben ersetzt hat. Haben sich früher Menschen gegenseitig geholfen, erfolgt dies nun durch Fördergelder. Mit Hilfe des Geldes können wir zudem Schulden machen und so Verpflichtungen auf die Zukunft verschieben, was unser Verhalten verändert hat: Haben früher die Menschen einer Sippe die gesammelte Nahrung einteilen wollen, hatten sie alles real vor sich und konnten auch nur dies verbrauchen. Allen war klar, dass dies immer neu besorgt werden musste und nicht mehr verteilt werden konnte, als vorhanden war. Ganz im Gegenteil, man half sich untereinander und legte Lebensmittel für schlechte Zeiten zurück. Daran zeigt sich: Der Gedanke des Sparens und Teilens ist sehr alt, der Schulden zu machen nicht. Heute verteilen wir mit Hilfe von Schulden mehr, als vorhanden ist. Eine nicht nur unsoziale Haltung gegenüber kommenden Generationen, sondern eben auch eine unnatürliche.

Bei der Ernährung haben die Menschen seit jeher selbst für ihre Nahrung gesorgt. Heute kaufen die meisten Menschen im Supermarkt; viele Produzenten überleben finanziell kaum und produzieren immer preisgünstiger, da viele Verbraucher nicht bereit sind, mehr Geld für Lebensmittel zu bezahlen. Wer baut noch selbst Gemüse an und weiß, wie viel Arbeit darin steckt? Wer selbst einmal Gemüse angebaut und geerntet hat, weiß das und würdigt dies mehr. Viele von uns sind wahrscheinlich gegen Massentierhaltung, vor allem gegen solche Betriebe in der eigenen Umgebung, kaufen aber das daraus produzierte billige Fleisch. Was wäre, wenn wir mehr darüber wüssten, wie das Fleisch produziert wurde, das wir essen?

Viele bummeln gern durch lebendige Innenstädte und freuen sich über eine gute Infrastruktur im Ort, kaufen aber lieber im Internet; das ist es ja billiger. Wenn dann der Laden in der Innenstadt schließt und Mitarbeiter entlässt und die Kommune Schulen mangels Steuereinnahmen nicht renovieren kann, klagen viele. Auch hier gibt es Zusammenhänge, denn wer bietet Arbeits- und Ausbildungsplätze vor Ort und zahlt die Steuern zum Erhalt der Schulen?

Bei der Atomenergie diskutieren die Betreiber der Kraftwerke mit den Politikern über die Details und Kosten bei der Entsorgung der Abfälle sowie der stillgelegten Werke. Wären die Kosten der Endlagerung von Beginn an klarer geregelt und noch mehr in den Energiepreis eingerechnet worden, wäre dieser höher gewesen und wir als Gesellschaft hätten uns wahrscheinlich bereits früher für Energiesparmaßnahmen und alternative Energiegewinnung aus Wind und Wasser entschieden. Windmühlen und Wasserkraft nutzen die Menschen bekanntlich seit Jahrhunderten zum Erzeugen von Energie. Haben wir als Gesellschaft daraus gelernt?

Wenn viele Menschen vor Armut und Krieg aus fernen Ländern flüchten und zu uns kommen, meinen manche, mit den Ursachen hätten wir nichts zu tun. Es gibt viele Gründe für die Konflikte und die Armut, und an einigen haben wir aus dem Westen unseren Anteil.

Wenn wir Zusammenhänge und Hintergründe besser kennen und auch erleben, richten wir als Individuum sowie als Gesellschaft unser Handeln stärker danach aus, bewusst und vor allem auch unbewusst, wie später anhand verschiedener Themen beschrieben wird.

Gesellschaft. Unser täglich Handeln

Kapitalismus und Sozialismus. Unser Weg

Seit dem 19. Jahrhundert beherrschte die Frage nach der richtigen Ideologie die Menschheit. Der Streit hat zu Kriegen geführt, Nationen gespalten und Millionen Menschenleben gekostet. Im 21. Jahrhundert können wir daraus Lehren ziehen. Ein Kompromiss mit Vorteilen beider Ideologien ist der richtige Weg.

Worum geht es im Wesentlichen? Wie erklärt man einem kleinen Kind diese Ideologien? Der Kapitalismus betont vor allem die Freiheit des Individuums und der Märkte. Jeder sorgt sich um sein eigenes Wohl und strebt nach Glück, wie es sogar in der Verfassung der USA niedergeschrieben ist, einem Staat, der wohl wie kein anderer für den Kapitalismus steht. Kritiker sehen im Kapitalismus die Ausgeburt des 19. Jahrhunderts, verbunden mit dem Aufkommen der Industrien. Fabriken in der Kohle- und Stahlindustrie entstanden, in denen Menschen unter teils unmenschlichen Bedingungen für andere arbeiteten.

Mit dem Ende des Ostblocks und der Globalisierung bekam der Kapitalismus einen weiteren Schub. Nun gab es bereits in früheren Zeiten eine Form des Kapitalismus, nur nicht unter dieser Bezeichnung und in dieser ausgeprägten Form. Es gab Jäger und Sammler sowie später Bauern und Handwerker, alles im Grunde kleine Kapitalisten: Jeder sorgte für sein Leben und war seines Glückes Schmied. Auch gab es später Großgrundbesitzer, die andere für sich arbeiten ließen. Der moderne Kapitalismus zeigt den Ansporn, der in den Menschen steckt: In einer freien Gesellschaft kann er durch eigene Innovationen und Leistung seine Ideen verwirklichen. Damit kann er nicht nur Erfolg haben, sondern auch Anerkennung erfahren. Das sind Gründe, die viele Menschen motivieren. Das Beispiel eines Bill Gates, des Microsoft-Gründers, zeigt dies. Er hat neue Technologien entwickelt, die unsere Welt verändert haben. Vom wirtschaftlichen Erfolg profitierten er, aber auch seine Mitarbeiter und die Gesellschaft durch Arbeitsplätze und Steuerzahlungen. Zudem engagiert er sich gemeinsam mit seiner Frau mit einer Stiftung und nutzt auch hier seinen Erfindungsgeist: „Mit einer neuartigen Maschine, die Abwasser in Trinkwasser verwandelt, will Bill Gates Menschen in Entwicklungsländern helfen."[33]

Die negativen Auswirkungen des Kapitalismus erleben wir aber ebenso, sei es bei der Krise an den internationalen Finanzmärkten oder bei Produktionsmethoden großer westlicher Firmen in Asien oder Afrika. Ein entfesselter Kapitalismus kann eine Gesellschaft in wenige reiche und viele arme Menschen spalten, wie es in einigen Staaten Osteuropas aktuell zu beobachten ist, in denen nach Ende des Kommunismus häufig der Kapitalismus Einzug gehalten hat. Kinder werden oft als reine Geschöpfe beschrieben, die erst später zu Kapitalisten erzogen werden. Eltern und wir alle können aber gut beobachten, dass dem nicht so ist. Kinder wollen früh etwas Eigenes besitzen, sich durchsetzen, sich im Wettkampf messen und andere bestimmen. Kinder zeigen uns, wie viel Spaß es macht, sich anzustrengen und Leistung zu zeigen, für die sie dann auch persönlich belohnt werden. Am offensichtlichsten ist dies beim Sport zu beobachten, wo es im Wettkampf um die besten Platzierungen geht.

Im Sozialismus geht es vor allem um eine gerechte Gesellschaft, in der alle gleich sind und der Besitz überwiegend Gemeinschaftseigentum ist. Jeder will Teil einer Gemeinschaft sein. Gerade Kinder zeigen offen das Bedürfnis, Teil einer Gruppe zu sein, sei es in der Schule, im Verein oder in der Clique. Ebenso kennen wir die Idee des Teilens und sehnen uns nach einer gerechten Gesellschaft. Diese Ideen hat nicht nur Karl Marx fasziniert, dessen Buch „Das Kapital" bekanntlich die theoretische Grund-

---

33 Hamburger Abendblatt, 8. Januar 2015, Seite 12

lage des Sozialismus wurde. Immer wieder träumen Menschen von diesem vermeintlichen Idealbild einer Gesellschaft.

Die Versuche, den Sozialismus in Staaten wie der DDR real umzusetzen, haben ihn weitgehend scheitern lassen und die Vorurteile dazu bestätigt. Der Drang des Menschen nach Entfaltung und Freiheit kann nicht per Gesetz wegverordnet werden. Die Motivation des Einzelnen lässt spürbar nach, wenn er für eine abstrakte Gemeinschaft arbeitet, aber persönlich wenig davon hat. Eine der eklatantesten Merkmale nach dem Zusammenbruch der DDR war die schwache Wirtschaftskraft, die selbst so manchen im Westen überraschte. Die Gleichheit galt bekanntlich nicht für alle; eine politische Elite hat mit Zwang regiert und sich selbst Privilegien verschafft. Also auch eine Ungleichheit, aber vom Staat per Zwang verordnet und durch die Staatssicherheit überwacht.

Was lernen wir daraus? Der Mensch will sich persönlich zu seinem eigenen Vorteil entfalten, aber nicht nur. Er ist nicht so sozial, wie manche ihn gern sehen, aber eben auch nicht so egoistisch. Es steckt beides in uns, deswegen ist jede Ideologie für sich zum Scheitern verurteilt. Integrieren wir also beide Komponenten in die Bereiche unseres Lebens, die dem Einzelnen eine freie Entfaltung mit Erfolg und Besitz ermöglichen und gleichzeitig soziale Rahmenbedingungen mit Pflichten und Rechten schaffen. Seit der Nachkriegszeit gibt es in der Bundesrepublik Deutschland die soziale Marktwirtschaft, die im Wesentlichen genau das versucht. Wir sollten uns bewusst werden, auf welch gutem Weg wir mit dieser Gesellschaftsform waren und noch sind.

Natürlich gibt es immer Diskussionen, wie genau das in der Praxis ausgestaltet werden sollte. Nur sollten die ideologischen Fragestellungen langsam in den Geschichtsbüchern bleiben. Denn beide Gesellschaftsformen für sich in Reinkultur haben der Menschheit viel Unheil beschert. Diesen dritten Weg aus Marktwirtschaft und sozialem Ausgleich gilt es als Gesellschaft auszuloten. Auch im Rahmen der europäischen Einigung, der Globalisierung und von Freihandelsabkommen sollten wir diese Errungenschaften nicht aushöhlen oder freigeben, sondern andere Länder davon überzeugen.

Gemeinsinn und Selbstbestimmung.
Unsere Solidarität

Wichtige Faktoren einer Gesellschaft, ob in privaten Beziehungen, in der Familie, der Gemeinde oder im Staat, sind Solidarität, Gemeinsinn und im Gespräch zu bleiben. So verstehen wir einander und finden zusammen Lösungen, statt in einem „Entweder-Oder-Denken" zu verharren, das Gewinner, aber eben auch Verlierer hervorbringt. Gleichwohl ist Selbstbestimmung für den Einzelnen wichtig.

Gemeinsinn bedarf einiger Voraussetzungen, wie Klein beschreibt: „Selbstloses Verhalten gedeiht besonders dann, wenn die Wahrscheinlichkeit hoch ist, dass sich die Beteiligten wieder begegnen … Aus Unverbindlichkeit erwächst Illoyalität … Nichts zerstört Zusammenarbeit so schnell wie das Gefühl, ausgenutzt zu werden." Wie unpolitisch solche Aktivitäten sein können, ist erstaunlich:

„Eine unspektakuläre Aktion wie etwa Singen in einem Chor kann weit mehr bewirken als nur die Stimmung des Sängers zu heben. Das stellte der Politikwissenschaftler Robert Putnam aus Harvard fest, als er am Beispiel Italiens untersuchte, was eine gute Regierung ausmacht. Während manche Provinzregierungen wie die der nördlichen Region Eimilia-Romagna vorbildlich funktionieren, herrschen in anderen Regionen Italiens Korruption, Misswirtschaft und Chaos. Eine Erklärung für den Erfolg der einen und das Scheitern der anderen fanden Forscher im sozialen Gefüge der Dörfer und Städte. Wo sich Menschen gern zusammentaten, um gemeinsame Ziele zu verfolgen, waren sie meist auch mit einer guten Regierung gesegnet – obwohl die Vereinigungen größtenteils unpolitisch waren: Fußballclubs, Rotary-Runden und Chorgesellschaften zum Beispiel. Putnam argumentiert, dass durch freiwilliges Engagement das Interesse der Menschen aneinander wachse. In einer Gemeinschaft mit regem öffentlichen Leben sei es schwer, im Verborgenen zu handeln; deshalb handelten Politiker von vornherein ehrlicher – sie wüssten, dass man ihnen Machtmissbrauch nicht durchgehen ließe."[34]

Mit dieser Kenntnis können wir die von manchen als spießbürgerlich empfundene deutsche „Vereinsmeierei" viel positiver sehen und Gemeinschaften wie Vereine und Chöre vor Ort stärker fördern sowie neue Bürger wie Flüchtlinge darin integrieren. Mehr dazu später mehr im Kapitel Nachrichten und Kultur.

Warten wir nicht nur auf „große" politische Entscheidungen, sondern werden wir selbst aktiv. Die verschiedenen gesellschaftlichen Gruppen können sich nach dem Motto „Global denken, lokal handeln" aufgrund der eingangs genannten nachhaltigen und gesellschaftlichen Ziele in der Gemeinschaft vor Ort vernetzen, um so gemeinsam pragmatische Lösungen für gesellschaftliche Fragen vor Ort zu finden. Dies macht beispielsweise der Nachhaltigkeitsrat Lüneburg, den der Bund für Umwelt und Naturschutz Deutschland (BUND), Regionalverband Elbe-Heide, organisiert: „In den vergangenen Jahren hat sich in Lüneburg einiges getan: Ein 2005 gegründeter Nachhaltigkeitsrat, bestehend aus lokalen Persönlichkeiten aus Wirtschaft, Kirche, Universität und Verbänden, will Lüneburg in Richtung einer modellhaften Nachhaltigkeitskommune voranbringen. Er ist eine unabhängige, selbstständige Organisation und ist nicht an die Verwaltung und die politischen Parteien der Stadt gebunden."[35] Wenn sich Beteiligte mit ihren unterschiedlichen Sichtweisen regelmäßig austauschen, entwickeln sie Verständnis füreinander und finden gemeinsam Wege für eine nachhaltige Gestaltung der Gesellschaft.

Zudem macht mehr Selbstbestimmung glücklich, wie Klein anhand von Erfahrungen in Altenheimen beschreibt, bei denen den Bewohnern mehr Verantwortung wie das Gießen der Zimmerpflanzen übernahmen: „Den alten Leuten ging es umso besser, je mehr sie von den Pflegern ermutigt wurden, ihr Leben in die

---

34 Klein 2005, Seite 270
35 http://www.bund-lueneburg-harburg.de/lueneburg/nachhaltigkeit vom 14. November 2014

eigene Hand zu nehmen, und umso schlechter, je mehr Aufgaben das Personal ihnen abnahm."[36]

Das gilt auch für die Arbeit: „Am Arbeitsplatz empfinden Angestellte in der Regel umso weniger Kontrolle über die Gestaltung ihrer Tätigkeit, je niedriger sie in der Hierarchie stehen. Das schadet ihrer Gesundheit, wie eine Untersuchung im Auftrag der britischen Regierung unter mehr als zehntausend Beamten herausfand."[37]

Der amerikanische Informatiker Alex Pentland leitet das Human Dynamics Lab am Media Lab des Massachusetts Institute of Technology. Dort werden die Gesetzmäßigkeiten menschlichen Handelns aus Datenströmen analysiert. In einem Interview betont er: „Wir sind es gewohnt, individuelle Kreativität zu betonen. Tatsächlich aber besteht Kreativität darin, Ideen, die längst da sind, zu verknüpfen. Das ist die Quelle der Innovation." Um dies zu befördern, empfiehlt er einfache Maßnahmen: „Oft geht es um simple Dinge, darum, einige Leute vom Ende des Ganges wegzusetzen; darum, einen Raum fürs Mittagessen einzurichten; darum, wo der Kaffeeautomat steht. Eines funktioniert nicht: mehr Meetings abzuhalten. Da schaltet einer auf Sendung, die anderen sitzen rum. Das ist keine Kommunikation."[38] Eben wie in einer anderen Gemeinschaft wie einer Familie, wo jeder seinen Platz hat und sich angenommen fühlt.

Diese Bedeutung sieht auch die australische Krankenschwester Bronnie Ware, die als Palliativpflegerin Sterbende begleitet und die Gespräche mit ihnen in ihrem Buch „Fünf Dinge, die Sterbende am meisten bedauern" zusammengefasst hat. Hier der erste der fünf häufigsten Wünsche der sterbenden Menschen: „Ich wünschte, ich hätte den Mut besessen, mein Leben so zu leben, wie es mir entspricht – und nicht so, wie andere es von mir erwarteten. ‚Das ist der häufigste Wunsch überhaupt', sagt Bronnie Ware."[39]

---

36 Klein 2005, Seite 276
37 Klein 2005, Seite 275
38 Der Spiegel, Nr. 21, 19. Mai 2014, Seite 100 ff.
39 zitiert aus Hamburger Abendblatt, 6. Dezember 2012, Seite 2

Eine weise Einsicht, die wir alle übernehmen können, und zwar nicht erst am Ende unseres Lebens. Die vier weiteren Wünsche folgen später.

Ob bei der Arbeit, im Altenheim, in der Familie, in der Kita oder der Schule: Lassen wir einfach Menschen mehr Verantwortung tragen und alle teilhaben, dann werden diese gesünder und glücklicher. Setzen wir auf Gemeinsinn. Das beginnt bei zwischenmenschlichen Beziehungen, wo es darauf ankommt, im Gespräch zu bleiben, Verständnis für die Position des anderen zu entwickeln, seine eigenen Gedanken zu reflektieren, auf gemeinsame Lösungen zu kommen und einander zu unterstützen. Es gilt ebenso bei gesellschaftlichen und politischen Prozessen. Verhindern wir mit klaren Regeln, dass der Gemeinsinn durch das Gefühl, ausgenutzt zu werden, untergraben wird.

Politik. Unser Gestalten

Haben Sie auch manchmal das Gefühl, dass die „große" Politik zunehmend hinter verschlossenen Türen auf Gipfeln stattfindet? Dort werden in Sitzungen bis spät in der Nacht weitreichende Entscheidungen getroffen, die erst im Anschluss dem Volk erklärt werden, manchmal als angeblich alternativlos. Wenn wir mehr Menschen an politischen Entscheidungen teilhaben lassen, wird das die Politikverdrossenheit verringern und die Menschen wären mit den transparent erarbeiteten Ergebnissen zufriedener. Auch die handelnden Politiker können sich selbst vor übereilten Entscheidungen schützen, denn alternativlos dürfte in der Politik wohl nichts sein. Vor einer Entscheidung sollte das Auseinandersetzen mit dem Thema, Abwägen möglicher Alternativen und eine öffentliche Debatte der normale Ablauf sein.

Politik in einer Demokratie wird von Menschen betrieben, die sich freiwillig engagieren und zumeist ihre Funktion vom

Volk als Souverän durch Wahlen für einen befristeten Zeitraum übertragen bekommen. Es sind Menschen aus allen Bereichen der Gesellschaft, die sich daher natürlich nicht in allen Themen, über die sie entscheiden, genau auskennen. Dieses kann sich jeder Politiker bewusst eingestehen und sich Zeit für die Einarbeitung in Themen nehmen, statt übereilt Entscheidungen zu treffen, ohne die Sachlage genau zu kennen. Diesen Eindruck vermittelte so manche Entscheidung während der Finanz- und Schuldenkrise seit 2007, als in kurzfristig anberaumten Sitzungen über Milliarden Euro Steuergelder entschieden wurde. Zu dieser Krise später mehr.

In erster Linie setzt die Politik für die verschiedenen Bereiche des Lebens Rahmen, in denen wir uns alle bewegen. Diese Rahmenbedingungen enthalten Rechte und Pflichten, bieten Orientierung und beschreiben Sanktionen, wenn wir uns nicht daran halten. Bei den Strukturen gibt es seit einigen Jahren nicht mehr drei, sondern mindestens vier Ebenen: Neben der kommunalen Ebene vor Ort, den Bundesländern und den Bundesbehörden der Bundesrepublik sind staatenübergreifend die Institutionen der Europäischen Union (EU) wie das EU-Parlament und die EU-Kommission dazugekommen. Darüber hinaus gibt es die weltweiten Organisationen der Vereinten Nationen (UN) wie die Weltgesundheitsorganisation (WHO). Alle befassen sich mit wichtigen Themen, teils aber überschneidend, und sind mit gut bezahlten Mitarbeitern wie Beamten, Referenten und Sekretären ausgestattet.

Natürlich sollte uns Europäern, gerade uns Deutschen, mit Blick auf die Kriege der Vergangenheit der Preis der europäischen Einheit, verbunden mit der einmalig langen Friedensphase, etwas wert sein. Gleichwohl sollten wir auch diese Organisationen und deren Strukturen bei Spardebatten im Blick haben, denn auch diese werden von uns als Steuerzahler getragen. Da bekanntlich jede Organisation einen Selbsterhaltungstrieb hat, schauen wir auf die Arbeit und die Strukturen dieser Einrichtungen sowie darauf, ob die Gründe der Errichtung noch bestehen. Aus der 1948 gegründeten OECD (Organisation für Wirtschaft und Zusammenarbeit in Europa) heraus ist beispielsweise 1957 die Europäische Gemeinschaft als Vorläufer der EU entstanden, sodass es hier sicher Überschneidungen in den Aufgaben gibt.[40]

Auf kommunaler Ebene engagieren sich viele Menschen, die meisten ehrenamtlich, in ihrer Freizeit. Berufspolitiker leisten dies hauptamtlich und werden dafür bezahlt. Dabei gibt es immer wieder Kritik an deren Versorgung. Er lässt bei manchem den Eindruck einer Oberschicht von Politikern entstehen, die mit Privilegien ausgestattet mit anderen Eliten sprechen und fern vom Volk regieren. Schade, denn wie beschrieben ist die Politik ein bedeutsames Feld, das uns alle betrifft und an dem sich jeder grundsätzlich beteiligen kann. Warum schaffen wir hier nicht mit einfachen Mitteln mehr Teilhabe und mehr Anerkennung für diejenigen, die sich engagieren? Wenn dann noch in Zeiten überschuldeter Staatshaushalte die Berufspolitiker einen Beitrag zum Sparen leisteten, würde das nicht den ganzen Staatshaushalt sanieren, trüge aber zu einer Vorbildfunktion bei. Dazu folgen Anregungen im Kapitel Altersversorgung.

Es ist verwunderlich, dass viele Menschen ihr Wahlrecht nicht nutzen, während Menschen anderer Länder davon träumen und dafür kämpfen, wie es unsere Vorfahren getan haben. Der bereits zitierte Zukunftsforscher Prof. Dr. Ulrich Reinhardt beschreibt die Ursachen dafür in seinem Beitrag „Erwartungen an Wirtschaft und Politik sind gering":

„Hierbei sind die Bürger nicht der politischen Themen überdrüssig, sondern der gewählten Parteien und Politiker. Die Gründe für dieses Misstrauen sind zahlreich. So werden moralische Vorbilder in der Politik ebenso vermisst wie ein Denken und Handeln über Legislaturperioden hinaus und losgelöst von Parteienzwang. Viele Bürger haben zudem das Gefühl, dass Entscheidungen ‚von oben herab‘ getroffen werden und es den meisten Parlamentariern oftmals eher um Inszenierung als um Inhalte geht. In der Konsequenz er-

---

40 http://www.oecd.org/berlin/dieoecd/dieorganisationfureuropaischewirt schaftlichezusammenarbeitoeec.htm vom 30. Dezember 2014

scheinen Politiker austauschbar und stehen eher für leere Wahl-
versprechen als für Verlässlichkeit und Zukunftsorientierung."[41]

Da auch jede politische Krise eine Chance für Veränderungen
ist, hier Vorschläge, die sicher rasch die Wahlbeteiligung erhöhten,
wenn Menschen eher Themen als Parteien verbunden sind. Die
Skepsis vor Volksabstimmungen und deren Ausnutzung durch
extreme Populisten ist in Deutschland vorhanden, aber wir könnten
bei Wahlen das tun, was Meinungsforschungsinstitute ohnehin
regelmäßig machen: Wir ließen bei den Wahlen künftig nicht
nur über die Parteien und deren Kandidaten abstimmen, sondern
auch über die wichtigsten Themen, und holen die Meinung des
Volkes dazu ein. Diese Ergebnisse müssten zunächst nicht einmal bindend sein, hätten gleichwohl ein Gewicht.

Torsten Albig, Ministerpräsident von Schleswig-Holstein, schlägt
im Rahmen der Planungen großer Verkehrsprojekte Ähnliches
vor: „Wir wollen den Parlamentarismus nicht aushöhlen, aber
die Menschen müssen stärker mitgenommen werden. Nur so
erlangen wir die notwenige Legitimation für zukünftige große
Infrastrukturprojekte."[42] Diese Stimmung bestätigen Ergebnisse
der bereits zitierten Studie des IPSOS Instituts Hamburg/Mölln:
„Dabei sinkt offenbar das Vertrauen in die Handlungskompetenz
der Politiker. Die Bürger wollen deshalb nicht alle Entscheidungen
dem Staat überlassen. 78 Prozent der Bevölkerung plädieren der
Studie zufolge für mehr Volksabstimmungen."[43]

Schauen wir auf politische Entwicklungen wie die Freizügigkeit
in der EU, die mit den Vorteilen wie der freien Wahl des Arbeits-
platzes auch Nachteile mit sich bringt. In Hamburg-Wilhelmsburg gibt es mittlerweile nicht nur osteuropäische Frauen, die
ihre Dienste zu geringen Löhnen anbieten, sondern auch viele
Männer, vor allem aus Rumänien und Bulgarien. Das wird unter
anderem in der Wochenzeitung „Die Zeit" im Januar 2014 be-

---

41 Hamburger Abendblatt, 5. Januar 2015, Seite 10
42 Hamburger Abendblatt, 13. Juni 2014, Seite 3
43 Hamburger Abendblatt, 26. September 2014, Seite 30

schrieben.[44] Diese Männer werden Tag für Tag als Tagelöhner für wenige Euro vermittelt und übernehmen handwerkliche Tätigkeiten, die dann natürlich nicht mehr der Handwerker vor Ort, der seine Mitarbeiter nach Tarifverträgen bezahlt und Steuern entrichtet, als Auftrag übernehmen kann. Hier sieht man das Gegenteil einer Win-Win-Situation für die Gemeinschaft: Die osteuropäischen Bürger verlassen ihre Heimat, lassen dort Alte und Kranke zurück, um im Westen Geld zu verdienen. Durch ihren Billiglohn verliert der Handwerker vor Ort seine Arbeit, entlässt womöglich Mitarbeiter und benötigt selbst staatliche Hilfe.

So funktioniert Gemeinsinn auf Dauer nicht, denn dem System wird die Grundlage entzogen, wenn viele so handeln. Hier kann jeder selbst Verantwortung übernehmen und Menschen und Firmen beauftragen, die sich an gesellschaftliche Regeln wie tarifliche Standards halten. Zudem sollten wir den osteuropäischen Ländern noch mehr helfen, ihre Wirtschaft vor Ort aufzubauen. Dazu später mehr.

Auch beim Thema Flüchtlinge ist eine differenzierte Sichtweise angebracht. So sehr einen jedes Flüchtlingsschicksal berührt, so sehr kann es doch nicht sein, dass Millionen Menschen, gerade junge, ihre Heimat verlassen müssen, in den vermeintlich reichen Westen flüchten, während ihre Heimat ausblutet. Wie geht man aber damit um, dass tausende Menschen vor Krieg und Terror flüchten und zum Teil im Mittelmeer ertrinken, auf den Weg gebracht von kriminellen Schleppern, die daran viel Geld verdienen?

Der Redakteur Matthias Iken beschreibt die Herausforderungen: „Und doch müssen Politik und Gesellschaft trotz heißer Herzen kühlen Kopf bewahren. Deutschland allein wird das dramatische Problem von Armut, Unterdrückung und Verfolgung in der Welt nicht lösen können. Wer von offenen Grenzen fantasiert, wird am Ende nicht den Flüchtlingen helfen, sondern den Helfern in den

---

44 http://www.zeit.de/politik/deutschland/2014-01/mirgranten-osteuropa-wilhelmsburg vom 17. Januar 2014

Arm fallen. Es ist höchste Zeit für eine ehrliche Bestandsaufnahme dessen, was nötig und möglich ist. Fakt ist: Dieses Land kann vieles leisten und wird noch mehr leisten müssen. Das Lob von UNO-Flüchtlingskommissar Antonio Guterres, der Deutschland eine ‚führende Rolle beim Flüchtlingsschutz' bescheinigte und als ‚positives Beispiel' lobte, muss Ansporn sein. Wer aber Grenzen der Belastung anspricht, ist nicht gleich ein rechter Scharlatan. Es gibt in der Bevölkerung weitreichende Ängste, Sorgen und Vorbehalte. Damit diese nicht im Verborgenen wuchern, müssen sie angesprochen werden … Das Recht auf Asyl hatten die Verfassungsväter als Schutz vor politischer Verfolgung definiert … Einwanderungspolitik funktioniert dann am besten, wenn weder Traumtänzer noch Scharfmacher die Debatte anführen. Sondern Realisten mit Herz.“[45]

Im Beitrag „Der Preis der Hoffnung“ werden die Fluchtwege und Helfer der Flüchtlinge beschrieben: „Der Traum von einer besseren Zukunft in Europa ernährt derweil eine ganze Branche Krimineller: die Menschenhändler.“[46]

Auch die Bundesregierung sieht die Dimensionen: „,Wir müssen mit 200 Millionen Klimaflüchtlingen rechnen', sagte Entwicklungsminister Gerd Müller (CSU) … und verwies auf entsprechende Warnungen von Klimaforschern. Demnach droht in Afrika eine massive Ausbreitung von Dürrezonen, zudem könnten Hitzeperioden ungeahnten Ausmaßes entstehen … Aus diesen Gründen sieht Müller Deutschland in der Pflicht, mit Wissen und Know-how die Schwellen- und Entwicklungsländer zu unterstützen. Moderne Klima- und Umwelttechnik dürften auch in diesen Ländern kein Luxus sein, sondern müssten zum Alltag gehören.“[47] Das ist der Weg zur Lösung: Beseitigten wir noch konsequenter die Ursachen dafür, dass Menschen ihre Heimat verlassen müssen. Deutschland, die EU und andere westlichen

---

45 Hamburger Abendblatt, 12. September 2014, Seite 2
46 Der Spiegel, Nr. 48 vom 24. November 2014, Seite 92
47 Hamburger Abendblatt, 22. September 2014, Seite 5

Staaten sollten künftig diesen Ländern in Afrika, Asien und Osteuropa noch mehr konkrete Hilfe beim Aufbau funktionierender Strukturen bieten, damit Menschen für sich dort wieder eine bessere Zukunft sehen. Das bedeutet vor allem Frieden, Rechtsstaatlichkeit, eine funktionierende Verwaltung und ein Steuersystem zu sichern sowie Schulen mit Bildung für alle. Das funktioniert auch durch Initiierung lokaler Projekte sowie Unternehmen wie Sparkassen und Genossenschaften, die helfen, Netzwerke vor Ort zu bilden, Kapital zu sammeln und neue Unternehmen mit qualifizierten Arbeitsplätzen zu schaffen. Dies ist vor allem in der Landwirtschaft, der Energiewirtschaft und im Tourismus auch in strukturarmen Regionen möglich. Das ambitionierte Wüstenstromprojekt Desertec ist zwar im Oktober 2014 gescheitert, die Idee war aber richtig.[48] Vielleicht war dieses Projekt auch zu groß und zu ambitioniert.

Planen wir besser kleinere, realistischere Projekte, die leichter und konkreter vor Ort zu realisieren sind. Hier gibt es bereits viele positive Beispiele der zahlreichen Hilfsorganisationen wie von Plan International, der Welthungerhilfe oder des Deutschen Roten Kreuzes (DRK), die wir alle durch Spenden unterstützen können. Bei diesen Organisationen kann zum Beispiel jeder neben der Förderung konkreter Projekte eine Patenschaft für ein Kind übernehmen, bei der mit einem monatlichen Beitrag diesem eine Schulbildung und damit die Aussicht auf ein selbstbestimmtes Leben ermöglicht wird. Plan International hat die Kampagne „Because I am a Girl" initiiert, mit der sie Bildungsprojekte speziell für Mädchen in afrikanischen Ländern fördert.[49] Auch die „Sparkassenstiftung für internationale Kooperation" hilft solchen Ländern mit dem Aufbau regionaler Banken: „Die Sparkassenstiftung für internationale Kooperation macht die Er-

---

48 http://www.tagesschau.de/wirtschaft/desertec-aus-101.html vom 14. Oktober 2014

49 http://www.plan-deutschland.de/fokus-maedchen/because-i-am-a-girl vom 25. Oktober 2014

fahrungen der deutschen Sparkassen in Entwicklungs- und Transformationsländern verfügbar. Sie unterstützt Finanzinstitutionen, die die wirtschaftliche und soziale Entwicklung nachhaltig auf lokaler, regionaler oder nationaler Ebene durch bedarfsgerechtes Bankgeschäft fördern."[50]

Die Forscher des Berlin-Instituts für Bevölkerung und Entwicklung mahnen in der Studie „Krise an Europas Südgrenze", die Europäische Union bräuchte dringend eine Strategie: „Bei einer klugen Einwanderungspolitik könnten die nachwuchsarmen Europäer sogar einen beachtlichen Vorteil aus der zunehmenden Migration aus Afrika und dem Nahen Osten ziehen, meint Institutschef Reiner Klingholz ... Für Klingholz steht fest, dass für Europa weder eine Abschottung eine Lösung darstellt noch eine weitgehende Öffnung der Grenzen aus humanitären Gründen. Denn unkontrollierte Flüchtlingsströme würden innerhalb der EU-Bevölkerung die Vorbehalte gegen Ausländer schüren und rechtsextremen Parteien Zulauf verschaffen ... Nötig seien nicht nur eine Harmonisierung der höchst unterschiedlichen nationalen Asylpolitiken innerhalb der EU, sondern auch ein fairer Schlüssel zur Verteilung der Asylbewerber auf die Mitgliedstaaten."[51]

Ideal wäre es doch, wenn wir die Fluchtursachen lösten. Die Menschen, die bis dahin weiter fliehen müssen, nähmen wir auf, bildeten sie aus und ermunterten sie, in ihre Herkunftsländer als Ärzte, Lehrer und Ingenieure zurückzukehren, um dort ihre Heimat aufzubauen. Wenn dann einige hierblieben und andere zurückgingen, wäre allen geholfen.

Um den Schleppern das Handwerk zu legen, ein Gedanke: Warum organisiert und ermöglicht die EU nicht in Abstimmung mit den betroffenen Ländern selbst die Überfahrt der Flüchtlinge aus Nordafrika und dem Nahen Osten? So würden die Überfahrten gesichert geschehen, die Ankunft in Europa, die Auf-

---

50 http://www.sparkassenstiftung.de/ueber-uns.html vom 12. Juli 2014
51 Hamburger Abendblatt, 15. Oktober 2014, Seite 4

nahme und Verteilung der Menschen und Weiterbetreuung samt Asylverfahren könnte viel geordneter verlaufen und vielleicht bereits auf dem Schiff erfolgen. Den Schleppern würde die Basis genommen und hoffentlich keine Menschen mehr auf hoher See umkommen.

Manch einer fragt, warum wir denn überhaupt Flüchtlinge aufnehmen sollten. Neben einer moralischen Verpflichtung, Menschen in Not zu helfen, hat Deutschland aufgrund seiner Geschichte natürlich eine besondere Verantwortung. Das Grundrecht auf Asyl ist daher bewusst im Grundgesetz (Artikel 16a) verankert.

Auch andere Staaten tragen eine historische Verantwortung. Viele hatten in Afrika und Asien Länder als Kolonialmächte besetzt und deren Bodenschätze ausgebeutet. Diese Länder wurden zwar längst in die Freiheit entlassen. Man braucht aber kein Historiker zu sein um mit Blick auf die Landkarten zu sehen, dass nach Ende dieser Zeit die neuen Grenzen quasi mit dem Lineal am Tisch gezogen wurden, quer durch Volks- und Religionsgruppen, und kaum demokratische Strukturen geschaffen wurden. Im Gegenteil, so mancher Herrscher wurde von der früheren Kolonialmacht unterstützt. Dies zeigt sich beispielsweise anhand von Gabun, dessen ehemalige Kolonialmacht Frankreich bis heute wirtschaftlich davon profitiert, wie hier in einem Beitrag der Wochenzeitung „Die Zeit" beschrieben, als sich Frankreich um einen Nachfolger des Alleinherrschers M'Ba an der Staatsspitze Gabuns kümmerte.

„Der Blick ficl auf Albert Bernard Bongo, der in Frankreichs Luftwaffe gedient und 1965 bereits einen steilen Aufstieg in der Regierung M'Bas hinter sich hatte, den er als ‚Vater' verehrte. De Gaulle persönlich ‚testete' den damals 30-Jährigen und befand ihn für geeignet … Im März 1968 dekretierte er ein Einparteiensystem … Mit Bongo arrangierten sich alle Präsidenten von de Gaulle über Pompidou, Giscard d'Estaing, Mitterrand und Chirac bis zu Sarkozy … Gabuns Abhängigkeit blieb bestehen. Der deutsche Politologe Stefan Brüne spricht von ‚asymmetrischer Interdependenz' … Als Neben- und Mitregierung installierten sich in Gabun nicht nur die französischen Geheimdienste, sondern auch der Ölkonzern Elf Aquitaine (heute Total) sowie Firmen, die an den Holz- und Edelmetallschätzen des Landes interessiert waren, vor allem an Mangan und Uran. Gemäß den Kooperationsverträgen standen Frankreich stets privilegierte Lieferungsbedingungen zu. So gingen 1983 77 Prozent der Exporte ins ‚Mutterland‘, 70 Prozent der Investitionen kamen von dort … So flossen für jeden Franc, der nach Gabun gelangte, 2,8 Franc nach Frankreich zurück. Im Laufe der Jahre verkümmerte die Landwirtschaft völlig: Nur ein Prozent des Bodens wurde Ende der achtziger Jahre dafür genutzt; 80 Prozent der Lebensmittel mussten eingeführt werden. Zweimal war das Land Weltspitze: 1984 im Pro-Kopf-Verbrauch von Champagner und 2009 bei der Kindersterblichkeit. Der Ölboom der Siebziger machte Gabun zu einem für Afrika reichen Land. Das heißt, er machte Bongos Familie reich und eine kleine Oligarchie sowie den Ölkonzern Elf.“

Solche Gründe bilden unter anderem die Ursachen von Armut und damit auch von Konflikten. Also können wir Fluchtursachen lösen und mehr Menschen der armen Länder an deren Reichtum teilhaben lassen.

Wir sollten Menschen, die als Flüchtlinge zu uns kommen, natürlich würdig behandeln. Meist bringen wir Flüchtlinge in größeren Unterkünften mit hunderten Menschen unter, die dort monatelang auf die Entscheidung ihres Asylverfahrens warten müssen und währenddessen nicht arbeiten dürfen. Wie lief das nach Ende des Zweiten Weltkriegs ab, als viele Flüchtlinge aus dem Osten Europas in den Westen Deutschlands kamen? Da viele Städte zerstört waren, wurden diese Menschen häufig in Dörfern oder Kleinstädten auf Bauernhöfe verteilt. Dort hatten sie nicht nur ein Dach über den Kopf, sie arbeiteten mit, wurden auf diese Weise integriert und Teil der Gesellschaft.

Natürlich bietet die Einwanderung Chancen, da Deutschland bekanntlich aufgrund des demografischen Wandels junge Menschen fehlen. Seit jeher gab es Einwanderung. Oft haben diese Menschen unsere Gesellschaft bereichert; viele von uns haben Freunde mit Migrationshintergrund. Allein die Gastronomie mit italienischen, griechischen, persischen, türkischen Lokalen ist eine Bereicherung und ohne diese für uns wohl kaum noch vorstellbar.

Natürlich ist Gewalt und Hass gegen andere Menschen wie auch Flüchtlingen untragbar. Aber nicht jeder, der auf mögliche Probleme wie steigende Kosten für die Kommunen hinweist, ist ein Rechtspopulist, sondern manchmal nur ein verantwortungs- voll denkender Bürger. Schließlich benötigen wir dauerhaft mehr Wohnraum, Lehrer, Erzieher und viele Menschen mehr, um die Flüchtlinge zu integrieren. Werden diese Menschen, meist aus einem anderen kulturellen und religiösen Umfeld, nicht in unsere Gesellschaft integriert und bilden sich Parallelgesellschaften, ent stehen Risiken. Nichts wäre schlimmer, als setzten beispielsweise Flüchtlinge der verschiedenen Religionsgruppen aus dem Nahen Osten ihren Streit in Europa fort. Oder wenn sich diese nicht an unsere freiheitlichen demokratischen Werte hielten und die gleichberechtigte Rolle der Frau nicht akzeptierten. Auf solche Sorgen und Vorbehalte müssen wir eingehen, damit diese nicht zu Vorurteilen werden.

Je länger die Geflüchteten sich in großen Unterkünften ohne Privatsphäre und geregelten Tagesablauf aufhalten müssen, desto höher ist das Risiko, dass es zu Problemen kommt und sich Clan- Strukturen bilden, in denen eigene Regeln gelten. So ähnlich ist es auch in Deutschland bei früheren Einwanderungen bereits geschehen, wie dies ein Bürgermeister aus Berlin in einem Buch beschreibt und damit 2012 für Aufsehen sorgte:

„Heinz Buschkowsky, SPD-Bürgermeister von Neukölln, hat ein Buch über sein Viertel geschrieben, das zum Synonym für gescheiterte Integration und Jugendkriminalität geworden ist. Buschkowsky keilt darin durch das Unterschicht-Dickicht – und legt sich dabei reihenweise mit Integrationspolitikern an … Seit elf Jahren leitet er den Berliner Bezirk Neukölln, der zum Synonym für gescheiterte Integration, Parallelgesellschaften und Jugendkriminalität geworden ist. Es ist ein Bezirk, der 41 Prozent Migrantenanteil hat, in dem ein Großteil der Kinder von Hartz IV lebt; ein Stadtteil, der durch den Hilferuf von Lehrern der Rütli-

Schule und durch den Salafisten-Brennpunkt Al-Nur-Moschee bundesweit bekannt wurde – und mit ihm sein Bürgermeister. Buschkowsky hat einiges gegen die Misere unternommen, er hat die Rütli-Schule umgekrempelt, Migranten in der Verwaltung eingestellt, muslimische Stadtteilmütter losgeschickt. Doch so, wie er nun in Interviews lospoltert, hat dies alles nicht viel gebracht. ‚In der Integrationspolitik herrscht Rat- und Zahnlosigkeit‘, meint er. Buschkowsky fordert deshalb: mehr Härte – gegen migrantische Machos, die ganze Viertel terrorisieren, Familien, die ihre Kinder nicht in die Schule schicken oder Schwarzarbeiter, die es sich im Sozialsystem eingerichtet hätten ... Buschkowsky ist in Neukölln geboren, wuchs in einfachen Verhältnissen auf und kämpfte sich hoch. Er hat sein gesamtes politisches Leben im Bezirk verbracht. Provokante Thesen zur Integration vertritt er schon seit Jahren – und wurde damit vergangenes Jahr wiedergewählt, auch von vielen Migranten. Diesen Aufstiegswillen verlangt er nun auch von Zuwanderern, Integration sei vor allem eine Bringschuld der Hinzugekommenen, sagt er.“[52]

Lernen wir als Gesellschaft und verschieben wir bei dieser Herausforderung nichts auf morgen, sondern lösen schnellstmöglich die Ursachen und beugen so neuen Krisen vor.

Finden wir einheitliche Lösungen für Europa, sodass jeder Geflüchtete nur einmal formell registriert wird. Ändern wir ganz pragmatisch die Abläufe. Schaffen wir klare und schnellere Asyl- und Anerkennungsverfahren, denn eine schnellere Entscheidung beendete die Ungewissheit und hilft allen Beteiligten. Diese sollte nur wenige Tage dauern, sodass der Aufenthalt der Menschen in den Aufnahmeeinrichtungen auf eine kurze Zeit begrenzt ist. Nach einer positiven Entscheidung im Verfahren bieten wir diesen Menschen einen geregelten Tagesablauf mit Unterricht zur Sprache und Kultur, Mitarbeit in den Gemeinden sowie Angeboten für Schule, Arbeit und Freizeit, sodass sie gut integriert werden.

---

52 http://www.sueddeutsche.de/politik/buch-neukoelln-ist-ueberall-buschkowsky-rechnet-ab-1.1475166 vom 25. September 2012

Verteilen wir die anerkannten Flüchtlinge kleinteiliger, um die Menschen besser in die Gesellschaft einzubringen. Bereits heute nehmen Familien gerne ausländische Schüler oder Studenten während eines Austauschjahres bei sich auf und empfinden diese Erfahrung meist als bereichernd. Übertragen wir dieses Prinzip auf die anerkannten Flüchtlinge, denn eine bessere Einbindung kann es für diese Menschen kaum geben: Jeder Ort oder Stadtteil einer Großstadt bekäme eine im Verhältnis gesehen vergleichbare Menge Flüchtlinge zugeteilt. Diese würden zum Beispiel wie folgt durch den zuständigen Politiker zugeteilt, möglichst ohne Neubauten: Je zehn Haushalte bekämen zehn Flüchtlinge zur Betreuung, sodass 3–4 Bewohner die Patenschaft für je einen Flüchtling übernähmen und sich die Aufgaben teilten. Die Flüchtlinge würden in leer stehende Wohnungen, Pensionen oder, falls es Bewohner anbieten, in leer stehenden Zimmern ihrer Häuser untergebracht. Die Bewohner der anderen Haushalte bereiteten Mahlzeiten zu, andere erledigten mit den Flüchtlingen Formelles und würden ihnen Deutsch-Unterricht geben, damit sie im Alltag zurechtzukommen. Um Problemen vorzubeugen, würde alles von Sozialarbeitern begleitet. Auf diese Weise würden die Flüchtlinge ideal einbezogen, jeder Einheimische bekäme Kontakt zu ihnen, wir bauten Vorurteile ab, wenn aus vielen unbekannten Flüchtlingen in der Unterkunft am Stadtrand die dreiköpfige Familie wird, die bei mir zu Haus als Untermieter oder nebenan wohnt. Wir nutzten vorhandenen Wohnraum und sparten uns Kosten für Neubauten. So würde diese Aufgabe im wahrsten Sinne des Wortes eine gemeinsame, bei der jeder seinen Beitrag leistete und die Integration sicher besser funktionierte. Man lernt einander und voneinander, wir alle profitierten.

Solche Ansätze gibt es bereits, wie das Projekt „Anders? Cool" aus Lüneburg, bei dem ein Treffen von 35 Oberstufenschülern der lokalen Herderschule sowie des AWO-Migrationsdienstes mit jungen Flüchtlingen initiiert wurde, worüber die örtliche Landeszeitung Lüneburg berichtete. Solche persönlichen Kontakte dienen gegenseitigem Verständnis, bauen Vorurteile ab und sind ebenso wichtig wie materielle Hilfe.

In der gleichen Ausgabe der Zeitung wird auf der Titelseite über das Engagement der Stadt Goslar berichtet. Die historische Stadt im Harz möchte der Überalterung durch Aufnahme von Flüchtlingen entgegenwirken; es stünden genügend Wohnungen und Hotels leer. „Es melden sich ungeheuer viele Bürger, die sagen: Das ist ein wirklich guter Gedanke", wird Goslars Oberbürgermeister Oliver Junk (CDU) zitiert.[53] In Hamburg bietet die Sprachbrücke Hamburg zum Beispiel einen wöchentlichen kostenlosen Treff von Freiwilligen und Flüchtlingen.[54] Bei der Willkommensinitiative in Lüneburg engagieren sich Freiwillige für Flüchtlinge: „Wir sind eine Gruppe Freiwilliger der Willkommensinitiative und der Initiative Sprachbrücke und unser Ziel ist es, die Lüneburger Asylbewerber beim Erlernen der deutschen Sprache zu unterstützen."[55] Darüber hinaus werden Kinder bekanntlich in Sprachförderklassen betreut, um in den Schulalltag integriert zu werden.

Alles Beispiele, die zeigen, wie wir Menschen angemessen bei uns aufnehmen und so Krisen vorbeugen können.

Außenpolitik. Unsere Geschichte und unsere Aufgaben

Deutschland hat eine besondere Geschichte und kann daher eine besondere Rolle zur Lösung von Krisen einnehmen, nicht aber durch ein größeres militärisches Engagement.

Die deutsche Geschichte ist voll von Kultur und vielem mehr. Richten wir unseren Blick bewusst auf das dunkelste Kapitel: Die Zeit des Nationalsozialismus und des Holocaust gehören untrennbar zu Deutschland. Meine Erfahrungen in Gesprächen mit Ausländern sind, dass diese Respekt dafür äußern, wie wir unsere

---

53 Landeszeitung Lüneburg, 21. November 2014, Titelseite und Seite 6
54 http://www.sprachbruecke-hamburg.de vom 22. November 2014
55 http://www.willkommensinitiative.de/sprachbruecke.html vom 23. November 2014

Geschichte aufgearbeitet haben und regelmäßig an Gedenktagen daran erinnern. Geholfen wurde uns nach dem Krieg durch die Re-Education-Politik der Alliierten mit dem Ziel, dass von Deutschland nie wieder Gewalt ausgehen sollte. Einen wesentlichen Anteil an der Glaubwürdigkeit der Aufarbeitung hatte die berühmte Rede Richard von Weizsäckers, der 1985 als damaliger Bundespräsident über das Kriegsende 1945 auch für Deutschland als Befreiung sprach, was bis dahin kein deutsches Staatsoberhaupt getan hatte:

„Den Höhepunkt seines Ansehens erreichte Weizsäcker aber mit seiner Rede vor dem Deutschen Bundestag am 8. Mai 1985, in der er den Tag der Kapitulation des Deutschen Reichs 40 Jahre zuvor einen ‚Tag der Befreiung‘ nannte. Indem er dies tat, besiegelte Weizsäcker einen Paradigmenwechsel in der bundesdeutschen Aufarbeitungsgeschichte des Dritten Reichs. Er erteilte damit gleichsam offiziell allen Versuchen eine endgültige Absage, die NS-Vergangenheit durch Verdrängen, Verleugnen oder ausweichendes Relativieren in den Griff zu bekommen. ‚Wir brauchen und wir haben die Kraft, der Wahrheit, so gut wir es können, ins Auge zu sehen, ohne Beschönigung und ohne Einseitigkeit‘, sagte er. Dass man sich der Verantwortung für die Hitler-Jahre durch intensives Erinnern zu stellen habe, wurde mit diesem Satz gewissermaßen zur Staatsräson der deutschen Demokratie.“ [56]

Es bleibt wichtig, sich als Gesellschaft dieser historischen Verantwortung zu stellen sowie durch Erinnern und Aufarbeiten ein Vergessen zu verhindern, beispielsweise durch Gedenkveranstaltungen. In diesen erinnern Menschen an das Leid der Kriege, wie die Lüneburger Superintendentin Christine Schmid mit diesen Worten zur Gedenkstunde am Volkstrauertag 2013:

„… Wir reihen uns ein in die Kette der Menschen, denen es wichtig ist, Volkstrauertag zu begehen. Gegen die Schnelllebigkeit − halten wir inne … Gegen die allgegenwärtige Sehnsucht nach Leichtigkeit und Glück − stellen wir uns dem Ernst und der Anstrengung, die ein aufrichtiges Trauern erfordert.

---

56 Hamburger Abendblatt, 2. Februar 2015, Seite 6

Im Predigerbuch der Bibel wird einmal gesagt: ‚Durch Trauern wird das Herz gebessert.' Das ist eine erstaunliche Aussage. Was kann das für eine Trauer sein, die das Herz eines Volks bessern kann? Es muss eine Trauer sein, die die Vielschichtigkeit des Kriegsgeschehens wahrnehmen will. Und die Vielgesichtigkeit der Kriegstoten. Das Gräberfeld, an dem wir uns versammelt haben, kann dazu helfen … Aber wenn wir uns Zeit nehmen, an den Tafeln am Kopf der Gräber vorbeizugehen, dann lesen wir auf ihnen: Namen, Geburtstage und Sterbetage … So bekommt auch die Würde dieser Person auch in ihrem anonymen Tod ihren Platz. Immer mehr entdecken wir im genauer hinsehen: nicht nur deutsche, auch russische, italienische, französische, ungarische und auch belgische Tote sind hier begraben. Der Krieg hat Menschen durcheinandergewirbelt und in die Fremde gebracht. Das Grab dieser Menschen, die fern von ihrem Zuhause starben, zu pflegen, ist ein besonders wichtiger Dienst … Trauer, die das Herz eines Volks bessern soll, sie darf nie exklusive Trauer sein – sie umfasst immer auch die Toten der anderen. So kann Trauer sogar verbinden – in Europa und darüber hinaus. Doch dazu müssen wir uns noch einer anderen Facette der Trauerarbeit stellen. Vielleicht der schwierigsten: Wir müssen lernen, um Opfer und Täter angemessen zu trauern. Da sind ja zum einen Menschen, die ganz ohne Willen und Zutun ums Leben kamen … Aber Volkstrauertag schließt auch die Toten mit ein, die als Soldaten unmittelbar am Kriegsgeschehen beteiligt waren. Die in Erfüllung ihres Kriegsdienstes mit oder ohne Willen gestorben sind. – Die häufig Opfer und Täter zugleich waren. Die vielleicht von einer Familie bei uns als Opfer betrauert und von derselben in Frankreich als Täter angeklagt werden."[57]

Treffender kann der Sinn des Erinnerns und des Trauerns wohl kaum beschrieben werden. Das gemeinsame Trauern und

---

57 http://www.volksbund.de/fileadmin/redaktion/Landesverbaende/Niedersachsen/Volkstrauertag/Reden_u_Beitraege/13_Rede_Christine_Schmid_VTT_Lueneburg.pdf vom 19. März 2015

Gedenken hat dazu beigetragen, dass Deutschland und Frankreich aus den Kriegen und Krisen des 19. und 20. Jahrhunderts gelernt und sich versöhnt haben. Behalten wir das Gedenken bei, damit wir solche Krisen künftig vermeiden.

Nun versterben 70 Jahre nach Kriegsende natürlicherweise die letzten Überlebenden der Vernichtungslager. Geben wir diesen Zeitzeugen Gelegenheit, uns ihre Geschichten zu hinterlassen. Lassen wir sie nicht nur bei offiziellen Gedenkveranstaltungen stärker zu Wort kommen, sondern halten wir deren Erlebnisse auch für die nächsten Generationen fest. Es gibt kreative und vorbildliche Projekte an Schulen, wie das Projekt „Lebendiges Gedächtnis" des Gymnasiums Süderelbe im Süden Hamburgs. Der Lehrer Malte Sorgenfrei initiierte das Projekt, bei dem Schüler Zeitzeugen zu ihren Erlebnissen im Dritten Reich befragen, diese Interviews dokumentieren und für die Nachwelt erhalten. Das Gymnasium wurde dafür mit dem Hamburger Bildungspreis 2011 ausgezeichnet. Dieser Bildungspreis wird seit 2010 jährlich vom Hamburger Abendblatt und der Hamburger Sparkasse an Schulen und Kitas vergeben. Eine Jury aus Bildungsexperten entscheidet über die Preisträger.[58] Auf der Startseite des Projektes wird es beschrieben: „Jung und Alt arbeiten in diesem Projekt zusammen. Die Schülerinnen und Schüler des Gymnasiums Süderelbe befragen Zeitzeugen des Nationalsozialismus und schreiben ihre Erinnerungen auf. Gemeinsam werden diese Berichte digital und redaktionell aufbereitet und veröffentlicht."[59] Ein ähnliches Projekt führte das Gymnasium Bleckede im Rahmen einer Projektwoche „Schlacht um Bleckede 1945" durch.[60]

In Hamburg werden jährlich Jugendliche mit dem Bertini-Preis ausgezeichnet, die an die Schrecken der Nazi-Vergangenheit erinnern oder Zivilcourage bewiesen haben. Der Preis wird

---

58 Vergl. http://www.abendblatt.de/hamburg/kommunales/article1345728 23/Kitas-und-Schulen-mit-hochdotiertem-Preis-ausgezeichnet.html vom 23. November 2014
59 http://www.lebendiges-gedaechtnis.de vom 31. Dezember 2014
60 Landeszeitung Lüneburg, 4. Juli 2014, Seite 11

von mehreren Hamburger Unternehmen und Stiftungen vergeben. Er ist nach einem Roman des jüdischen Schriftstellers Ralph Giordano benannt, der darin als Überlebender des Holocausts die Geschichte seiner Familie beschreibt.[61]

Deutschland ist seit der Wiedervereinigung weiter in der westlichen Wertegemeinschaft sowie der NATO eingebunden und hat seitdem bekanntlich an diversen Auslandseinsätzen teilgenommen. Mit allem Respekt vor den dort engagierten Menschen und den mittlerweile zahlreichen Opfern: Ist das wirklich, im Jahr 2014, gerade mal 100 Jahre nach Ausbruch des Ersten und 75 Jahre nach Ausbruch des Zweiten Weltkrieges, die richtige Politik, deutsche Soldaten weltweit kämpfen zu lassen, wenn auch aus ganz anderen Motiven und für große Ziele wie die Freiheit? Gerade mit Blick auf die Opfer sowie deren Angehörige ist es doch unsere Verantwortung, diese Strategie in Ruhe zu analysieren und zu hinterfragen. Weitere Militäreinsätze bedeuten unweigerlich auch weitere Opfer. Der Redakteur Thomas Frankenfeld beschreibt die Folgen des deutschen Auslandseinsatzes in Afghanistan in seinem Artikel „Verbrannte Erde und kleine Oasen":

„… Die allzu ehrgeizigen Kernziele dieser aufwendigen westlichen Mission – Befriedung des Bürgerkriegslandes, Ausschaltung der radikalislamischen Taliban sowie Installierung eines nach demokratischen und pluralistischen Regeln funktionierenden Staatswesens – wurden nahezu vollständig verfehlt. Afghanistan ist nach wie vor von den Taliban akut bedroht, ist weiterhin in archaischen Clanstrukturen und einem rigiden Islamismus erstarrt, ist unglaublich korrupt und wird miserabel geführt … Andererseits ist es in den 13 Jahren des Einsatzes zu erfreulichen ‚Nebenwirkungen' gekommen … So lernen in den mehr als 70 Schulen, die der Hamburger Verein ‚Afghanistan-Schulen' gebaut oder repariert hat, Tausende Mädchen mit großem Ehrgeiz. Neben viel verbrannter Erde hinterlässt der Westen also auch ein paar

---

61 http://bertini-preis.hamburg.de vom 31. Dezember 2014

kleine blühende Oasen … Allerdings hat Deutschland keinerlei nationale Interessen am Hindukusch. Der berühmte Ausspruch des früheren Bundesverteidigungsministers Peter Struck vom März 2004, Deutschlands Freiheit werde auch am Hindukusch verteidigt, ist unhaltbar, denn er überdehnt bei weitem die Parameter deutscher Sicherheitspolitik. Das deutsche Engagement war allein eine Bündnisleistung zugunsten der USA. Die Taliban hatten dem Terrornetzwerk al-Qaida Unterschlupf geboten, dessen Führung die Anschläge vom 11. September 2001 angeordnet hatte. Mit den 3 000 Toten von New York, Arlington und Shanksville hatten die Taliban direkt gar nichts zu tun; der Afghanistan-Feldzug Amerikas war der Blitzableiter für eine bis ins Mark getroffene Nation, die sich in ihrer Wut nicht die Zeit zur gründlichen Analyse nahm. Unter dem Stichwort ‚gelernte Lektionen‘ sollte Afghanistan Anlass für uns Deutsche sein, künftige militärische Unternehmungen besser auf nationale Interessen und eine realistische Zielsetzung abzuklopfen. Und auch das hat der Feldzug am Hindukusch gelehrt: Es ist grundfalsch, einen Krieg verdruckst mit beschönigenden Friedens-Etiketten zu versehen und die Soldaten unzureichend bewaffnet und ausgerüstet ins Gefecht zu schicken, damit zu Hause bloß keiner merkt, dass Krieg ist. Und es ist vor allem falsch, einer anderen Kultur mit unterschiedlichen geschichtlichen Erfahrungen die eigenen Werte oktroyieren zu wollen."[62]

Letztere sind für mich die entscheidenden Punkte. Wir müssen die Tatsachen beim Namen nennen und uns besser mit der Kultur und Historie eines Landes auseinandersetzen, bevor wir dort aktiv werden. Auch der Beitrag „Auf Messers Schneide" zieht ein ähnliches Resümee: „Der afghanische Staat ist fragil, die Taliban wieder auf dem Vormarsch. Der Zustand, in dem die Isaf-Truppen das Land zurücklassen, lässt wieder am Sinn des Einsatzes zweifeln."[63]

---

62 Hamburger Abendblatt, 18. Dezember 2014, Seite 2
63 Der Spiegel, Nr. 52 vom 20. Dezember 2014, Seite 18

Wir wissen aus der Geschichte, dass die USA ein sehr viel positiveres Verhältnis zum Krieg haben. Schließlich sind die USA als Nation im 18. Jahrhundert durch den Unabhängigkeitskrieg gegen ihre britische Kolonialmacht entstanden. Im zweiten Weltkrieg haben die USA gemeinsam mit anderen Alliierten Deutschland von den Nazis befreit. Auch Russland, damals eingebunden in die Sowjetunion, hat erfolgreich gegen Nazi-Deutschland gekämpft. Kein Wunder, dass solche Länder bei Konflikten schnell bei militärischen Lösungen sind, trotz späterer negativer Erfahrungen. Denn was haben die vielen Militäreinsätze der Amerikaner seit dem Zweiten Weltkrieg ergeben? Der bereits zitierte Redakteur Thomas Frankenfeld berichtet im Beitrag „Waffen liefern – ein Garant für Misserfolg" darüber:

„… Die Debatte um Waffenhilfen für Rebellen beziehungsweise von den USA gestützte Kräfte, die in der amerikanischen Administration lebhaft geführt wurde, brachte Obama auf die Idee, die CIA 2012/2013 anzuweisen, einmal zu untersuchen, wie oft derartige Waffenlieferungen in der Geschichte der USA eigentlich zum gewünschten Erfolg geführt hätten … Die CIA setzte ein Expertengremium an diese Aufgabe und untersuchte alle US-Waffenlieferungen an Konfliktparteien in der gut 67-jährigen Geschichte des US-Geheimdienstes – von Griechenland über Nicaragua und Kuba bis hin zum Irak, zu Afghanistan, Syrien usw. Die Resultate des Reports waren, wie der anonyme Spitzenbeamte einräumte, ‚ziemlich mies'. Der Bericht ergab, dass derartige Waffenlieferungen bis auf sehr wenige Ausnahmen nicht zum Ziel führten und einen langfristigen Konflikt kaum im Sinne Washingtons zu beeinflussen vermochten."[64] Bleibt zu hoffen, dass die USA, aber auch wir daraus lernen und die Ursachen von Konflikten besser analysieren, bevor sie oder wir aktiv werden.

Leider bekämpfen sich bis in die Gegenwart Menschen mit Berufung auf die vermeintlich einzig wahre Religion. Diese Konflikte enden oft in einer Gewaltspirale und fördern neuen

---

64 Hamburger Abendblatt, 12. Februar 2015, Seite 2

Hass. Sie hinterlassen traumatisierte Menschen, die häufig nur eins gelernt haben: zu kämpfen. Wie lösen diese Menschen wohl künftig ihre Konflikte und gestalten ihre Zukunft? Der Dalai Lama sprach dies bei seinem Besuch im Jahr 2014 in Hamburg aus: „Wer Konflikte durch Gewalt löst, schafft die Voraussetzungen für neue Gewalt."[65]

Ist es nicht offensichtlich, dass religiöse oder politische Motive, wie bereits beschrieben, nur als Legitimation für Kämpfe und Kriege vorgeschoben werden? Vielmehr sehen sich viele Menschen in diesen Ländern mit Blick auf den reichen Westen sowie die geltenden Verhältnisse im eigenen Land als Wohlstandsverlierer. Das war vor Jahrzehnten sicher ähnlich, aber durch die globalisierte und vernetzte Welt wird ihnen dies permanent und noch deutlicher vor Augen geführt. Dies bildet offensichtlich den Nährboden dafür, dass diese Menschen aus Wut darüber wechselnden Machthabern und einfachen Parolen nachlaufen sowie schnell zu den Waffen greifen. So sehen es auch die Journalisten eines Nachrichtenmagazins und beschreiben in der Titelgeschichte „Der Terror der Verlierer" entsprechende Lebensläufe deutscher Islamisten: „Marco G. entspricht in vielerlei Hinsicht einem Klischee von Figuren vom gesellschaftlichen Rand, aus dessen Reihen inzwischen Attentäter und Kämpfer in Syrien stammen: niedriger Bildungsstandard, beruflich erfolglos, bisweilen vorbestraft."[66]

Auch in Deutschland bildet der große soziale Unterschied den Nährboden für Radikalismus, wie der Kriminologe Christian Pfeiffer im Beitrag „Schulpolitik erzeugt IS-Nachwuchs" am Beispiel der Hauptschule erklärt: „Aber genauso eindeutig ist auch Pfeiffers Position zur niedersächsischen rot-grünen Landesregierung, die die Hauptschulen nicht abschafft, obwohl inzwischen weniger als sechs Prozent der Kinder nach der Grundschule auf die Hauptschule wechseln: ‚Die Hauptschule ist eine Restschule, eine Zusammenballung von meist männlichen Ver-

---

65 Hamburger Abendblatt, 27. August 2014, Seite 6
66 Der Spiegel, Ausgabe 4/2015 vom 17. Januar 2015, Seite 87

lierern.' Dies sei auch eine ,völlig inakzeptable Benachteiligung der Migrantenkinder' … Und dann ist da noch eine Folgerung: ,Die männlichen Verlierer unseres Schulsystems sind besonders in Gefahr, den Versprechungen von Extremisten zu erliegen, wir erzeugen mit Fehlern in der Bildungspolitik den Nachwuchs für aggressive Salafisten und IS.'"[67]

Diese Ursachen sehen offenbar auch andere und wissen diese zu nutzen. Es hat doch viele gewundert und schockiert, wie viele Menschen dem sogenannten „Islamischen Staat" (IS) nachlaufen, selbst aus westlichen Ländern. Die im November 2014 entdeckten Dokumente über den IS belegen, wie sehr dieser seinen Unterstützern wirtschaftlich hilft:

„Der IS bezeichnet sich nicht nur als ,Staat' – sondern hat tatsächlich bereits weitgehende staatliche Strukturen errichtet. Dies belegen von NDR, WDR und SZ ausgewertete Geheimpapiere … Vor allem dokumentieren die Papiere, dass der IS sich nicht nur als ,Staat' bezeichnet, sondern dass er auch so handelt. So gibt es innerhalb der Terrororganisation etwa eine Krankenversicherung, Heiratsbeihilfen und Unterstützungszahlungen für die Familien getöteter oder inhaftierter Kämpfer."[68]

Diese wirtschaftliche Hilfe erklärt also den großen Zulauf, aber der Zukunftsforscher Matthias Horx beschreibt diese begrenzte Anziehungskraft in einem Interview mit Blick auf die neuen Medien:

„So schrecklich die Konflikte mit der Terrormiliz IS und in der Ukraine sind – sie haben eine innere Selbstbegrenzung. Moderne Gesellschaften sind nicht mehr so leicht formier- und mobilisierbar. Wir zweifeln mehr, die öffentliche Meinung ist viel differenzierter, widersprüchlicher, psychologisierter. Wir verstehen, dass Gewalt immer aus der Schwäche kommt. Fanatische Feldzüge wie der IS-Terror haben im Grunde schon verloren, wenn sie anfangen. Sie sind ja nun nicht gerade attraktiv für Menschen,

---

67 Hamburger Abendblatt, 19. Januar 2015, Seite 12

68 http://www.tagesschau.de/ausland/islamischer-staat-103.html vom 14. November 2014

die ein einigermaßen hoffnungsvolles Leben haben … Beide Konflikte stehen für einen neuen Typus des ‚Kränkungskrieges'. Der wahre Gewaltantrieb liegt in einer tief empfundenen Beleidigung, einer historischen Demütigung – einem katastrophalen Verlust an Selbstwertgefühl. Die IS-Kämpfer sind die Verlorenen der Weltgesellschaft, im Grunde auf dem Selbstmordtrip. Jetzt könnte man angesichts der vielen Gedemütigten auf der Welt einen endlosen Flächenbrand voraussagen. Aber es gibt ja auch viele Gewinner der Globalisierung. Und die bilden eine Gegenkraft."[69]

Es ist wichtig, nicht nur bei uns, sondern in aller Welt Menschen an Bildung und einem gewissen Wohlstand teilhaben zu lassen, um den Nährboden für Extremismus auszutrocknen. Wir können die Erkenntnis gewinnen, dass wir Menschen nicht nur zu Demokratie, Frieden und Freiheit verhelfen sollten, sondern auch dazu, dass es ihnen wirtschaftlich besser geht.

Erinnern wir uns daran, wie die USA nach dem Zweiten Weltkrieg dem zerstörten Deutschland mit dem Marshall-Plan zu einem raschen Wiederaufbau verhalfen und gleichzeitig die Demokratie wiederbelebten. Wäre daher von Seiten des demokratischen Westens im 21. Jahrhundert nicht auch eine andere Politik denkbar und vor allem langfristig sinnvoller? Warum versuchen wir nicht noch stärker als bisher, Konflikte in Afrika und im Nahen Osten zu lösen, indem wir die Konfliktparteien auf das Ziel einer besseren Zukunft mit höherem Wohlstand dieser Länder hinwiesen und dies auch mit Investitionen unterstützten? Dazu könnte man die gemäßigten Vertreter der verschiedenen Glaubens- und Völkergruppen an einen Tisch holen, die das Verbindende und Positive der Gruppen gemeinsam herausstellten und zu Frieden aufriefen.

Die Preisvergabe des Friedensnobelpreises 2014 an Preisträger zweier rivalisierender Staaten und unterschiedlicher Religionen scheint diesen Gedanken in sich zu tragen: „Die pakistanische

---

69 Hamburger Abendblatt, 23. Dezember 2014, Seite 14

Menschenrechtsaktivistin Malala Yousafzai und der indische Kinderrechtsaktivist Kailash Satyarthi erhalten den diesjährigen Friedensnobelpreis. Damit werde ihr Eintreten gegen die Unterdrückung von jungen Menschen und für deren Recht auf Bildung gewürdigt. Kinder müssten die Möglichkeit haben, zur Schule zu gehen und müssten vor Ausbeutung geschützt werden, erklärte das Nobelpreiskomitee in Oslo. Die 17-jährige Yousafzai ist die mit Abstand jüngste Trägerin des Friedensnobelpreises. Die Pakistanerin war 2012 wegen ihres Einsatzes für Schulbildung für Mädchen von Kämpfern der radikalislamischen Rebellenbewegung der Taliban auf dem Weg zur Schule angeschossen worden. Dabei erlitt sie schwere Verletzungen am Kopf. Trotz des Attentats setzte sie ihren Kampf für das Recht der Mädchen auf Bildung fort … Satyarthi ist in der Öffentlichkeit deutlich weniger bekannt. Er engagiert sich seit Langem mit friedlichen Protestaktionen gegen die Ausbeutung von Kindern und trug dazu bei, dass die Rechte von Kindern in internationalen Konventionen festgeschrieben wurden. Er habe damit in der Tradition von Gandhi großen Mut bewiesen, betonte das Nobelkomitee. Es bezeichnete es als ‚wichtigen Punkt‘, eine Muslimin aus Pakistan und einen Hindu aus Indien für ihr gemeinsames Engagement auszuzeichnen.“[70] Wie wahr, diese Würdigung ist ein wichtiges und richtiges Zeichen.

Helfen wir künftig Ländern statt mit Waffen noch mehr, wie bereits beschrieben, mit konkreten Investitionen wie Solaranlagen zur Energiegewinnung und beim Aufbau von Strukturen, von denen ein wirtschaftlicher Aufschwung für alle in naher Zukunft ein realistisches Ziel ist. Das alles unter der Bedingung, dass dauerhafter Frieden und Rechtsstaatlichkeit im Land gelten sowie alle Bewohner von Wohlstand und Bildung profitieren. Zudem sollten wir Geduld zeigen, dass aufgrund der historisch unterschiedlichen Entwicklung nicht von heute auf morgen vergleich-

---

70 http://www.tagesschau.de/ausland/friedensnobelpreis-preistraeger-101. html vom 14. Oktober 2014

bare Standards an Demokratie wie bei uns erreicht werden. Es fehlen die Erfahrungen der Aufklärung sowie der breite Bildungshintergrund der gesamten Bevölkerung wie in unserem Kulturkreis. Hier sollten wir die Kultur und Geschichte der Staaten akzeptieren und sie gleichzeitig ermuntern, in kleinen Schritten eine demokratische Entwicklung hin zu mehr Menschenrechten, Bildung für alle und Gleichberechtigung zu gehen, ohne dass sich die Bevölkerung bevormundet fühlt.

Es wird trotz aller Anstrengungen wohl auch in Zukunft gewalttätige Konflikte geben. Manche meinen, Deutschland solle noch stärker militärische Aufgaben übernehmen, aber dann verlöre Deutschland seine besondere Rolle. Es könnte noch stärker als bisher die Rolle eines Mediators übernehmen, wie wir es aus privaten Konflikten kennen. Eingebettet in die westliche Wertegemeinschaft, aber eben mit dieser historisch gewachsenen Eigenständigkeit aus der deutschen Geschichte und oft handlungsfähiger als der UN-Sicherheitsrat, könnte es nach Anhörung aller Konfliktparteien friedliche Lösungen erarbeiten, die alle Seiten akzeptierten. Deutschlands Geschichte steht eben nicht nur für zwei Weltkriege, den Nationalsozialismus und den Holocaust, sondern auch für große Kultur, das Wirtschaftswunder sowie die friedliche und gewaltfreie Revolution 1989 mit dem Fall der Mauer. Wir können afrikanischen und arabischen Staaten sowie Religionsgruppen anhand unserer Geschichte aufzeigen, dass man sich sehr wohl mit seinen Erzfeinden aussöhnen kann, wie Deutschland es mit Frankreich und Polen getan hat. Und wie sehr alle Seiten und vor allem die Menschen davon profitieren. Diese geschichtlichen Lehren, negative wie positive, sollten wir noch stärker in die Lösung weltweiter Konflikte einbringen. Ich denke, eine solche Rolle Deutschlands wird auch vom Großteil der Bevölkerung getragen; auch darüber ließe sich einmal abstimmen. Es wäre doch ein Ziel, dass wir häufiger Konflikte gewaltfrei und dauerhaft lösten.

Die Wehrpflicht ist ausgesetzt. Eine Freiwilligenarmee birgt immer die Gefahr, dass diese ein bestimmtes Klientel anzieht, sich die Armee aus der Gesellschaft löst und als Staat im Staate agiert, wie wir es in Deutschland am Ende des Ersten Weltkrieges bereits erlebt haben. Wäre es daher nicht sinnvoll, die Wehrpflicht in anderer Form wieder aufleben zu lassen, damit die Bundeswehr weiterhin breit in der Bevölkerung verankert ist? Warum führen wir nicht ein Pflicht(-halb)jahr für alle Männer nach der Schule ein, in dem die jungen Menschen entscheiden, ob sie sich für die Bundeswehr oder eine gemeinnützige Einrichtung im Bereich Soziales, Kultur oder Umwelt einbringen? Das zweite Halbjahr wäre optional; es könnte auch für einen Auslandsaufenthalt oder ein Praktikum vor dem Beginn der Ausbildung oder des Studiums genutzt werden.

Durch die Folgen des Klimawandels mit Fluten und Stürmen könnte die Bundeswehr offiziell Aufgaben übertragen bekommen, hier bei Schäden zu helfen, nicht nur im Katastrophenfall, wie es bisher möglich ist. Dann macht es auch wieder Sinn, sie weiter an vielen Standorten in Deutschland präsent sein zu lassen, wenn auch mit kleineren Standorten. In die freien Gebäude der Kasernen könnten andere zivile Einrichtungen mit technischen Geräten einziehen, wie die Feuerwehr oder das Technische Hilfswerk (THW), die dann bei Naturkatastrophen koordiniert agierten. So würde die Bundeswehr noch stärker zu dem, was sie sein sollte: Eine Armee, die das Land und deren Bürger schützt, fest verankert in der Gesellschaft.

Politiker sollten den Mut und die Weisheit haben, Probleme und Herausforderungen offen anzusprechen. Überlassen wir die Politik nicht den Berufspolitikern. Sehen wir Politik vielmehr als unsere gemeinsame Aufgabe, die Herausforderungen unserer Gesellschaft, sei es im Alltag oder in der Weltpolitik, positiv und gemeinsam zu bewältigen. Werden wir uns bewusst, dass es selten Schwarz-Weiß-Tatsachen und -Lösungen gibt, um uns komplexen Herausforderungen zu stellen. Analysieren wir in den verschiedenen Bereichen die Ursachen der Krisen, loten Chancen und Risiken aus, diskutieren konstruktiv über Alternativen, benennen mögliche Probleme und finden gemeinsam dauerhafte Lösungen.

Gerechtigkeit. Unser aller Beitrag

Was ist gerecht? Diese Frage bewegt die Menschheit wohl seit jeher und es gibt keine einfache Antwort. Daher ist auch in diesem Buch an vielen Stellen davon die Rede. Hier soll es um die in fremden Ländern gehen. Wie beschrieben können wir den Nährboden für Extremismus austrocknen und die Zahl der Flüchtlinge vermindern, wenn wir den Menschen in deren Heimatländern ein besseres Leben ermöglichen. Neben den beschriebenen Strukturveränderungen kann ein jeder von uns seinen Betrag leisten.

Das Einfachste wäre, wenn wir bei Produkten aus diesen Ländern angemessene und faire Preise zahlten. Dies geschieht bereits bei Lebensmitteln, die nach „fair-trade"-Richtlinien hergestellt werden, also nach ökologischen Kriterien und mit höheren Löhnen für die Produzenten, wie beispielsweise bei Tee und Kaffee für die jeweiligen Anbauer in Ländern wie Ruanda und Kenia.

Übertragen wir dies einfach auf andere Branchen wie die Modeindustrie: Die Näherinnen unserer Jeans in Bangladesch bekämen Löhne zum Leben, wenn wir als Verbraucher auch bereit wären, einige Euro mehr für unsere Jeans zu zahlen. Wäre es nicht großartig, wenn sich dieser Gedanke etablierte und bereits in wenigen Jahren eine Art weltweiter Mindestsozialstandard herrschte, der uns im Westen nur wenige Euro im Jahr kostete oder wir einfach einige Kleidungsstücke im Jahr weniger kauften und so selbst sparten? Wenn wir damit auch noch die Abschaffung der Kinderarbeit erreichten und weniger Menschen ihre Heimat verlassen müssten? Auch wenn im Oktober 2014 eine Initiative des deutschen Entwicklungsministers Gerd Müller in diese Richtung nicht die erhoffte Zustimmung erreicht hat, ist der Ansatz richtig. „Trotz schwacher Resonanz aus der Industrie hat Bundesentwicklungsminister Gerd Müller (CSU) sein schon vor Monaten angekündigtes Bündnis gegen die Ausbeutung von Textilarbeitern im Ausland gegründet. Ziel der Initiative, der sich bisher 29 Firmen und Verbände angeschlossen haben, ist es, soziale und ökologische Mindeststandards in der Lieferkette durchzusetzen – vom Baumwollfeld bis zum fertigen Kleidungsstück."[71]

Auch hier zeigt sich, dass viele Menschen schon weiter denken und Unternehmer reagieren, wie der Beitrag „Anziehen ohne schlechtes Gewissen" anhand von Designern beschreibt:

„Im Namen der Mode werden Flüsse verschmutzt, Pestizide versprüht und Menschen mit Niedrigstlöhnen abgespeist. Doch in Hamburg gibt es eine Reihe von Designern, die das ändern wollen ... Eine davon heißt Julia Starp. Erst 31 Jahre alt, aber bereits ein alter Hase im Eco-Fashion-Geschäft. 2009 gründete sie ihr Label, für das sie nur Materialien verwendet, die aus ökologischem Anbau stammen. Außerdem lässt sie nicht in China oder Bangladesch produzieren, sondern in Europa. Ihre Taschen aus alten Plakaten werden beispielsweise in einer Werkstatt für behinderte Menschen in Dithmarschen gefertigt ...

Immer mehr Designer und Geschäfte fokussieren sich auf nachhaltig produzierte Kleidung. ‚Vor fünf Jahren hatten wir noch große Mühe, nur einen einzigen Anbieter zu finden, der nachhaltig produzierte Jeans vertreibt', sagt Uli Ott vom Hamburger Concept Store Marlowe Nature. ‚Jetzt haben wir sogar fünf verschiedene Jeansmarken im Sortiment.' Eine davon heißt Good Society. Die Marke hat es sich zum Ziel gesetzt, keinen Schaden mit ihrem Unternehmen anzurichten, und wer denkt, das sollte doch wohl selbstverständlich sein, der irrt ... Rund 7 000 Liter Wasser werden für die Produktion einer Hose benötigt, hinzu kommen der Einsatz ätzender Chemikalien wie Chlor, um den Stoff zu bleichen, und das giftige Kaliumpermanganat, mit dem künstliche Altersspuren erzeugt werden. 100 Millionen Jeans kaufen die Deutschen pro Jahr; weltweit werden zwei Milliarden gefertigt. Ein Großteil in China, wo viele Flüsse durch die un-

---

71 http://www.spiegel.de/wirtschaft/unternehmen/textil-buendnis-gegen-ausbeutung-stoesst-in-modebranche-auf-geringes-echo-a-997497.html vom 16. Oktober 2014

geklärt abgeleiteten Giftstoffe aus den Fabriken verschmutzt sind und mehr als 300 Millionen Menschen keinen Zugang mehr zu sauberem Trinkwasser haben …

Die Modeindustrie allgemein ist eine der umweltschädlichsten Industrien überhaupt, was schon folgender Vergleich zeigt: 25 Prozent der global in der Landwirtschaft eingesetzten Insektizide und Pestizide landen auf Baumwollfeldern, dabei machen diese nur drei Prozent der Weltagrarfläche aus. In der Kritik steht zudem die bei der Jeans-Produktion eingesetzte Sandstrahltechnik, weil der gefährliche Staub die Lungen der Arbeiter schädigt … Einige große Textilketten wie H&M haben ihr Sortiment erweitert und bieten zusätzlich Kleidung aus Bio-Baumwolle an. 17 große Marken von Adidas über Tchibo bis zu Zara unterzeichneten bereits das von Greenpeace ins Leben gerufene Detox-Programm. Sie verpflichten sich damit, bis 2020 auf eine Produktion ohne Risikochemikalien umzustellen. Ein Greenpeace-Test von Schuhen und Textilien aus Discountern hatte ergeben, dass mehr als die Hälfte der Produkte gefährliche Chemie enthalten. Die riesige Resonanz, die Greenpeace mit dieser Untersuchung hervorrief, überraschte selbst die eigenen Mitarbeiter. ‚Den Leuten scheint es nicht mehr wurscht zu sein, wie mit der Umwelt umgegangen wird. Die Egal-Haltung der Verbraucher ist weg, das finde ich ermutigend‘, sagt Kirsten Brodde, Textilexpertin von Greenpeace. Aus ihrer Sicht haben Öko-Labels und Designer eine große Macht, selbst wenn ihre Marktanteile noch gering sind. Sie bilden die Speerspitze der nachhaltigen Mode: ‚Die Kleinen treiben die Großen, denn sie zeigen, dass es anders geht.‘ …

Die Preismarge von fair produzierter Kleidung lässt nicht viel Spielraum, da die Lohnkosten höher sind. ‚Ich feilsche nicht mit meinen Näherinnen‘, sagt Irina Rohpeter … ‚Natürlich achte ich wie die großen Hersteller auf meine Kosten. Aber es muss jedem Kunden klar sein, dass ein Pullover für 4,99 Euro nicht fair hergestellt worden sein kann.‘ Spätestens der Fabrikeinsturz in Bangladesch im April 2013 mit mehr als 1 100 Toten und 2 500 Verletzten hat die Aufmerksamkeit auf ein Problem gelenkt, das viele Kunden zuvor nicht erkannten: das schmutzige

Geheimnis hinter ihren sauberen Sachen. Irina Rohpeter setzt auf Schnitte, die eine unterschiedliche Tragweise ermöglichen, nach dem Motto: Man kauft ein Stück, hat aber mehrere. Eine besonders nachhaltige Herangehensweise, denn gerade das anziehende Tempo, in dem Kleidung konsumiert wird, belastet die Umwelt. Durchschnittlich 60 Kleidungsstücke kauft ein Deutscher im Jahr, das sind 800 000 Tonnen Textilien. Auf Youtube gibt es viele Haul-Videos (Haul steht für Beute), in denen junge Frauen die Ergebnisse ihrer Shopping-Touren präsentieren … Das McFashion-Prinzip wird befeuert durch die nahezu wöchentlich auf den Markt gebrachten neuen Kollektionen der großen Häuser. Dabei wusste schon Coco Chanel: ‚Ich bin gegen Mode, die vergänglich ist. Ich kann nicht akzeptieren, dass man Kleider wegwirft, nur weil Frühling ist.‘ Gerade bei Kinderkleidung ist häufiges Tragen sogar besser, denn je öfter der Stoff gewaschen wird, desto weniger chemische Rückstände. Oder man kauft gleich biologische Textilien wie die des Hamburger Labels Preciosa.“[72]

Nicht nur unsere Kleidung, sondern auch unser täglicher Konsum richtet in den Produktionsländern der Güter Schäden an. Dies beschreibt der Artikel „Wie unsere Konsumgüter woanders Wasserkrisen schüren“:

„Kaffee aus Äthiopien, Hosen aus Indien, Tomaten aus Spanien: Wie viel Wasser für die Herstellung von beliebten Produkten verbraucht wird, ist vielen Endverbrauchern oft nicht bewusst. Ein Tag ohne Kaffee ist für viele Deutsche undenkbar. Doch wer frühmorgens schon zur ersten Tasse greift, könnte bereits drauf und dran sein, seine Umweltbilanz zu ruinieren: Für einen Becher Kaffee werden etwa 130 Liter Wasser verbraucht – das entspricht etwa einer Badewannenfüllung. Nicht in Deutschland, wo es ausreichend Wasser in guter Qualität gibt. Doch Kaffee kommt häufig aus Regionen, in denen es Probleme mit Wassermangel oder Wasserverschmutzung gibt – etwa Äthiopien oder Brasilien. Dort wird das knappe Gut zur Bewässerung von Kaffeeplantagen verwendet …

72 Hamburger Abendblatt, 25. November 2014, Seite 6

Als drittgrößte Importnation ist Deutschland auf viele Waren aus dem Ausland angewiesen, die ohne den Einsatz von Wasser nicht verfügbar wären: So kommen beispielsweise Tomaten aus Spanien, Baumwolle aus Indien oder Metalle aus Südafrika. ‚Dabei werden neben Produkten auch besorgniserregende Wasserrisiken importiert‘, heißt es in einer Studie, die die Naturschutzorganisation WWF im Juli veröffentlichte. Die Umweltexperten wollen darin zeigen, wie deutsche Unternehmen weltweit zu Wassermangel und Umweltverschmutzung beitragen – und sich dabei am Ende unter Umständen selbst schaden. Das Weltwirtschaftsforum (WEF) stuft globale Wasserkrisen als eines der fünf weltweit größten Risiken ein. Die Zahlen des globalen Problems sprechen für sich: Nach Schätzungen der Organisation für Wirtschaftliche Zusammenarbeit und Entwicklung (OECD) wird sich der Wasserverbrauch der Menschen ausgehend vom Beginn des Jahrtausends bis 2050 mehr als verdoppeln. Demzufolge wird im gleichen Zeitraum zudem das Süßwasser knapper. Somit dürften zur Mitte des 21. Jahrhunderts mehr als 40 Prozent der Weltbevölkerung in Gebieten leben, in denen Wasserknappheit herrscht. Dürren, Hunger, Krankheiten und Wasserkriege könnten die Folgen sein …

Von der Automobilbranche bis zum Maschinenbau – ohne die Einfuhr von Rohstoffen aus dem Ausland würden in Deutschland viele Bänder stillstehen. So importierten hiesige Unternehmen aus dem wasserintensiven Bergbausektor in Südafrika 2012 insgesamt rund 5,5 Millionen Tonnen Güter im Wert von knapp zwei Milliarden Euro – darunter Steinkohle, Metalle und Erze. Bei der Förderung und Verarbeitung werden große Mengen an Wasser verbraucht, etwa für Kühlung oder Staubreduzierung … Ebenso richtet die Produktion von Kleidung, die aus dem Ausland importiert wird, häufig enorme Umweltschäden an. Die Weltbank geht davon aus, dass das Färben von Textilien und deren Behandlung weltweit rund 20 Prozent der industriellen Wasserverschmutzung verursachen.“[73] Es ist schon immens, was wir mit unserem modernen Lebenswandel anrichten.

---

73 Hamburger Abendblatt, 3. Januar 2015, Seite 42

Der Artikel liefert aber auch Anregungen, wie wir hier durch unser Verhalten die Ursachen beheben können:

„Doch was können Verbraucher tun, um den globalen Wasserhaushalt nicht übermäßig zu strapazieren? Ausschlaggebend sei nicht unbedingt das Leitungswasser, das in Deutschland gespart werde, meint Wagnitz. Vielmehr lasse sich durch bewussten Konsum erheblich mehr bewirken.

‚Verbraucher sind sich ihrer Macht zu selten bewusst‘, sagt der Forscher. ‚Dabei sind sie in der besten Position, nachhaltige Produkte von den Unternehmen zu fordern.‘ Die Firmen selbst rief der WWF dazu auf, sich gemeinsam mit lokalen Partnern um Wasserschutzprojekte zu kümmern … Als Faustregeln für einen Beitrag zur Verringerung des Wasserfußabdrucks empfiehlt das Umweltbundesamt: weniger Lebensmittel wegwerfen, Textilien länger nutzen und in der Küche auf regionale, saisonale und ökologisch produzierte Lebensmittel setzen.“

Einfache Möglichkeiten und ermutigende Beispiele, Menschen in armen Ländern ein wirtschaftlich besseres Leben zu ermöglichen und sie so resistenter gegen hetzerische und undemokratische Einflüsse zu machen. Jeder kann durch bewussten Einkauf hier Gutes für andere und für sich tun sowie Geld sparen. Wie das genau für die einzelnen Bereiche aussehen kann, dazu später mehr.

Märkte. Unser (Einkaufs-) Verhalten

Dies gilt auch für unser (Einkaufs-) Verhalten in unserem Land. Wir leben in Deutschland in einer freien und sozialen Marktwirtschaft. Unsere Unternehmen befinden sich grundsätzlich im Wettbewerb; Behörden und Ämter des Staates nicht. Gleichwohl gibt es unterschiedliche Strukturen und Versorgungssysteme in den verschiedenen Branchen. Nicht nur große Unternehmen schaffen und bieten viele Arbeitsplätze, sondern auch kleine und mittelständische Unternehmen (KMU). Regional ansässige Unternehmen bieten viele Vorteile, denn neben ihren Produkten und Dienstleistungen sorgen sie für Arbeits- und Ausbildungsplätze und zahlen Steuern vor Ort. Wir können mit unserem (Einkaufs-) Verhalten gerade die KMUs stärken und so zu gleichwertigeren Arbeits- und Lebensverhältnissen in vielen Regionen beitragen.

Wir tragen für eine florierende regionale Wirtschaft bei, indem wir so viel wie möglich vor Ort einkaufen. Sei es bei den Produzenten unserer Lebensmittel, den Bauern auf den Wochenmärkten, beim Einzelhandel oder als Kunde bei größeren ansässigen Unternehmen wie regionalen Banken. Ist es nicht herrlich, durch eine lebendige Innenstadt zu gehen? Es gibt sogar einen Verein mit Namen „Buy Local", der für die Vorteile regionaler Unternehmen wirbt:

„Der Verein hat ein Gütesiegel für lokales Marketing entwickelt und setzt sich für regionales Einkaufen ein – auch im Internet … Wenn wir lebendige und vielfältige Regionen bewahren wollen, müssen wir sie als soziales Netzwerk erkennen und fördern. Denn jeder Euro, der in der Region verbleibt, sorgt für den Erhalt von Arbeitsplätzen und erhöht die Lebensqualität aller Menschen. Kindergärten, Schulen, soziale Einrichtungen und Vereine – jeder profitiert von Buy local."[74]

Neben diesen Vorteilen sorgen diese Unternehmen für einen lebendigen Ort. Der Gründer des Vereins, Jan Orthey von der Buchhandlung Lünebuch aus Lüneburg, sagt zu seiner Motivation: „Mir liegt der Fortbestand des lokalen Handels am Herzen. Er ist nicht nur Arbeitgeber für Millionen von Menschen, sondern auch das in meinen Augen wichtigste Bindeglied zwischen Bevölkerung und Gemeinden/Kommunen. Ohne die Abgaben und Steuern, die der lokale Einzelhandel leistet, würde der lokale Wirtschaftskreislauf zusammenbrechen und Städte/Gemeinden/Kommunen wären handlungsunfähig. Der Konsument macht sich darüber keine Gedanken. Er möchte sein Bedürfnis befriedigt

---

74 http://www.buylocal.de/unsere-ziele/hintergrund vom 7. Februar 2015

haben. Dies bedeutet, dass der Handel sich an die veränderten Einkaufsgewohnheiten und -bedürfnisse anpassen muss, um seine Daseinsberechtigung zu behalten. Gleichzeitig muss der Kunde auf charmante und positive Art die Bedeutung des lokalen Handels verstehen und begreifen."[75]

Auf diese Vorteile bzw. mögliche Nachteile machte diese Aktion in Hamburg aufmerksam: Im Grindelviertel gab es im Jahr 2013 einen bemerkenswerten Streik der Einzelhändler, der auf die Konsequenzen des zunehmenden Internet- und Versandhandels hinwies:

„Mehr als 60 Einzelhändler wollen mit verhängten Schaufenstern auf drohendes Geschäftesterben aufmerksam machen. Einige Ladeninhaber wollen die Annahme von Paketen für die Anwohner verweigern. Kunden, die im Laden ungeniert Produkt und Artikelnummer fotografieren und die Ware dann beim Internethändler bestellen. Pakete, die der Zustelldienst im Laden abgibt, weil die Nachbarn nicht zu Hause sind – und die nicht nur Platz, sondern auch Umsatz wegnehmen, weil sie eben das enthalten, was online und nicht beim Einzelhändler um die Ecke gekauft wurde. Den Geschäftsleuten aus dem Grindelviertel reicht es. Mit einer in Hamburg bislang einmaligen Protestaktion wollen sie auf ihre Misere aufmerksam machen. Am kommenden Donnerstag werden mehr als 60 Einzelhändler ihre Geschäfte mit Packpapier und Plakaten verhängen – nach dem Motto: So sieht es im Viertel aus, wenn alle nur noch im Internet kaufen. Außerdem wollen sie die ganze Woche lang die Annahme von Paketen für Kunden aus der Nachbarschaft verweigern."[76] Das Vorbildliche an dieser Aktion war, die Konsumenten offen auf die Folgen ihres Handelns hinzuweisen und nicht erst, als es zu spät war. Natürlich ist die Bestellung im Internet und die Lieferung bis vor die Haustür bequem und legitim. Nur sollten wir die Konsequenzen bedenken

---

75 Persönlich abgestimmtes Zitat
76 http://www.welt.de/print/die_welt/hamburg/article122616526/Grindel-Kampf-dem-Online-Handel.html vom 6. Dezember 2013

und können auch im Internet einen lokalen Anbieter auswählen, denn viele bieten mittlerweile einen Onlineshop.

Große Industrieunternehmen, die ihre Produkte weltweit verkaufen, befinden sich bekanntlich in einem weltweiten Wettbewerb, wie in der Automobilindustrie. Aber auch viele KMUs bieten Produkte für den Weltmarkt, vor allem im Maschinenbau, deren Bedeutung so mancher unterschätzt. Diese mittelständischen Unternehmen leisten einiges. Hier Daten aus einem Report des Bundesministeriums für Wirtschaft und Energie (BMWi):

„Mehr als 99 % aller deutschen Unternehmen gehören zum ‚German Mittelstand‘. Der ‚German Mittelstand‘ steuert fast 55 % zur gesamten Wirtschaftsleistung des Landes bei. Der ‚German Mittelstand‘ erwirtschaftet fast 36 % des gesamten Umsatzes deutscher Unternehmen, 2011 waren das rund 2,1 Billionen Euro. Der ‚German Mittelstand‘ hat gut 15,7 Millionen Beschäftigte. Das entspricht knapp 60 % aller sozialversicherungspflichtigen Beschäftigten. Mit seinem Ausbildungsangebot trägt der ‚German Mittelstand‘ maßgeblich zur international vergleichsweise niedrigen Jugendarbeitslosenquote von 7,8 % bei.“ [77]

Diese Betriebe befinden sich häufig ebenso im weltweiten Wettbewerb wie beispielsweise die niedersächsischen Unternehmen Butting, die Edelstahlprodukte fertigt, sowie die LAP GmbH Laser Applikationen, die Laser-Systeme entwickelt. Sie sind gute Beispiele für mittelständische Firmen, die sich im Wettbewerb durch Innovationen immer wieder behaupten müssen, qualifizierte Arbeits und Ausbildungsplätze bieten, Steuern vor Ort zahlen und deren Inhaber sich darüber hinaus für das Gemeinwohl engagieren, wie auf den Internetseiten der Firmen, www.butting.de und www.lap-laser.com jeweils beschrieben ist. Schauen wir bei der Gestaltung der wirtschaftlichen und politischen Rahmenbedingungen oder bei in Not geratenen Firmen nicht

---

77 https://www.bmwi.de/BMWi/Redaktion/PDF/Publikationen/factbook-german-mittelstand,property=pdf,bereich=bmwi2012,sprache=de,rwb=true.pdf vom 21. Juni 2014

nur auf die großen, sondern stärken die Bedingungen gerade für mittelständische, und seien uns deren Bedeutung bewusst.

Daher denken wir mögliche Folgen weitreichender politischer Entscheidungen genau durch, bevor wir diese beschließen. Freihandelsabkommen wie das Transatlantische Freihandelsabkommen (TTIP) der EU mit den USA für technische Produkte mögen Vorteile haben, aber welchen Wert sollten sie für Nahrungsmittel oder Kultur haben? Welchen Sinn hat es überhaupt, Lebensmittel um die halbe Welt zu schicken, wenn sie dort gar nicht fehlen? Warum sollten wir das fördern? Wäre es nicht sinnvoller, sowohl wir Europäer als auch die Amerikaner konsumierten die regional produzierten Lebensmittel, und die Südamerikaner bekämen nicht Mais aus den USA, sondern kauften bei ihren Bauern, wie im späteren Kapitel Ernährung beschrieben? Zudem steht das Risiko bei TTIP im Raum, das Firmen Staaten auf entgangene Gewinne verklagen können, wie es Thilo Bode, Chef der Verbraucherorganisation Foodwatch, beschreibt:

„Ja, aber es geht eben nicht nur um eine Angleichung rein technischer Standards wie Schraubenlängen und Blinkerfarben bei Autos. Schwierig wird es bei gesellschaftspolitischen Fragen, seien es Tierschutz oder Arbeitnehmerrechte. Das Problem: Ein TTIP-Abkommen wäre völkerrechtlich bindend. EU-Gesetze müssten dann im Einklang mit dem Abkommen sein, sonst droht ganz praktisch die Gefahr von Vertragsstrafen und Schiedsgerichtsklagen aus den USA. Das bedeutet, wir können zum Beispiel bessere Standards in der Tierhaltung, eine bessere Kennzeichnung von Agrargentechnik oder auch eine Ampelkennzeichnung für Nährwerte nur dann noch durchsetzen, wenn die USA zustimmen. Der Handlungsspielraum des Bundestages und des europäischen Gesetzgebers würde massiv eingeschränkt. Und das müssen wir verhindern. Warum sollten denn in Zukunft zum Beispiel unsere Standards für den Tierschutz von der Zustimmung eines Handelspartners abhängen? Das wäre doch absurd."[78] Wollen wir wirklich, dass sich unsere Demokratie auf

---

78 Hamburger Abendblatt, 15. Januar 2015, Seite 24

diese Weise verändert? Seien wir uns der gewachsenen Freundschaft mit den USA bewusst. Aber gerade unter Freunden sollte man offen sprechen. Beugen wir hier möglichen Krisen vor und beschließen solche Abkommen nur ohne die offensichtlichen Nachteile.

Auch die Industrie kann bei Firmenpleiten Krisen als Chancen sehen, beispielsweise wenn Autofirmen Standorte schließen müssen. Im Jahr 2014 kündigte die Autofirma Opel an, ihre Produktion in Bochum einzustellen. Das ist natürlich bitter für die betroffenen Mitarbeiter. Blicken wir auch hier auf die Chancen, in neue zukunftsfähige Berufsfelder zu investieren, was auch geschieht: „Auf dem riesigen Werksgelände bleibt nur ein Ersatzteillager des Autokonzerns mit insgesamt 700 Beschäftigten. Das Land Nordrhein-Westfalen will dort in den nächsten Jahren neue Gewerbebetriebe ansiedeln. Die Entwicklungsgesellschaft ‚Bochum Perspektive 2022' rechnet dafür zunächst mit rund 50 Millionen Euro Aufwand – verteilt über acht Jahre."[79]

Wussten Sie, dass Opel bis 1940 Fahrräder produziert hat?[80] Also, Opel-Mitarbeiter, besinnt euch auf die Wurzeln und baut für eine ökologisch bewusstere Gesellschaft moderne Fahrräder! Warum nicht ein modernes E-Bike mit einem regenabweisenden „Schutzschild" aus leichtem recycelbarem Material entwickeln, mit dem Menschen bei Wind und Wetter fahren können? Wenn die vielen Menschen im Ruhrgebiet künftig mit solch innovativen Rädern von Opel führen, schafften sie Arbeitsplätze vor Ort, schonten das Klima und täten Gutes für Ihre Gesundheit. Vielleicht gründen ja einige arbeitslose Ex-Mitarbeiter von Opel eine Genossenschaft und setzen das um; das wäre eine tolle Geschichte für „Krisen sind Chancen".

Stärken wir unsere regionale Wirtschaft und Strukturen einfach im täglichen Handeln, sichern einen gesunden Kreislauf vor Ort und erhalten uns so deren Vorteile. Sorgen wir für gleich-

---

79 http://www.handelsblatt.com/unternehmen/industrie/werk-in-bochum-schliesst-letzter-opel-vom-band-gelaufen/11078124.html vom 5. Dezember 2014

80 http://de.wikipedia.org/wiki/Opel vom 18. Dezember 2014

wertigere Arbeits- und Lebensverhältnisse und lassen auch auf diese Weise unsere Gesellschaft gerechter werden, wie auch mit einer neu ausgerichteten Ruhestandsregelung. Anregungen dazu im Kapitel Altersversorgung.

Wachstum. Unser Nutzen statt unser Besitz

Wir können mit weniger materiellem Besitz günstiger, entspannter und umweltbewusster leben.

Wir kommen aus einer Zeit mit teils jahrzehntelangem Wachstum in verschiedenen Bereichen. Unser Wohlstand und unsere Löhne stiegen, die Häuser und Autos wurden größer. Dieses Wachstum erfolgte oft auf Kosten anderer, sei es durch Schulden, auf Kosten anderer Länder oder der Natur. Bereits die 1972 erschienene Studie „Die Grenzen des Wachstums" vom Club von Rome warnte vor den Folgen ungebremsten Wachstums.

Warum verfolgen wir weiter ein stetiges Wirtschaftswachstum, das zumeist weitere Ressourcen unseres Planeten verbraucht? Wir tun uns offensichtlich damit schwer, uns von einem einmal erreichten Level zu verabschieden, sei es beim Einkommen oder bei der Größe der Wohnung. Dabei ist weniger oft mehr und lässt uns entspannter leben.

Benötigen wir all die Dinge, die wir haben oder anstreben? Das Magazin „Brand eins" widmet dieser Frage eine ganze Ausgabe und zitiert die alten Griechen: „Dem griechischen Denker Bias von Priene wird ein Satz zugeschrieben, der heute von größerer Bedeutung ist: ‚Omnia mea mecum porto', lautet der Satz – All meinen Besitz trage ich bei mir. Der wahre Besitz, das eigentliche Vermögen, liegt in den Fähigkeiten und Fertigkeiten, im Wissen seines Trägers."[81]

---

81 Brand eins, Ausgabe 7/2008, S. 52

Der bereits genannte Zukunftsforscher Opaschowski sieht ebenso eine Veränderung, wie er es auf einem Forum am 7. Oktober 2014 in Lüneburg beschreibt: „Geht es nach Prof. Dr. Horst Opaschowski, gibt es eine gute und eine schlechte Nachricht für uns Deutsche: Viele Menschen werden materiell ärmer – damit jedoch nicht unglücklicher. Gestern, am 7. Oktober, sprach der bekannte Hamburger Zukunftsforscher im Rahmen des ‚Gesundheitsforums 2014' an der Leuphana Universität Lüneburg.

Dort stellte er zum Thema ‚Vom Wohlleben und Wohlergehen einen Blick in die Zukunft von Wohlstand, Gesundheit und Lebensqualität in Deutschland' in Form von zehn Thesen seine Prognose zur Entwicklung der deutschen Gesellschaft bis zum Jahr 2035 dar … Anstelle der Glorifizierung materieller Güter finde eine Rückbesinnung auf den Aspekt der Nachhaltigkeit statt: Die eigene Gesundheit rücke stark in den Fokus, der Familienbegriff durchlebe einen Wandel: ‚Wir wollen lieber gut leben, als viel haben', so Opaschowski. Die Frage des persönlichen Wohlergehens werde darum immer weniger vom Geld bestimmt sein, entsprechend mehr von der Sehnsucht nach Sinnerfüllung: …

Damit dem individuellen Wohlergehen aber ein wenig auf die Sprünge geholfen werden kann, hat der Forscher noch einige Verhaltensregeln in petto: Opaschowskis ‚10 Gebote'

- Bleib nicht dauernd dran – schalt mal ab
- Versuche nicht immer, deinen Standard zu verbessern
- Knüpfe verlässliche soziale Netze
- Mach die Familie zur Konstante deines Lebens
- Definiere deinen Lebenssinn neu
- Genieße! Aber nach Maß
- Nicht alle Träume wahr machen
- Du allein kannst es! Aber Du kannst es nicht allein
- Mach nichts auf Kosten anderer Generationen
- Verdiene dir deine Lebensqualität: Es gibt nichts Gutes, außer man tut es"[82]

---

82 Landeszeitung Lüneburg, 8. Oktober 2014, Seite 5

Das klingt doch verlockend und kann uns den Stress des „immer mehr" nehmen. Welche Bedeutung dieses Thema im 21. Jahrhundert hat, beschreibt das Nachrichtenmagazin „Der Spiegel" in einer Titelstory im März 2014 mit dem Titel „Konsum-Verzicht". Es werden verschiedene Wege und Protagonisten vorgestellt, die zeigen, wie ein anderes Leben bereits heute aussehen kann. Eine der Kernaussagen und Überschrift ist: „Weniger haben, glücklicher leben."[83]

Stefan Klein beschreibt die Schattenseiten von hohem Wohlstand und viel Besitz anhand von Bewohnern der amerikanischen Stadt Roseto mit italienischer Abstammung. Sie behielten ihre italienischen Traditionen bei, und ihre Sterblichkeitsrate lag weit unter dem amerikanischen Schnitt:

„Man traf sich zum täglichen Abendspaziergang oder zum Spielen in den vielen Clubs, feierte Prozessionen und große Kirchenfeste. Weil Neid die Gemeinschaft gespalten hätte, war es in Roseto verpönt, Reichtum zu zeigen … Alte Menschen lebten bei ihren Kindern, drei Generationen unter einem Dach, Kriminalität gab es nicht. Das alles änderte sich, als Roseto wie der Rest Amerikas wurde. In dem Maß, in dem es den Bürgern materiell besser ging, zerbrach die Gemeinschaft … Mit den engen Bindungen zwischen den Bürgern war auch deren Schutzwirkung verloren gegangen."[84]

Mit Kenntnis solcher Erfahrungen können wir unsere Gesellschaft in andere Bahnen lenken und dabei sparen, seien es Kapital oder Rohstoffe.

Prof. Dr. Niko Paech, Wirtschaftswissenschaftler an der Universität Oldenburg, ist ein Befürworter der Postwachstumsökonomie und erklärt diese in einem Interview:[85] „Mit der Postwachstumsstrategie durchbrechen wir die Logik der reinen Konsum- und

83 DER SPIEGEL, 31. März 2014, Titel und Seite 34
84 Klein 2005, S. 266 ff.
85 Magazin „Was zählt. Eine lebenswerte Zukunft in Lüneburg & Umgebung", Ausgabe 1/2015, Seite 22

Industriewirtschaft … Wir würden nur noch 20 Stunden pro Woche für Geld arbeiten. Die freigewordene Zeit würden wir nutzen, uns selbst zu versorgen … Was wir brauchen ist soziale Vernetzung, handwerkliche Befähigung und eben Zeit."

Die bereits zitierte australische Krankenschwester Bronnie Ware nennt in ihrem Buch als zweithäufigsten Wunsch: „Ich wünschte, ich hätte nicht so hart gearbeitet. ‚Jeder männliche Patient hat diesen Wunsch geäußert.'"[86]

Ist das nicht eine spannende Aussicht, dass wir weniger für Geld arbeiteten und dabei glücklicher werden könnten? Zudem stellt Paech das reine Fixieren auf Bildung in Frage und rät, mehr seine handwerklichen Fähigkeiten zu nutzen, um seine Grundbedürfnisse selbst zu decken: „Es wird so viel in Bildung investiert, dass nur noch Menschen rumrennen, die so gebildet sind, dass sie nichts mehr können, außer gebildet zu sein. Die Angst vor einer unsicheren Zukunft lässt sich nur lindern, indem man sich unabhängiger von Geldversorgung macht. Eine Schraube in die Wand zu drehen oder ein Textilobjekt zu reparieren hat nicht nur etwas mit Ökologie zu tun, sondern auch mit Autonomie …"

Weiter rät er, mehr zu teilen, sei es den Rasenmäher oder das Auto. Eine solche Kultur des Teilens können wir leicht umsetzen. Car-Sharing-Angebote gibt es bereits in vielen Städten; übertragen wir das einfach mehr in den Alltag: Teilen wir mit den Nachbarn Dinge wie die Bohrmaschine, die wir selten benötigen, und auch die Spielgeräte der Kinder: In einem Garten stünde eine Schaukel, im anderen ein Trampolin und in dem nächsten eine Rutsche. Alles für alle Kinder der Nachbarschaft, die dann täglich gemeinsam etwas unternehmen würden und nicht jedes allein. Oder es geht auf den öffentlichen Spielplatz. Das gemeinsame Spielen freute die Kinder und die Eltern sparten durch diese Absprachen Geld.

Viele Kinder, gerade Einzelkinder, werden heute geradezu überschüttet mit Spielsachen und Förderangeboten von den

---

86 zitiert aus Hamburger Abendblatt, 6. Dezember 2012, Seite 2

Großeltern und anderen Verwandten, denn jeder möchte dem Kind ja Gutes tun. Dies sehen manche Pädagogen kritisch, denn so kommen Kinder aufgrund der vielen Spielsachen und des vollgepackten Terminkalenders gar nicht mehr zum sogenannten freien Spielen, bei dem sie zum Beispiel ungezwungen in der Natur sind und Phantasie entwickeln, wie im Betrag „Was Kinder heute kosten – und was sie wirklich brauchen" beschrieben ist.[87] Hier können Familien wie beschrieben durch mehr Miteinander und Absprachen Geld sparen, womit es sowohl den Erwachsenen als auch den Kindern besser ginge.

Bisher ergibt sich der Preis eines Produktes meist aus dem Produkt sowie der Beratung. Manch Einzelhändler klagt bekanntlich, dass sich einige Menschen gern in seinem Geschäft beraten lassen, das Produkt selbst dann aber über das Internet kaufen; da ist es ja billiger. Wenn wir den Preis der Beratung vom Produktpreis trennten, fielen diese Schwierigkeiten weg. Der Fachhändler könnte weniger verkaufen und objektiver beraten, wenn wir bereit wären, für die Beratung zu bezahlen, und käme auf ausreichend Gewinn. Dies könnte die Idee der Postwachstumsökonomie fördern, wenn uns der Elektrohändler rät, noch keinen neuen Fernseher zu kaufen, da der alte doch für unsere Bedürfnisse ausreicht, und wir ihm dafür etwas zahlten.

Mit dem gleichen Gedanken können wir andere Bereiche unserer Gesellschaft gestalten, wie später im Kapitel Wohnen beschrieben. Die gewonnene Zeit können wir der Familie oder Ehrenämtern widmen und das eigene Wohl sowie das der Gesellschaft steigern. „Es wird in Zukunft eine doppelte Produktivität geben – eine Produktivität des Ökonomischen und eine Produktivität des Sozialen … Mit dem Mehrwert des Sozialen geht auch eine Steigerung des Gemeinwohls einher", prophezeit Opaschowski.[88] Die Angebote in vielen Städten für Car-Sharing oder Stadträder zum Leihen zeigen, wie sehr sich die Idee des Tauschens ent-

---

87 Vergl. Magazin STERN, 30. Oktober 2014, Seite 42
88 Hamburger Abendblatt, 24. Oktober 2011, Seite 2

wickelt hat. Aber es gibt weit mehr, wie der Beitrag „Kalifornischer Kapitalismus" beschreibt, der auch erste Schattenseiten nennt.[89] Dort werden Anbieter von Tauschbörsen wie Gunnar Froh vorgestellt, der mit seinem Unternehmen WunderCar Mitfahrten mit dem privaten PKW vermittelt und sich so den Ärger seiner Kontrahenten, der Taxiunternehmer, zugezogen hat. Der US-Wissenschaftler Daniel Rothschild als Befürworter spricht von „der Aktivierung von viel ‚totem Kapital' und einer Demokratisierung des kommerziellen Lebens."

In der gleichen Ausgabe warnt im Beitrag „Moderne Sklaverei" DGB-Chef Reiner Hoffmann vor den Risiken dieser Share-Economy, vor allem für die Arbeitnehmer und durch fehlende Steuereinnahmen. Trotz dieser Risiken, die ja durch Regelungen zu beheben sind, ist der grundsätzliche Gedanke gut, noch mehr zu tauschen. Sei es privat organisiert oder kommerziell, wir schonen Ressourcen für den Einzelnen und die Gesellschaft. Auf diese Weise besitzen wir weniger, nutzen aber mehr und sparen dabei Rohstoffe.

Nicht nur durch Tauschen, auch durch Reparieren sparen wir Ressourcen. Prof. Dr. Wolfgang M. Heckl, Generaldirektor des Deutschen Museums München und Physikprofessor, ist ein Befürworter des Reparierens und hat darüber das Buch „Die Kultur der Reparatur" geschrieben. Darin beschreibt er die Chancen des Reparierens für die Gesellschaft und auch für neue Geschäftsmodelle. In einem Interview mit einem Magazin wirbt er für das Reparieren: „Reparieren macht glücklich. Die Wegwerfgesellschaft ist nur ein kurzer Fehltritt in der Menschheitsgeschichte! Wenn wir selbst aktiv werden, können wir uns und der Erde eine bessere Zukunft ermöglichen."[90]

---

89 Der Spiegel, Nr. 34, 18. August 2014, Seite 58 ff.
90 „Was zählt. Eine lebenswerte Zukunft in Lüneburg und Umgebung", Herausgeber Prof. Dr. Gerd Michelsen (Leuphana Universität Lüneburg) im Verlag Landeszeitung für die Lüneburger Heide GmbH, Ausgabe 01/2014, Seite 13

Prof. Ulrich Reinhardt von der BAT-Stiftung für Zukunfts-fragen sieht einen Trend zum Selbermachen: „Die ‚Do it yourself‘-Bewegung (kurz: DIY) umfasst heute aber viel mehr als früher, denn es geht nicht mehr nur um die Erledigung notwendiger Handwerks- und Näharbeiten in den eigenen vier Wänden … Vor diesem Hintergrund entwickelten sich die unterschiedlichsten Foren und Treffpunkte – wie zum Beispiel Urban-Gardening-Gruppen, Repair Cafés, FabLabs, Crowdfunding, OpenSource oder DIY-Magazine – die unsere Sehnsucht nach mehr Individualität und Praxis in einer von Massenware und Digitalisierung geprägten Gesellschaft zu erfüllen versuchen … Die DIY-Bewegung ver-leiht außerdem der in unserer Gesellschaft verloren gegangenen Wertschätzung für materielle Dinge eine neue Bedeutung. So werden kaputte Fahrräder oder Schuhe wieder repariert, statt – vielleicht sogar noch vollfunktionsfähig – auf dem Müll zu landen, und alte Segeltücher zu wasserdichten Rucksäcken und Hand-taschen umfunktioniert.

Das sogenannte Upcycling (die Wiederverwertung von Ab-fall für neue Produkte) schärft nicht nur unser Bewusstsein für ökologisches Handeln und Konsumieren, sondern schafft es auch, in der Industrie neue nachhaltige Produktionsprozesse und Produktideen anzustoßen: Die Hamburger Taschenmarke Beliya etwa produziert ausschließlich mit dem alten Leder hoch-wertiger Retourmöbel …“[91]

Wie sehr sich unsere Gesellschaft weg von den materiellen Dingen bewegt, beschreibt Reinhardt in seinem Beitrag „Lebens-qualität ist wichtiger als Geld auf dem Konto“: „Was sich jedoch nachweislich verändert, sind die Prioritäten. Diese verschieben sich zunehmend hin zu sinnhaften Beziehungen zu Mitmenschen und sich selbst und weg von einer reinen Konsum- und Geld-orientierung … Unser Wertesystem wird sich schrittweise neu definieren, und ein individueller Lebenssinn jenseits von Konto und Karriere wird im Mittelpunkt des Lebens stehen. Breite Be-

---

91 Hamburger Abendblatt, 24. November 2014, Seite 10

völkerungsschichten haben bereits heute diesen Wandel mental vollzogen. Sie wünschen sich mehr Zeit für sich und andere, wollen häufiger Freunde und Verwandte treffen, öfter den eigenen Interessen nachgehen, sich ehrenamtlich engagieren oder mehr Sport treiben. Jetzt gilt es, diese Wünsche umzusetzen und den Mut zu haben, die eigenen Bedürfnisse vor die Erwartungen von anderen, Sicherheitsdenken oder Angst zu stellen. Denn wie sagte schon der Theologe Dietrich Bonhoeffer treffend: ‚Es gibt erfülltes Leben, trotz vieler unerfüllter Wünsche.'" [92]

Sind das nicht ermutigende Anregungen? Führen wir mit weniger Besitz ein günstigeres, entspanntes Leben und schonen die Umwelt. Weniger ist häufig eben mehr.

Abfälle. Unsere Folgekosten und unsere Ressourcen

Je weniger Abfälle wir produzieren, desto besser für uns alle. Am besten, wir produzierten gar keinen Abfall mehr. Da wir wirtschaftlich handeln, können wir über den Preis Verhaltensänderungen anregen und Produzenten dazu bringen, weniger Ressourcen zu verbrauchen. Wir brauchten Produkte nicht künstlich zu verteuern, könnten aber noch stärker Folgekosten berücksichtigen, die bisher von der Allgemeinheit getragen wurden.

Was verursacht beispielsweise das Abrennen von Feuerwerkskörpern und Böllern in der Silvesternacht an Folgekosten und -schäden? Unter welchen Bedingungen für die Arbeiter wurden diese Produkte produziert? Die gesundheitlichen Schäden wie die durch die Knallerei verursachten Verletzten, Schlaflosigkeit bei Kindern, alten sowie kranken Menschen und auch Tieren sind schlimm genug, aber schwer zu beziffern. Wie auch

---

92 Hamburger Abendblatt, 4. August 2014, Seite 10

die Umweltverschmutzung durch Feinstaub und Müll, der in der Natur unentdeckt verbleibt. Aber andere Kosten könnten wir sicher ermitteln, zum Beispiel die Extraschichten der Stadtreinigungen. Dazu könnten Versicherungen die durch Silvesterfeuerwerk verursachten Schäden durch Brände berechnen. Diese Kosten legten wir dann als Abgaben auf die Produkte um, die sich dadurch verteuerten und gerade Jugendliche überlegen ließen, ob sie mehr Geld dafür ausgeben möchten. Diese Art des Feierns ist keine lange Tradition; das Ausmaß der Böllerei ist erst durch die billige Massenproduktion und den Wohlstand in den vergangenen Jahrzehnten entstanden. Daher können wir überdenken, wie zeitgemäß eine solche Art des Gestaltens einer Feier noch ist. Könnten wir nicht auch hier mit einem freiwilligen „Weniger ist mehr" im Handeln umweltschonender und entspannter feiern?

Folgekosten konsequenter einzurechnen regt Christin Hiß, Gründer der Regionalwert AG, für die Landwirtschaft an, wie auf der Internetseite der AG zu lesen ist: „Die sozialen und ökologischen Kosten der industrialisierten Landwirtschaft müssen in die betriebliche Rechnung einbezogen werden. Alles andere ist Betrug an der Allgemeinheit und an den zukünftigen Generationen. Die Abhängigkeiten von global organisierten Lieferketten bei Saatgut, Energie, Dünger und Technik sind groß und risikobehaftet. Diese Risiken müssen in der betrieblichen Bilanz berücksichtigt werden."[93]

Dies gilt auch für moderne Ernährungsgewohnheiten, wie zwei amerikanischer Forscher im Artikel „Forscher: Westliche Essgewohnheiten schaden der Umwelt" beschreiben: „Die zunehmende Verbreitung westlicher Essgewohnheiten auf der Welt gefährdet nicht nur die Gesundheit der Menschen, sondern auch die des Planeten insgesamt. Davor warnen die US-Forscher David Tilman und Michael Clark von der Universität Minnesota im Fachjournal ‚Nature'.

---

93 http://www.regionalwert-ag.de/wp-content/uploads/2014/08/10-Thesen-zum-Umdenken1.pdf vom 16. Januar 2015

Eine Ernährung mit viel Fleisch, Öl und Zucker erfordere eine intensive, umweltbelastende Landwirtschaft. Setze sich dieser Trend fort, werde er maßgeblich zur Steigerung des Treibhausgasausstoßes aus der gesamten Nahrungsmittelproduktion um geschätzte 80 Prozent bis 2050 beitragen. Aktuell verursachten Landwirtschaft und Lebensmittelproduktion etwa ein Viertel der weltweiten Treibhausgas-Freisetzung. Dabei falle die Viehwirtschaft besonders ins Gewicht. Steigende Einkommen und zunehmende Verstädterung führten aber dazu, dass traditionelle, meist pflanzlich bestimmte Speisepläne immer häufiger durch Gerichte mit mehr Fleisch und sogenannten leeren Kalorien ersetzt würden. Diese hätten zwar einen hohen Energiegehalt, aber wenig Nährstoffe. Die sich daraus ergebenden Veränderungen in der Landwirtschaft führten nicht nur zu steigenden Treibhausgasemissionen, sondern auch zu verstärkter Abholzung und damit einhergehendem Artensterben, so die Forscher. Sie sehen in der Änderung der Ernährungsgewohnheiten eine der großen Herausforderungen der Menschheit."[94]

Eine solche Ernährungsumstellung kann uns in mehreren Bereichen guttun und einfach gelingen. Dazu mehr im Kapitel Ernährung.

Auch moderne Trinkgewohnheiten „to go" tragen einen erheblichen Teil zum Ressourcenverbrauch bei:

„Der Griff der Deutschen zu ihrem Lieblingsgetränk hinterlässt Berge von Müll. 165 Liter Kaffee schlucken sie im Schnitt pro Jahr. Zwölf Prozent trinken sie außer Haus, einen Großteil in Einwegverpackungen. Laut Hamburger Verbraucherzentrale fallen jedes Jahr in der Bundesrepublik 6,4 Milliarden Kaffee-zum-Mitnehmen-Becher an, die mitsamt Plastikdeckel im Abfall landen … Die Verbraucherzentrale Hamburg (VZHH) hat am Dienstag ihre neue Kampagne gestartet. ,Der Becher soll gehen', heißt das Motto. Gemeint sind die Exemplare aus Pappe, aus denen der Kaffee zum Mitnehmen meist getrunken wird. 6,4 Milliarden

94 Hamburger Abendblatt, 13. November 2014, Seite 14

Coffee-to-go-Becher mitsamt Plastikdeckel landen pro Jahr in der Bundesrepublik im Abfall … Das Wuppertaler Institut Unep hatte für das Jahr 2010 hochgerechnet, dass für den weltweiten Becherbedarf 9,4 Millionen Bäume abgeholzt, 5,7 Milliarden Liter Wasser und 293 Millionen Kilowattstunden Energie verbraucht worden seien. Nach dem Gebrauch stapeln sich die Becher auf Müllhalden oder stoßen bei der Verbrennung Treibhausgase wie CO_2 oder Methan aus."[95]

Ganz schön viel; hätten Sie das gedacht? Rechneten wir diese Folgekosten ein, wäre der Becher Kaffee erheblich teurer. Warum konsumieren wir auch hier nicht bewusster, sei es mit einem Mehrwegbecher oder etwas weniger Kaffee? Wie mögen solche Rechnungen wohl für andere moderne Erscheinungen wie den weltweiten Flugverkehr aussehen, und was wären die Konsequenzen?

Der viele Plastikmüll bedroht unsere Umwelt, vor allem unsere Meere: „Plastik ist extrem beständig und kann über Jahrzehnte, teils über Jahrhunderte in der Umwelt verbleiben. Vom Nord- bis zum Südpol finden sich Rückstände mittlerweile in allen Meeren und an vielen Küsten und Stränden, schreiben die Wissenschaftler um Lucy Woodall vom Natural History Museum in London."[96]

Jeder kann seinen Beitrag leisten und zum Beispiel beim Einkauf die eigene Tragetasche mitnehmen und auf die Plastiktüte verzichten.

Wie regelt das die Natur? Im Wald gibt es keine Abfälle. Der abgestorbene Baum und das Laub bilden den Humus von morgen, ein natürlicher Kreislauf. Lassen wir uns von dieser natürlichen Idee einer Welt ohne Abfälle inspirieren. Diesen spannenden Gedanken beschreibt Prof. Michael Braungart in seinem Buch „Cradle to Cradle" (deutscher Buchtitel: „Einfach intelligent produzieren"). Im Beitrag „Können wir unsere Erde retten, Herr Braungart?" wird Braungart wie folgt zitiert:

---

95 Hamburger Abendblatt, 26. November 2014, Titelseite und Seite 23
96 http://www.sz-online.de/nachrichten/wissen/wohin-verschwindet-der-plastikmuell-im-meer-3009673.html vom 11. Januar 2015

„Menschen sind die einzigen Lebewesen, die Müll machen. Wenn wir so intelligent wären wie die Ameisen, dann hätten wir kein Überbevölkerungsproblem … Aber es braucht eine industrielle Re-Evolution, um die Umweltzerstörung, die mit diesem Lebenswandel einhergeht, zu stoppen. Das heißt, dass Verbrauchsgüter so umweltfreundlich hergestellt werden sollten, dass man sie bedenkenlos in den Kompost werfen kann. Gebrauchsgüter hingegen sollten so produziert werden, dass sie nach der Benutzung wieder und wieder recycelt werden. Dass ihre technischen Nährstoffe wieder in Produktionskreisläufe zurückgeführt werden können, ohne an Materialwert oder Intelligenz zu verlieren."[97]

Auf diese Weise hätte jeder ein ureigenes Interesse an der Wiederverwertbarkeit der Rohstoffe. Was für eine tolle Aussicht, wenn sich unsere Abfälle minimierten, weil wir alles in den Kompost bzw. an den Produzenten zurückgeben könnten.

Übertragen wir diesen Gedanken auf andere Bereiche: Wie wäre es, wenn wir Gebäude besser nutzten, indem wir mehr zusammenlebten und die Räume der Schulen noch mehr für kulturelle und sportliche Angebote für andere Menschen des Ortes nutzten? Schulen könnten noch mehr die Rolle von Stadtteilhäusern übernehmen, denn mit Mensa, Sporthalle und Aula ist alles Notwendige vorhanden und würde effektiver genutzt werden. Die Stadtteilhäuser könnten verkauft werden, was der Kommune nicht nur Einnahmen brächte, sondern laufende Kosten ersparte. Am 15. November 2014 fand an der Leuphana Universität Lüneburg der erste „Cradle to Cradle"-Kongress statt mit Prof. Dr. Michael Braungart und Bundesumweltministerin Barbara Hendricks.[98] Der Verein Cradle to Cradle ist daraus entstanden und bundesweit in

---

97 http://www.faz.net/aktuell/feuilleton/themen/im-gespraech-michael-braungart-koennen-wir-unsere-erde-retten-herr-braungart-1757708.html vom 10. Januar 2009
98 http://www.c2c-kongress.de/archive/2014/#programm vom 15. Dezember 2014

Regionalgruppen aktiv, um diese Idee zu verbreiten. Diese und weitere Informationen finden sich auf der Internetseite des Vereins unter www.c2c-ev.de.

Das sind tolle und einfache Ideen, wie wir Müll vermeiden, Ressourcen und Geld sparen können. Einfach mitmachen! Was für eine Aussicht: Es ist möglich, weniger oder gar keine Abfälle mehr zu produzieren. Kein technisches Produkt landet mehr auf der Müllhalde, sondern der Hersteller verwertet es wieder.

Persönliches. Unsere Liebe(n)

Einstellung. Unsere Persönlichkeit

Unsere eigene Einstellung zu uns selbst und anderen ist wichtig. Wir werden geprägt durch die Erziehung in den ersten Jahren, können uns aber auch später noch verändern. Das Verhältnis zu anderen Menschen ist für uns als soziale „Rudeltiere" von großer Bedeutung. Verhelfen wir dem gemeinsamen Miteinander im Alltag zu mehr Gewicht, dann geht es uns besser.

Wie in der Einleitung beschrieben zeigen Studien, dass wir durch wiederholtes Denken und Handeln unser Gehirn formen. Wenn wir ständig negativ denken, sehen wir auch nur noch das Schlechte in jedem Menschen, andersherum aber genauso. Wie wichtig das ist, beschreibt die bereits genannte australische Krankenschwester Bronnie Ware, die als Palliativpflegerin Sterbende begleitet und die Gespräche mit ihnen in ihrem Buch „Fünf Dinge, die Sterbende am meisten bedauern" zusammengefasst hat. Hier zwei weitere der fünf häufigsten Wünsche der sterbenden Menschen, die die Bedeutung der persönlichen Einstellung deutlich machen: „Ich wünschte, ich hätte den Mut gehabt, meine Gefühle auszudrücken. ... Ich wünschte, ich hätte zugelassen, einfach glücklicher zu sein."[99]
 Machen wir daraus einfach ein persönliches Trainingsprogramm wie im Kapitel Wegweiser beschrieben und trainieren uns positiver und damit glücklicher. Das kostet nichts und bringt viel. Beginnen wir den Tag mit einem Lächeln und nehmen uns Zeit, uns Gutes zu tun, beispielsweise mit einem gesunden und leckeren Frühstück. Beim Weg zur Arbeit grüßen wir Menschen, auch uns

---

99 zitiert aus Hamburger Abendblatt, 6. Dezember 2012, Seite 2

unbekannte. Wir bekommen schnell positive Resonanz; gerade ältere Menschen freuen sich, wahrgenommen zu werden. In Bus oder Bahn helfen wir jemandem; bei der Arbeit sind wir die netten Kollegen, die wir selbst gern hätten. Machen wir häufiger aufrichtige und ehrlich gemeinte Komplimente. Bei jedem gibt es Positives zu sehen: Würdigen wir den Handwerker für seine Talente, den Jungen für seine gesunde Fitnesss, den Älteren für seine Weisheit und schenken ihnen damit Anerkennung. Nebenbei schulen wir so unsere Sichtweise, beim anderen das Gute zu sehen und nicht das Schlechte. Wir werden rasch merken, wie einfach es ist, wie gut das tut und wie sich unser Denken ändert.

Sollten wir uns mit jemandem zerstritten haben, der uns einmal viel bedeutet hat, vielleicht einem Freund, einem Familienmitglied oder dem Ex-Partner, haben wir den Mut zur Versöhnung. Das raten nicht nur Psychologen, sondern auch Mediziner: „Alte Wunden heilen bedeutet, Energie freizusetzen, die im Kampf gegen die Umklammerung der Vergangenheit verbraucht wird.“[100]

Probleme und sogar Schicksalsschläge sind wichtig für unsere Entwicklung: „Jonathan Haidt zieht in seinem Buch ‚Die Glückshypothese' die Quintessenz aus altem Wissen und moderner Glücksforschung. Und er kommt zu dem überraschenden Schluss: Menschen brauchen Verletzungen und Schicksalsschläge, um ihre wahre Stärke zu finden, um erfüllt zu leben und um sich vollständig entwickeln zu können.“[101] Selbst Traumata lassen uns stärker werden: „Menschen haben eine schier unglaubliche Fähigkeit, Dinge zu ertragen, diese durchzustehen und daran zu wachsen. Aus sich selbst und ihrem Freundes- und Familienkreis heraus – ohne professionelle Hilfe.“[102]

Das klingt doch hoffnungsvoll. Nehmen wir unsere Probleme mit einer solchen Sichtweise an: Schaffen wir uns eine gelassene und positive Grundeinstellung uns und anderen gegenüber. Bei

100 Servan-Schreiber 2010, Seite 243
101 von Hirschhausen 2009, Seite 74
102 von Hirschhausen 2009, Seite 75

Auseinandersetzungen bleiben wir ruhig und versuchen, die Sichtweise des anderen zu verstehen. Denn ob kleine oder große Probleme, wir können immer daraus lernen und jedes Mal ein Stück weiser werden.

Liebe. Unsere Partner

Die Fortpflanzung und Nachwuchs zu bekommen sollte für uns Menschen wie für alle Säugetiere das Wichtigste und Natürlichste der Welt sein. Warum richten wir unser Leben nicht stärker daran aus, was uns die Natur dafür mitgegeben hat? Wenn wir wissen, dass mit das Bedeutendste in unserem Leben die Liebe zu anderen Menschen ist, warum leben dann so viele Menschen allein? Wenn wir wieder mehr Zeit miteinander verbringen, nicht nur in guten Zeiten, profitieren wir alle davon. Das gilt nicht nur für die Liebe zum Partner, sondern auch zu anderen Menschen in unserem Umfeld und zu uns selbst.

Immer wieder ist zu lesen, dass es Alleinerziehende heutzutage schwer hätten: „Unter alleinerziehenden Müttern und Vätern beziehen 39 Prozent eine staatliche Grundsicherung. Jedes zweite Kind im Hartz IV-Bezug wächst in einer Ein-Eltern-Familie auf", so die Ergebnisse einer Studie der Bertelsmann Stiftung aus dem März 2014, verbunden mit der Kritik: Die Politik unterstütze Alleinerziehende zu wenig.[103] Es klappt nicht, Arbeit und Kinderbetreuung zu verbinden. Die finanzielle und organisatorische Unterstützung des Staates sei zu gering.

Das mag zum Teil berechtigt sein, es vergisst aber etwas Grundsätzliches: Mit Blick auf die Menschheitsgeschichte war es noch nie leicht, ein Kind allein zu erziehen; es war in den meisten

---

103 http://www.bertelsmann-stiftung.de/cps/rde/xchg/bst/hs.xsl/nach-richten_120447.htm vom 10. März 2014

Zeiten sogar unmöglich. Schwangere Frauen oder Frauen mit Kleinkindern waren immer davon abhängig, dass andere für sie sorgten. Auch aus diesem Grund haben Menschen seit jeher in Gruppen zusammengelebt und sich gegenseitig unterstützt, wie im Kapitel Unmittelbarkeit beschrieben. Es waren keine reinen Liebesbeziehungen, sondern immer auch wirtschaftliche und soziale Zweckgemeinschaften. Das Zusammensein als Familie und Gruppe bildete für lange Zeiten die Grundlage des Überlebens; alles ging nur gemeinsam. Durch das gemeinsame Zusammenhalten und gegenseitige Unterstützen entstanden untereinander Beziehungen, Familien und Freundschaften.

Heute wenden wir uns bei Problemen oft an einen recht anonymen Staat in Behörden und bekommen meist eine Geldleistung zur Hilfe. Durch diese Abstraktheit der Hilfe und die fehlende Unmittelbarkeit wird die Ursache des Problems nicht dauerhaft gelöst. Sie führt zu keiner emotionalen Unterstützung und nicht zu zwischenmenschlichem Miteinander, außer dem kurzen Kontakt zum Behördenmitarbeiter. Wie kam es dazu?

Mit der Industrialisierung im 19. Jahrhundert und dem späteren Wohlstand nach dem Zweiten Weltkrieg entwickelte sich das, was wir heute als normal ansehen: Menschen leben allein. In früheren Zeiten haben die Menschen wie beschrieben meist zusammengelebt. Die Lebensform des „Single" hat sich erst in den vergangenen 50 Jahren etabliert, da der Wohlstand es ermöglicht hat, und wird heute als normal erachtet. Die Wirtschaft freute sich, denn es wurden Wohnungen benötigt, die gebaut und ausgestattet werden mussten.

Wer in der heutigen Zeit erwachsen und nicht an einem Partner gebunden ist, lebt oft allein. Nicht nur das: Wer sich das in dieser Altersgruppe aus diversen Gründen (arbeitslos, alleinerziehend) nicht leisten kann, empfindet das als unnormal und erwartet staatliche Unterstützung. Mit Blick auf die aktuelle Struktur der Gesellschaft mag das so erscheinen, mit Blick in die Historie ist es das eben nicht. Es ist wichtig, sich bewusst zu werden, wie jung und im wahrsten Sinne des Wortes unnatürlich diese Entwicklung ist.

In früheren Zeiten war allen der Zusammenhalt wohl bewusster, da die Menschen einer Familie meist den Großteil des Tages miteinander verbrachten. Jeder leistete seinen Beitrag und wusste um die Bedeutung des anderen.

Mit der Verbreitung der Erwerbsarbeit änderte sich das. Der Mann verdiente meist das Geld, die Frau sorgte für die Familie, so dass es häufig ein klares (Abhängigkeits-)Verhältnis gab. Daher muss man sich nicht in die alten Zeiten des 19. Jahrhunderts oder die Verhältnisse der 1950er Jahre zurücksehnen. Nur stellt sich in den heutigen Zeiten die Frage, warum wir in unserer Gesellschaft immer mehr zu Singles und Individualisten werden, auch wenn wir uns genau nach dem Gegenteil sehnen: Für viele Jugendliche sind Familie und Partnerschaft eines der Lebensziele, um glücklich zu werden, wie es der bereits zitierte Zukunftsforscher Prof. Reinhardt beschreibt:

„Langfristig erwarte ich aber auch eine Renaissance der klassischen Familienkonstellation. Gerade für die nachwachsende Generation werden Ehe, Kinder und Familie wieder ‚in' sein. Die geschätzte Freiheit und Unabhängigkeit, die derzeit von vielen Singles und kinderlosen Paaren im mittleren Alter betont wird, hat die junge Generation bereits erlebt. Sie sind mit unendlich vielen Optionen aufgewachsen und haben all die Dinge erlebt und gemacht, die für frühere Generationen kaum denkbar waren. Trotz oder gerade wegen dieser vielfältigen Möglichkeiten zählen für sie wieder mehr Konstanz und Sicherheit, Verlässlichkeit und Beständigkeit. Hierbei wird die nachwachsende Generation die Vereinbarkeit von Beruf und Familie als Selbstverständlichkeit einfordern und nicht mehr bereit sein, den einen für den anderen Bereich zu vernachlässigen. Zudem wird auch der Anteil an Mehrgenerationenhaushalten wieder deutlich steigen, die einerseits finanziell notwendig sind, andererseits – gerade von der jungen Generation – auch gesucht, geschätzt und gewollt sind."[104]

---

104 Hamburger Abendblatt, 17. November 2014, Seite 10

Dennoch klappt es nicht immer; viele Ehen werden geschieden, manche finden keinen Partner und Paare bleiben ungewollt kinderlos, trotz vieler Förderungen für Eltern. Liegen die Ursachen vielleicht auch an unserem Zeitgeist?

Während meines Studiums fragte uns eine Dozentin im Jahr 2002 nach unseren Zukunftsplänen. Eine Studentin sagte, sie möchte nach dem Studium zunächst ein Kind bekommen, sich als Mutter darum kümmern und erst später ins Berufsleben einsteigen, um nicht zu spät Mutter zu werden. Darauf entgegnete die Dozentin: „Dafür haben wir nicht gekämpft, dass Sie nur Mütter werden." Die Studentin schluchzte. Später in der Mensa sprachen wir in einer größeren Runde darüber, und sie sagte: „Früher durften die Frauen nicht arbeiten gehen, heute dürfen Frauen nicht mehr Mutter sein. Warum kommen wir von einem Extrem ins andere?"

Hier ein Beitrag, der die moderne Familienplanung sicher nicht aller, aber so mancher von uns anhand einer prominenten Frau beschreibt: „Pop-Ikone Madonna machte es vor: Nachdem sie jahrzehntelang eisern für ihren Erfolg gearbeitet hatte, wurde sie mit 38 Jahren zum ersten Mal Mutter … Aber es sind längst nicht mehr nur prominente Trendsetterinnen, die mit Glück und oft auch mit Hilfe der modernen Fortpflanzungsmedizin erst im reifen Alter eine Familie gründen. Deutsche Frauen sind heute bei der Geburt ihres ersten Kindes im Durchschnitt knapp 30 Jahre alt, fünf Jahre älter als 1960. Der Anteil derjenigen, die ihr erstes Kind mit über 35 Jahren gebären, ist seit 1990 innerhalb von zehn Jahren von fünf auf 16 Prozent gestiegen …

Die deutsche Geburtenrate von 1,3 Kindern pro Frau ist die niedrigste in Europa. Rund ein Drittel der 1965 geborenen Frauen hat keine Kinder bekommen. Und etwa jedes sechste Paar bleibt ungewollt kinderlos. Dabei scheint auf den ersten Blick logisch: Die menschliche Lebenserwartung steigt seit Jahrzehnten, also lässt sich auch die Familiengründung getrost auf später verschieben. Zumal sich jungen Frauen heute Perspektiven eröffnen, von denen ihre Großmütter nur träumen konnten. Sich ausbilden, studieren, für ein paar Jahre ins Ausland gehen, an der Karriere basteln und potentielle Partner erst einmal auf Herz und Nieren prüfen –

besonders hoch qualifizierten Frauen fällt es da oft schwer, sich rechtzeitig für ein Kind zu entscheiden.

Laut Mikrozensus des Statistischen Bundesamts sind 62 Prozent der Akademikerinnen bis zum 35. Lebensjahr kinderlos. Rund die Hälfte bleibt es auch – meist unfreiwillig.

… Den Frauen … ist meist nicht bewusst, dass sie in diesem Spiel auf Zeit etwas Entscheidendes verlieren könnten: ihre Fruchtbarkeit. Zwar ist bekannt, dass Mediziner bei Frauen ab 35 von einer Risikoschwangerschaft sprechen. Dass sie aber in diesem Alter gar nicht mehr schwanger werden könnten, realisieren die wenigsten. So glaubte etwa in einer Studie der Abteilung für Medizinische Psychologie der Universität Leipzig rund ein Drittel der Befragten, eine Schwangerschaft bis 45 Jahre sei kein Problem. … Und Frauen über 30 glaubten gar, 36 sei das beste Alter. Ein verhängnisvoller Irrtum, warnen Experten wie Professor Thomas Katzorke vom Essener Zentrum für Reproduktionsmedizin: ‚Das ideale Alter für eine Schwangerschaft liegt zwischen 20 und 30 Jahren.'“ [105]

Natürlich gibt es auch Paare, die erst mit über 30 problemlos Kinder bekommen, aber eben auch die, die es nicht schaffen bzw. nur durch medizinische Hilfe. Warum orientierten wir uns nicht wieder stärker an dem, was uns die Natur vorgegeben hat? Richten wir als Gesellschaft die Zeiträume und die Gestaltung der Schule, Ausbildung, des Studiums und des Berufseinstiegs so aus, dass alle im empfohlenen Zeitraum zwischen 20 und 30 Jahren die Möglichkeit zur Familiengründung haben. Lösen wir uns von Denkmustern wie: „Ich muss erst eine Ausbildung und/oder Studium absolviert, viel erlebt haben, mehrere Jahre gearbeitet, ein finanzielles Polster und eine finanzielle Altersvorsorge aufgebaut haben, evor ich an eine Familiengründung denke.“

Auch in früheren Zeiten haben sich junge Menschen zwischen 20 und 30 nicht allein auf die Familiengründung konzentrieren

---

105 http://www.welt.de/print-welt/article165624/Viele-Frauen-unterschaetzen-die-biologische-Uhr.html vom 25. Juni 2015

können, sondern sich ebenso dem Beruf widmen müssen. Wie haben sie das gemeistert? Das ging häufig nur mit der Unterstützung anderer, zum Beispiel der Großelterngeneration, die mit im Haus lebte. Sie übernahm einen Teil der Erziehungs- und Betreuungsaufgaben der (Enkel-)Kinder, kochte und alle teilten sich die Aufgaben und Kosten des Wohnens.

Wir bekommen das viel besser hin, wenn wir wieder gemeinsam den Herausforderungen unseres Lebens begegnen, sodass wir, wie uns das die Natur vorgibt, in jüngeren Jahren Kinder bekommen können. Hier bieten sich Chancen für Lösungen, wie in den folgenden Kapiteln beschrieben.

Ich habe einige ältere Freunde, die in jungen Jahren mit Anfang 20 Eltern geworden sind. Die waren und sind beruflich erfolgreich. Sie haben nicht das Gefühl, etwas verpasst zu haben, ganz im Gegenteil. Sie hatten eine unbeschwerte Jugend, haben durch ihre Kinder früh gelernt, für sich und andere Verantwortung zu übernehmen. Sie haben viel Zeit mit ihren Kindern verbracht und dennoch viele Freunde. Sie haben das, was andere allein in jungen Jahren machen, später gemeinsam mit ihren Kindern getan. Sie sind gereist oder haben einige Jahre im Ausland gelebt, das alles aber gemeinsam mit ihren Kindern. Sie haben bis heute ein tolles Verhältnis zu ihren Kindern, die zum Teil ebenfalls schon in jungen Jahren Eltern geworden sind.

Heute fällt es manchen Menschen schwer, den richtigen Partner zu finden. In früheren Zeiten hatten die Menschen bei der Partnerwahl nur die Personen aus der unmittelbaren Umgebung zur Auswahl. Auch die Anlässe zur Partnerfindung wie öffentliche Tanzveranstaltungen auf dem Lande waren seltener. Nicht von ungefähr werden solche Feiern heute noch gern etwas ironisch als „Heiratsmärkte" beschrieben; früher waren sie es wohl tatsächlich. Und der Begriff „Markt" sagt es schon: Es geht um Angebot und Nachfrage, und häufig war ein überschaubares Angebot vorhanden, was allen deutlich machte: Das ist das vorhandene Angebot, also bemühe dich um jemanden und entscheide dich.

Wir haben durch den Wertewandel, das Freizeitverhalten und die technischen Errungenschaften viel mehr Möglichkeiten, potenzielle Partner kennenzulernen. Es gibt nicht wenige Festivitäten im Jahr, sondern wöchentlich oder nahezu täglich, und die Mobilität ist gestiegen. Durch Partnervermittlungsdienste über das Internet haben wir von zu Hause die Möglichkeit, mit möglichen Partnern in einen ersten Kontakt zu kommen, und das scheinbar grenzenlos. Das zeigt, dass es nicht an den mangelnden Möglichkeiten liegt. Das ist für manche von uns unbewusst wohl auch ein Teil des Problems: Durch die theoretisch große und ständig erweiterbare Auswahl an möglichen Partnern fällt es schwer, sich zu entscheiden: Ist sie/er wirklich die/der Richtige, wenn es noch so viele andere gibt? Von Hirschhausen gibt einen Tipp zur Entscheidung:

„Nach einem Drittel des Lebens hat man einen Überblick, man weiß, was es ungefähr gibt, besser wird's nicht. Das Nächste, was dich anlacht, wird genommen – fertig. Fragen Sie sich nicht, was es noch gegeben hätte, was Sie eventuell verpassen. Und wenn Sie das hinkriegen, sagen Sie mir bitte, wie das geht."[106]

Diese Aussage, wenn auch mit einem Augenzwinkern formuliert, bestätigt so manche alten Brauchtümer, bei denen Unverheiratete an ihrem 30. Geburtstag als Männer öffentlich fegen oder als Frauen Klinken putzen müssen. Nicht nur eine kleine neckische Strafe der Freunde, sondern eben auch das Signal in die Gesellschaft: Hier ist jemand noch zu vergeben oder hat den Zeitpunkt verpasst, sich zu entscheiden. Auch hier werden alte Brauchtümer durch moderne wissenschaftliche Erkenntnisse bestätigt, denn, wie beschrieben, ist die Zeit für eine Familiengründung bis 30 Jahre biologisch am einfachsten.

Dazu kommt die Vorstellung von der „großen Liebe". Es ist eine große Errungenschaft unserer Gesellschaft, dass bei einer Partnerschaft die Liebe über allem steht und nicht die Zweckbeziehung. Aber auch hier gibt es eine Kehrseite: Wir werden ständig mit großen Liebesgeschichten in Filmen, Romanen, Liedern

---

106 Von Hirschhausen 2009, Seite 100

und zum Teil schon in der alltäglichen Werbung konfrontiert, die uns immer wieder Ideale zeigen, was unsere Erwartungshaltung sicher unbewusst steigern lässt. Die Erwartung wird geweckt, dass der eine Traumpartner makellos ist, uns allein glücklich macht und wir ständig auf Wolke sieben schweben. Viele Paare trennen sich, sobald die erste Phase der Verliebtheit vorbei ist, da sie meinen, die Liebe sei erloschen.

Nun ist eine Liebe, dargestellt in einem 90-minütigen Kinofilm, anders als im realen Leben über Jahre mit täglich 24 Stunden. Hier können wir uns bewusst werden, dass eine überzogene Erwartungshaltung an den Partner, der allein mich glücklich macht, ein Scheitern vorprogrammiert und von der Verantwortung für das eigene Leben ablenkt:

„Unser gewohntes westliches Denken betont oft den Wert der richtigen Entscheidung: Wenn wir nur an den Scheidewegen unseres Daseins richtig handelten, würde sich vieles zum Besseren wenden. Nach der buddhistischen und antiken Tradition hingegen kommt es mehr darauf an, gute Gewohnheiten ins uns zu verankern, weil diese die Seele formen."[107] Sorgen wir uns selbst um uns, werden so zufrieden mit uns selbst und nebenbei attraktiv für mögliche Partner.

Jede große und schöne Liebe hat ihren Alltag. Wie heißt es bei der Trauung so schön: „In guten wie in schlechten Zeiten." Im Grunde sind die schlechten Zeiten des Partners meine Chance, ihn zu stützen, um dann davon auszugehen, dass er es auch für mich täte. Oft haben Paare, die gemeinsam ernste Krisen durchgestanden und sich nicht getrennt haben, danach eine viele tiefere Beziehung zueinander und sind glücklicher. Dies belegen auch Statistiken:

„US-Studie: Die Ehe macht glücklich und stressresistent. Sozialforscher beobachten schon seit Langem ein höheres Maß an Zufriedenheit von Verheirateten im Vergleich zu Alleinstehenden. Die ‚Nationale Agentur für Wirtschaftsforschung' in Cambridge

---

107 Klein 2005, Seite 88

im US-Bundesstaat Massachusetts wollte es genau wissen … Das Ergebnis fiel verblüffend eindeutig aus. ‚Die größten Vorteile des Ehelebens ergeben sich in Zeiten, in denen Menschen unter erhöhtem Stress stehen‘, erklärt John Helliwell von der ‚Vancouver School of Economics‘. ‚Menschen, die verheiratet sind, kommen etwa mit Stress in den mittleren Lebensjahren viel besser zurecht als unverheiratete.‘ … Mit wenigen Ausnahmen treffe diese Beobachtung auf Menschen aus vielen Kulturkreisen zu. Die Forscher gingen auch der Frage nach, warum das Glücksempfinden nicht schon nach der ‚Honeymoon-Phase‘ zu Ende sei. Sie fanden heraus, dass Freundschaft das wichtigste Bindeglied einer funktionierenden Ehe ist. Wer in seinem Partner auch den besten Freund gefunden hat, gibt doppelt so häufig an, mit seinem Leben zufrieden zu sein."[108]

Sehen wir Krisen als Chancen, einander zu unterstützen und noch stärker zusammenzuhalten. Falls in einer Beziehung jemand Probleme hat, ist der Partner zur Hilfe da; es muss nicht gleich die Gesellschaft einspringen. Es tut also nicht nur den Einzelnen, sondern der Gesellschaft als Ganzes gut, wenn es stabile Paarbeziehungen gibt. Daher sollten wir als Gesellschaft bei beabsichtigten Trennungen von Ehepaaren versuchen, die Ehe zu erhalten. Bevor es zur Scheidung kommt, sollten Paare, gerade die mit Kindern, sich von Freunden und Mediatoren begleiten lassen, um eine Einigung zu finden. Eine Trennung und das Alleinleben sollten die letzte Lösung sein, falls es gar nicht anders geht.

Natürlich ist jede Lebensplanung individuell und jedes Leben kann in unterschiedlicher Weise erfüllend sein, ob mit oder ohne Kinder, ob als junge oder ältere Eltern. Aber wir sollten allen die Möglichkeit geben, Kinder in jungen Jahren zu bekommen. Richten wir, gerade in der Liebe und der Familienplanung, unser Leben wieder stärker an unseren natürlichen Vorgaben aus. Nutzen wir unsere Jugend für das Finden unseres Lebenspartners und verschieben unseren Kinderwunsch nicht zu lange.

---

108 Hamburger Abendblatt, 12. Januar 2015, Seite 26

Liebe. Unsere Familie und Freunde

Natürlich gilt das, was wir alle im Grunde wissen: Am wichtigsten im Leben ist die Liebe, gelebt aber nicht nur mit dem Partner, sondern der ganzen Familie, den Eltern, Kindern, Verwandten, Freunden und sich selbst. Verbringen wir Zeit mit Menschen, die uns guttun, und warten nicht nur auf die eine Person, die das große Glück bringt.

Von Hirschhausen bringt es auf den Punkt: „Freunde sind die größten Glücksbringer. Wenige Befunde sind so universell gültig und immer wieder in Studien bewiesen wie dieser."[109]

Klein widmet in seiner Glücksformel ein ganzes Kapitel der Freundschaft, in dem er beschreibt, wie wichtig das Zusammenleben für uns ist: „Einsamkeit bedeutet für die Seele wie für den Körper eine Belastung. Denn Unterstützung bei anderen zu suchen ist normalerweise eine der besten Strategien, mit Stress fertig zu werden … Emotionale Bindungen heilen, indem sie solchen Belastungen entgegenwirken."[110]

Später fasst es Klein wie folgt zusammen: „Am wichtigsten für das Wohlbefinden aber ist unser Verhältnis zu anderen Menschen. Freundschaft und Liebe mit Glück gleichzusetzen ist keineswegs übertrieben."[111]

Auch Jugendliche wissen den Wert der Familie wieder stärker zu schätzen: „Noch in den 1990er-Jahren prägte ein starker Trend zur Individualisierung die jungen Leute. Doch mit den weltweiten Krisen, insbesondere seit den Terroranschlägen vom 11. September 2001, wurde der Stabilitätsfaktor und Wert der Familie neu entdeckt. Diese Entwicklung hat sich jetzt nicht nur bei der ‚Generation V', sondern in allen Altersgruppen verstärkt. ‚Was auch immer auf uns zukommt: Für mich ist und bleibt die

---

109 Von Hirschhausen 2009, Seite 121
110 Klein 2005, Seite 174
111 Klein 2005, Seite 283

Familie das Wichtigste im Leben', sagten immerhin 91 Prozent aller befragten Frauen und 86 Prozent der Männer. Professor Opaschowski: ‚In Krisenzeiten besinnen sich die Deutschen auf das, was ihnen Grundgeborgenheit im Leben gewährt und zu ihrem sozialen Wohlergeben beiträgt: Das Zusammensein und der Zusammenhalt in der Familie … Der Generationenverband schütze vor den vielen Armutsrisiken des Lebens und gewähre Beziehungsreichtum. Die Familie erweist sich als beste Lebensversicherung.'"[112]

Auch Prof. Ulrich Reinhardt, der Nachfolger Opaschowskis bei der BAT-Stiftung für Zukunftsfragen, bestätigt diesen Trend: „Jugendliche und junge Erwachsene erstaunen ältere Generationen derzeit mit ihrem Hang zum Spießertum und werden daher auch als Generation Biedermeier bezeichnet. Ich würde aber nicht von Spießigkeit sprechen, sondern von einer Renaissance der 1970er-Jahre … Traditionelle Werte, die Halt geben, stehen für sie im Mittelpunkt. Das bedeutet nicht, dass sie ängstlich oder zögerlich sind, ganz im Gegenteil: Die junge Generation denkt und lebt pragmatisch. Sie weiß genau, was sie vom Leben erwartet, blickt hoffnungsvoll in die Zukunft und hat an sich und ihr Umfeld hohe Ansprüche."[113]

In einem weiteren Beitrag – „Alle möchten alt werden – aber niemand will alt sein" – betont Reinhardt die Vorteile des Zusammenhaltes der Generationen: „Oftmals ist die Angst vor dem Alt sein stark mit der Sorge um die finanzielle Sicherheit verbunden. Fast täglich lesen und hören wir irgendwo etwas von unfinanzierbaren Renten, einem sinkenden Lebensstandard im Alter oder von Altersarmut. Ja, dies sind sicherlich zukünftige Herausforderungen … Und zwar sind im Alter auch gegenseitige Verantwortung und Verbundenheit innerhalb der Familie sehr wichtig. Ein starker Generationenzusammenhalt könnte hierbei eine konkrete Antwort auf viele Ängste im Zusammenhang

---

112 Hamburger Abendblatt, 26. September 2014, Seite 30
113 Hamburger Abendblatt, 24. November 2014, Seite 10

mit dem Alter sein. Bereits gegenwärtig sind sich neun von zehn Bürgern sicher, dass die gegenseitige Hilfe von Enkeln, Kindern, Eltern und Großeltern in Zukunft wichtiger werden wird und auch hilft, Krisen durchzustehen."[114]

Gerade hier können wir Krisen vorbeugen und uns gemeinsam als Familie und Freunde unterstützen: Alle profitieren davon, emotional wie wirtschaftlich. Diese Bedeutung sieht auch die bereits mehrfach zitierte Krankenschwester Bronnie Ware. Der fünfte der fünf häufigsten Wünsche der sterbenden Menschen ist: „Ich wünschte, ich hätte den Kontakt mit meinen Freunden aufrechterhalten. ‚Jeder vermisst seine Freunde, wenn er stirbt', sagt Bronnie Ware."[115]

Am wichtigsten ist die Liebe, gelebt aber nicht nur mit dem Partner, sondern der ganzen Familie, den Eltern, Kindern, Verwandten, Freunden und sich selbst. Machen wir die Liebe zum Mittelpunkt unseres Lebens. Verbringen wir mehr Zeit mit Menschen, die uns guttun. Und seien wir die Personen, mit der andere gerne ihre Zeit verbringen.

Wohnen. Unser Zuhause

Wenn wir wieder mit mehreren Personen gemeinsam wohnen, lösen wir viele Herausforderungen einfacher als alleine, stärken unsere Beziehungen untereinander und werden emotional dafür belohnt.

Beim Wohnen sind die Auswirkungen unserer bereits beschriebenen individualisierten Gesellschaft deutlich spürbar. Die traditionelle (Groß-)Familie hat oftmals ausgedient, vor allem in Städten: „Der

---

114 Hamburger Abendblatt, 9. Februar 2015, Seite 10
115 zitiert aus Hamburger Abendblatt, 6. Dezember 2012, Seite 2

Anteil der Single-Haushalte war in den Stadtstaaten *Berlin* (31 Prozent), *Hamburg* und *Bremen* (je 28 Prozent) am höchsten."[116] Es fehlen Wohnungen, die samt Infrastruktur gebaut werden müssen, also auch Steuergelder kosten und Grünflächen versiegeln.

Bei den Neubauten gibt es Trennungen nach Alter: Wir bauen Altenheime und Seniorenwohnanlagen. Dazu werden Studentenwohnheime mit Einzelappartements für junge Menschen gebaut, die später für ihre Berufe neben dem Fachwissen auch emotionale Fähigkeiten wie Teamfähigkeit und Kompromissbereitschaft benötigen sowie als Vorgesetzte auch ältere Menschen führen sollen. Das Wissen darüber wird ihnen im Studium vermittelt. Das praktische Lernen über Jahre im normalen Alltag wäre ebenso hilfreich und brächte die nötige Erfahrung für den Beruf sowie das Leben mit.

Warum hinterfragen wir nicht einmal als Gesellschaft, welche Lebensform die richtige für uns Menschen ist, bevor wir weitermachen wie bisher? Warum wollen wir viele kleine Wohnungen bauen, die ein Zusammenleben in kleinen Einheiten im wahrsten Sinne des Wortes auf Dauer zementieren? Wäre es nicht ein Gedanke, wieder gemeinsam mit mehreren Personen zu leben, wie es Menschen seit jeher getan haben, und dies zu fördern? Auch in früheren Zeiten sind junge Menschen allein in die Welt gezogen, um Erfahrungen zu sammeln und selbstständiger zu werden, wie es heute noch Zimmermanns-Gesellen auf der sogenannten Walz tun. Diese ziehen aber nicht sofort aus und richten sich eine eigene Wohnung komplett ein, sondern wohnen während der Walz beispielsweise in Herbergen.

Das Allein-Leben hat selbstverständlich seine Vorteile: Man ist für niemanden außer sich selbst verantwortlich und kann machen, was man will. Das ist gerade für junge Menschen reizvoll, die zum ersten Mal alleine wohnen. Dies gilt für gute Zeiten; in schlechten gibt es Probleme: Wer kümmert sich um mich, wenn

---

116 http://www.zeit.de/gesellschaft/familie/2012-07/single-haushalte-statistik vom 11. Juli 2012

ich krank bin? Wer geht einkaufen, wenn ich mir den Fuß ver-
staucht habe? Die Fixkosten für Miete und Nebenkosten, die ich
allein trage, schränken meine Freiheit ein. Diese Lebensform ist
für jeden Einzelnen und für die Umwelt von Nachteil, denn jede
Wohnung benötigt technische Geräte wie Herd, Waschmaschine
und Kühlschrank. Viele ältere Menschen leben unfreiwillig allein
und leiden nicht nur unter Kosten, sondern auch der Einsamkeit.
Das kostet uns als Gemeinschaft nicht nur die Sozialleistungen
für bedürftige allein lebende Menschen, sondern Einiges mehr:

1. „Einsamkeit ist genauso schädlich wie Rauchen", so die
   Überschrift eines Artikels über die Forschungsergebnisse
   von Julianne Holt-Lunstad von der Brigham Young University.[117] Dies bestätigt die bereits genannten Ergebnisse der
   Gehirnforschung.[118]

2. Nicht nur ungesund, auch die Kosten steigen und die Umwelt
   leidet: „In den USA benötigen demnach Scheidungshaushalte
   pro Person 46 Prozent mehr Strom und 56 Prozent mehr Wasser
   als zusammenlebende Menschen."[119] Das dürfte in anderen westlichen Ländern wie Deutschland nicht wesentlich anders sein.

3. Kinder leiden ebenso: „Jedes zweite Kind im Hartz IV-Bezug
   wächst in einer Einelternfamilie auf", so die Ergebnisse der
   bereits zitierten Studie der Bertelsmann Stiftung aus dem
   März 2014.[120]

4. Für jeden Einzelnen bedeutet ein Single-Leben relativ hohe
   Fixkosten für Miete und Nebenkosten, die sich zu zweit nahezu halbieren.

Selbstverständlich kann jeder weiterhin allein wohnen, wenn er
das möchte. Nur müssen wir das nicht weiter in diesem Umfang
mit Steuergeldern fördern, denn das Zusammenleben in einer

---

117 Hamburger Abendblatt, 28. Juli 2010, S. 18
118 siehe Klein 2002, Seite 175 ff.
119 Hamburger Abendblatt, 4. Dezember 2007, S. 26
120 http://www.bertelsmann-stiftung.de/cps/rde/xchg/SID-73B6CFCB-
    F57C6102/bst/hs.xsl/nachrichten_120447.htm vom 10. März 2014

Familie oder anderen Gruppen ist wie dargestellt natürlicher, sozialer und ökologischer. Die Menschen entwickeln durch das gegenseitige Miteinander emotionale Kompetenzen.

Dazu benötigen neue Baugebiete immer mehr Flächen, wie dieser Beitrag beschreibt:

„Der Anteil bebauter Flächen wird unterschätzt. Wie Tuschezeichnungen mit mal filigranen, mal kräftigen Linien und Flecken sehen die Bilder aus, die Wissenschaftler des Deutschen Zentrums für Luft- und Raumfahrt (DLR) … berechnet haben. Die schwarzweißen Karten der ‚Global Urban Footprints‘ zeigen weltweit Städte, Dörfer und Häusergruppen, die sich an Flussläufen entlangwinden, Straßen und Eisenbahnlinien folgen oder sich in fruchtbaren Gebieten ausbreiten – mit einer Genauigkeit, wie sie bisher für globale Auswertungen nicht erreicht wurde. Die ersten Ergebnisse der Radardaten-Auswertung zeigen, dass der Anteil der besiedelten Flächen offenbar größer ist als bisher angenommen. ‚Wir gehen davon aus, dass die besiedelte Fläche weltweit größer ist als bisher geschätzt‘, sagt Thomas Esch vom Deutschen Fernerkundungsdatenzentrum (DFD) des DLR. ‚Das mögen zwar nur geringfügige prozentuale Unterschiede sein, die in der Tat aber erheblich sind, wenn man sich die enormen ökologischen, ökonomischen und gesellschaftlichen Auswirkungen von Siedlungen, vor allem der städtischen Ballungszentren, vor Augen führt.‘"[121]

In unseren Ortschaften gibt es das Phänomen, dass trotz leer stehender Häuser in den Zentren Neubaugebiete am Ortsrand ent stehen, häufig mit Einfamilienhäusern für Familien. Dafür werden nicht nur Flächen versiegelt. Die Kommune erstellt für das Neubaugebiet die Infrastruktur neu und muss sie für die leer stehenden Häuserzeilen im Ort erhalten. Warum unterstützt die Kommune nicht stärker den Umbau bestehender Häuser? Aus großen Komplexen könnten beispielsweise Mehrgenerationenprojekte im Ort ent-

---

121 http://www.spiegel.de/wissenschaft/mensch/satellitenbilder-zeigen-urbane-siedlungsmuster-a-977890.html vom 28. Juni 2014

stehen, in die Familie mit Kindern sowie ledige junge und ältere Menschen einziehen. Diese nutzten einen gemeinsamen Innenhof, unterstützten einander und hätten kurze Wege ins Zentrum.

Im niedersächsischen Amelinghausen startete im Mai 2014 das Modellprojekt „Zukunftsgerecht Wohnen", das diese Ideen verbindet, vom barrierefreien Umbau bestehender Häuser als Mehrgenerationenhäuser für Jung und Alt bis zum Einbinden der Landwirtschaft vor Ort, bei der Jung und Alt mit anpacken können.[122] Wir sparten als Gesellschaft nicht nur Geld für die Infrastruktur, sondern belebten Orte, wenn Familien wieder in das Zentrum zögen. Gerade bei Orten, die aufgrund des demografischen Wandels zu schrumpfen drohen, sollte dies die Regel werden.

Viele junge Menschen, die nicht viel Geld besitzen und trotzdem von zu Hause wegziehen, zeigen uns, wie es geht: Studenten. Sie wohnen während des Studiums häufig bei Familien oder älteren Menschen zur Untermiete oder in Wohngemeinschaften (WGs). Für viele entwickelt sich diese Lösung aus der Not heraus als Glücksgriff: Nicht selten werden Gasteltern und Mitbewohner zu Freunden. Man teilt Freude, Sorgen und steht sich gegenseitig bei Problemen bei. Es entwickelt sich im Idealfall so etwas wie eine Ersatz-Familie. Später berichten Menschen oft davon, dass eine der schönsten Erfahrungen während des Studiums die in der eigenen WG oder auch bei anderen WGs war.

Mitbewohner werden nicht nur Freunde fürs Leben, sondern manchmal auch mehr: Eine ehemalige Mitbewohnerin und ein ehemaliger Mitbewohner meiner Studenten-WG sind sogar miteinander verheiratet und haben gemeinsam mehrere Kinder. Natürlich hängt es auch damit zusammen, dass diese Menschen meist jung sind und eine aufregende Zeit in ihrem Leben teilen. Aber sollte dies nicht auch für andere möglich sein: Zusammen leben, wenn es nicht mit der eigenen Familie möglich ist? Das Miteinander funktionierte auch über die Generationen seit jeher, also warum nicht auch heute mehr davon?

---

122 Landeszeitung Lüneburg, 9. Mai 2014, Seite 8

Jung und Alt. Unser Miteinander

Es gibt bereits erste Ansätze wie bei Mehrgenerationen-Häusern. Diese zeigen die möglichen Vorteile für alle, wie es auch in Groß-familien der Fall ist: Die Großeltern-Generation sorgt für die (Enkel-)Kinder, während die Eltern-Generation arbeiten gehen kann. Die Senioren freuen sich, dass sie mit Enkelkindern zu-sammen sind und gebraucht werden, denn das hält bekanntlich fit. Die Kinder haben dauerhafte Bezugspersonen, die Eltern können arbeiten gehen und wissen ihre Kinder in guten Händen. Ideal, alle habe etwas davon. Natürlich können Eltern ihre Kinder weiterhin in Krippen oder Kindergärten geben, aber sie sind nicht so sehr von den Betreuungszeiten abhängig. Bei Krankheit der Kinder können sie arbeiten gehen; die Senioren sind ja da.

Dazu können Einrichtungen wie Altenheime und Kitas diesen Austausch initiieren. Im Artikel „Kinder als Paten für Senioren" wird die Arbeit der Generationenbrücke in Hamburg beschrieben:

„Beim Projekt Generationsbrücke besuchen Schüler der Grund-schule Hoheluft regelmäßig alte Menschen im benachbarten Senioren-zentrum St. Markus. Ein Austausch, von dem beide Seiten sehr profitieren ... Herr Binne, Jahrgang 1924, und Matti, neun Jahre alt, sind ein Besuchs-Tandem. Matti geht in die vierte Klasse der Grundschule Hoheluft, und Opa Binne wohnt nur wenige Meter entfernt im benachbarten Seniorenzentrum St. Markus. Im Projekt Generationsbrücke besuchen acht Schüler als Paten alle zwei Wochen ihre ‚Opas' und ‚Omas', um eine Stunde lang gemeinsam zu singen, zu spielen und sich gegenseitig aus ihren Leben zu erzählen ... Beide Generationen profitierten davon: Für die alten und pflege-bedürftigen Menschen bringen die Aktivitäten Abwechslung und Freude in den Heimalltag. Die Kinder wiederum erleben Wert-schätzung, Herzenswärme und Zuneigung ... An 29 Standorten in acht Bundesländern gibt es diese Begegnungen, rund 1 500 Menschen haben bislang teilgenommen."[123]

---

123 Hamburger Abendblatt, 10. Januar 2015, Seite 24

Dieses Idealbild von Jung und Alt zeigt die Vorteile, die wir noch konsequenter leben können und die manchmal aus der Not oder dem Zufall geboren werden.

In Hamburg-Wilhelmsburg, einem sozial in der Vergangenheit nicht gerade privilegierten Stadtteil, kooperiert aus Glück der räumlichen Nähe heraus eine Vorschulklasse mit einem Altenheim und einer Kirchengemeinde. Ingrid Stegmann ist die Vorsitzende des Fördervereins Generationenhaus Wilhelmsburg und die treibende Kraft. Die Idee des Generationenhauses wird auf der Internetseite des Generationenhaus aus einem Artikel des Hamburger Abendblatts wie folgt beschrieben:

„Doch dann kam Ingrid Stegmann. Sie brachte die Idee vom Generationenhaus mit und den alten Menschen in Wilhelmsburg eine neue Sinnhaftigkeit. Sie gründete einen Förderverein, sanierte das alte Gebäude zwischen Kirche und Altenheim … Aus dem Gebäude wurde das erste Generationenhaus in Hamburg. Seitdem lernen und arbeiten die Vorschüler täglich gemeinsam mit den Senioren aus dem Altenheim. ‚Für die Kinder ist es Freude am Lernen, für die betagten Menschen zu erleben, dass Sie wichtig sind, gebraucht werden und sich angenommen fühlen‘, sagt Ingrid Stegmann. Montags wird im Generationenhaus gemeinsam im Chor gesungen. Dann stimmen Menschen im Alter von fünf bis 100 Jahren alte Volkslieder und moderne Kinderlieder an … Dienstags wird gemeinsam über Gegenwart und Vergangenheit philosophiert. Mittwochs gibt es die Computerwerkstatt. Dann reihen sich Kinderstühle neben altersgerechten Polsterstühlen mit Armlehne. Alt und Jung sitzen gemeinsam am Computer und arbeiten im Tandem. Es geht um kreative Projekte wie das Erstellen eines Büchleins, das Schreiben von Texten oder das Einscannen von Bildern. Donnerstags präsentieren die Kinder ihre Ergebnisse drüben im Altenheim denjenigen, die nicht dabei sein konnten, weil sie nicht mehr mobil oder dement sind. Und freitags wird im Science Lab geforscht. Alt und Jung – beide profitieren. ‚Die hochbetagten Menschen wachsen wieder in die Gesellschaft rein‘, sagt Ingrid Stegmann. ‚Und die Kinder lernen durch die Auseinandersetzung mit den älteren Menschen dazu.‘

Sie haben keine Scheu vor direkten Fragen und gehen vorurteils-
frei mit den Bewohnern um. Schulleiter Erhard Porten ergänzt:
‚Die Kinder merken, wie wichtig sie sind, wie sehr sie gebraucht
werden. Und die Empathie steigt. Das Ergebnis sind manchmal
Freundschaften, die über Jahre halten.'"[124]

Zur Entstehungsgeschichte sagt Ingrid Stegmann: „Die Not
war (und ist) die Sehnsucht nach Begegnung und Kontakt. Der
Wunsch und das Bedürfnis der Altenheimbewohner, nicht nur
mit betagten Menschen zusammen zu sein, sondern auch mit
Kindern und jungen Menschen. Die Sehnsucht der Kinder nach
Zeit und Zugehört-Bekommen, nach Antworten auf Millionen
von ‚Warum'-Fragen, der gemeinsame Wunsch, ernst genommen
zu werden, eine Aufgabe zu haben, für jemanden wichtig zu
sein. All das geben sich die vier Generationen im Generationenhaus. Der Zusammenschluss von Kirchengemeinde, Schule und
Seniorenstift kam zustande, weil allen Beteiligten klar war, dass
alle Menschen für die sie verantwortlich sind und Sorge tragen
vom Miteinander profitieren."[125]

Ingrid Stegmann berichtet gern im persönlichen Gespräch von
den vielen Erfolgen: „Die Senioren sind durch die neuen Aufgaben
gesünder und geistig fitter als früher, die Kinder lernen vor allem
hier das soziale Miteinander, Kommunikation, sind ruhiger und
achtsamer. Jedes Kind hat seine Opas oder seine Omas, auf die es
sich freut. Persönliche Freundschaften entstehen, die oftmals weit
über das Vorschuljahr hinausgehen. Nebenbei erfahren Kinder
wie Erwachsene, dass sie gebraucht und gemocht werden, und
dass das Leben endlich ist. Wenn der Opa mal nicht mehr da ist,
weil er gestorben ist, wird über den Tod gesprochen, genau wie
über das Leben. Auch so etwas wird einfach mitgelernt, weil
es eben auch zum Leben dazugehört."[126] Ein tolles Projekt und

---

124 http://www.generationenhaus-wilhelmsburg.com/pressespiegel vom
     30. Juni 2015
125 persönlich abgestimmtes Zitat
126 persönlich abgestimmtes Zitat

gutes Beispiel, wie es gemeinsam für alle besser geht, das mit dem Hamburger Bildungspreis 2012 ausgezeichnet wurde. Mit der Kenntnis solcher Erfahrungen wäre es doch weise, künftig mehr Schulen, Kitas und Altenheime gemeinsam an einem Standort zu betreiben. Neben den beschriebenen Vorteilen des Miteinanders bräuchte man nur eine Mensa, der Schulhof wäre auch für die Bewohner des Altenheims nutzbar und sie würden aktiv in die Betreuung der Kinder einbezogen. Wir sparten Geld und errichteten eine Art Großfamilie im Ort, mit all deren positiven Auswirkungen. Gerade in Ortschaften und Stadtteilen, in denen durch den demografischen Wandel Schulen verkleinert würden oder schließen müssten, ließe sich so besser planen und Kosten sparen.

Menschen sind wie geschildert vor allem dann zufrieden, wenn sie mit anderen zusammen sind. Alleinsein, wenn es auf Dauer und unfreiwillig ist, macht unglücklich. Im Miteinander lernen wir ständig voneinander, wie bereits im Kapitel Zusammenhänge beschrieben: Wenn wir alle täglich im engen Kontakt mit Menschen verschiedener Generationen sind, wissen wir, dass ältere Menschen langsamer sind und schlechter hören, dass Kinder schneller und lauter sind. Dies wissen natürlich grundsätzlich auch alle anderen. Aber durch das tägliche Miteinander lernen wir damit umzugehen, entwickeln unbewusst ein tiefes Verständnis füreinander und finden permanent Kompromisse. Dieses Denken tragen wir dann auch in die Gesellschaft. Ein Mensch aus einem Mehrgenerationenhaushalt plant als Verantwortlicher beispielsweise ein Bauprojekt sicher mit Blick auf die Bedürfnisse aller Generationen, sei es die Barrierefreiheit für Eltern mit Kinderwagen oder für die älteren Menschen mit Rollatoren, ohne dass dies vorgeschrieben sein müsste. Dieses Verständnis geht verloren, wenn wir zunehmend nach Generationen getrennt wohnen und weitestgehend allein den Alltag verbringen. Dennoch fördert der Staat mit Geld Menschen, damit sie allein leben. Vor dem Hintergrund der aufgezeigten Erkenntnisse ist das geradezu paradox.

Menschen, die alleine wohnen, können natürlich nicht zum Zusammenleben mit anderen gezwungen werden. Aber wir können ihnen Möglichkeiten aufzeigen, mit anderen aus der Umgebung in Kontakt zu kommen und Möglichkeiten wie Mehrgenerationen-Projekte bekannter machen, die auf Dauer das persönliche Budget des Einzelnen und auch der Gesellschaft entlastet.

Es gibt viele kleine Projekte des Miteinander-Wohnens, auch für Menschen mit körperlichen oder geistigen Beeinträchtigungen:

„Zusammen ist man weniger allein. In dem Wohnprojekt Arche Noah in Halstenbek leben junge Familien, Senioren und Menschen mit Behinderung in einer Gemeinschaft. Gegenseitige Hilfe ist kein Muss, aber oft selbstverständlich. … Gemeinsam ist ihnen, dass sie zwar selbstständig leben wollen und dies in eigenen kleinen Wohnungen auch tun, aber trotzdem Hilfe im Alltag brauchen – pädagogische Assistenz. Die gibt es bei dieser modernen Version der Arche. Und Noah, das ist hier quasi Stefan Frost. Er leitet das Wohnprojekt der gemeinnützigen GmbH ‚prosocial‘, die zur Evangelischen Stiftung Alsterdorf gehört. ‚Unser Angebot richtet sich an erwachsene Menschen mit leichten geistigen Behinderungen, psychischen und/oder körperlichen Behinderungen‘, sagt er."[127]

Die Gruppe LeNa baut ein generationsübergreifendes Wohnprojekt in Lüneburg und beschreibt dies so: „Die Gruppe ‚LeNa‘ (Lebendige Nachbarschaft) besteht in ihrem Kern seit 2004. Unser Ziel war es von Anfang an, ein generationsübergreifendes Wohnprojekt zu realisieren … Gemeinsam über die Generationen hinweg wollen wir langfristig Wohnraum für das Zusammenleben von Jung und Alt schaffen."[128]

Im „4-Häuser-Projekt" aus Tübingen leben seit 2011 in vier Häusern Familien, Alleinerziehende und Einzelpersonen gemeinsam. Birgit Hoinle, die mit ihrem Sohn Astu dort lebt, wird wie folgt zitiert: „Für mich vereinfacht die WG vieles. Die Miete ist günstiger und bleibt im Projekt stabil. Ich kann auch mal ausgehen, denn es ist jemand da, der auf Astu aufpasst. Und

---

127 Hamburger Abendblatt, 1. November 2014, Seite 24
128 http://www.mehr-leben-wohnprojekte.org/lena vom 14. Februar 2015

im Haus hat er gleichaltrige Spielkameraden."[129] Damit solche Projekte von der Ausnahme zur Regel werden, hier die Idee für eine Initiative:

Wohnprojekt „Gemeinsam statt einsam"

Alleinstehende Menschen in größeren Wohnungen lassen gegen eine günstige Miete junge und/oder bedürftige Menschen bei sich wohnen. Wer bringt diese Menschen zusammen? Gerade ältere allein lebende Menschen trauen sich wohl kaum, andere auf ein mögliches gemeinsames Wohnen anzusprechen. Daher könnten idealerweise die Ämter vor Ort, die ohnehin in Kontakt mit diesen Personen sind, diese aktiv ansprechen:

- Personen mit größeren Wohnungen/Häusern, die unfreiwillig allein leben, vor allem ältere Menschen.
- Alleinerziehende mit ihrem Kind, Flüchtlinge, Auszubildende und Studenten.
- Alle geben ihre Vorstellungen in einem Bewerbungsformular an.
- Nach erfolgreicher Vermittlung wird das Wohnprojekt durch pädagogisch ausgebildete Behördenmitarbeiter begleitet und durch regelmäßige Besuche vor Ort überprüft, ob das Miteinander funktioniert, bzw. werden Probleme gleich behoben.

Es gäbe Vorteile für alle Beteiligten:
- Die ältere Person besserte ihre Rente auf.
- Sie wäre im Alltag nicht mehr alleine und würde so vor Depressionen und Demenz geschützt.
- Die junge Mitbewohnerin übernähme beschwerliche Aufgaben wie größere Einkäufe und kleine Reparaturen.
- Die ältere Person könnte ebenfalls Aufgaben übernehmen, zum Beispiel Pakete annehmen oder den Schornsteinfeger oder

---

129 Wochenendbeilage „Das Magazin" der Landeszeitung Lüneburg, 26. Juli 2014, Seite 3

andere Handwerker ins Haus lassen. Für die alleinerziehende Mutter könnte die ältere Person zum kostenlosen Babysitter und so im Idealfall zur Ersatz-Oma des Kindes werden.

- Die junge Mitbewohnerin sparte diverse Anschaffungen für eine eigene Wohnung (Kühlschrank, Waschmaschine usw.), was nicht nur sie finanziell, sondern auch die Umwelt entlastete.
- Die Stadt und die Allgemeinheit sparten bei bedürftigen Menschen Sozialkosten wie beispielsweise Wohngeld.
- Es würden weniger neue Wohnungen und Baugebiete benötigt, sodass weniger Flächen versiegelt würden und wir an Infrastrukturkosten für neue Straßen sparten.
- Alle profitierten von glücklicheren Menschen, denn unfreiwillig allein zu sein macht, wie beschrieben, unglücklich.
- Die Kommunikation erfolgreicher Beispiele erfolgte über die lokalen Medien wie Zeitungen und Stadtmagazine, aber auch über regionale Radio- und Fernsehsender, sodass Nachahmer gefunden werden.
- Am Ende des Jahres wählten und prämierten die Bürger die „Die Alt-und-Jung- Wohngemeinschaft des Jahres".

Es gibt bereits eine Initiative, die etwas Ähnliches anbietet: „Wohnen für Hilfe" versucht Senioren und Studenten/Auszubildende zusammenzubringen, wie es auf deren Internetseite beschrieben ist:

„Wohngemeinschaft einmal anders: Statt die harte Eurowährung für Wohnraum zu verlangen, erhalten ‚Vermieter' Hilfeleistungen im Alltag, die variabel von beiden Parteien vorher vereinbart werden. Diese unentgeltlichen Gegenleistungen fallen unterschiedlich aus. Möglich sind Haushaltshilfe, Gartenpflege, Einkaufen gemeinsame Spaziergänge oder Unternehmungen. Die Initiative ‚Wohnen für/gegen/mit Hilfe' gibt es in mehreren Städten Deutschlands. Für die meisten Programme gilt dieselbe Faustregel: Pro m² bezogenen Wohnraum hat der ‚Mieter' eine Stunde Hilfe im Monat zu leisten."[130]

---

130 http://www.wohnenfuerhilfe.info vom 9. November 2014

Eine gute Initiative, aber wir können, wie beschrieben, noch konsequenter vorgehen.

Auch bei größeren Bauprojekten von Wohngebäuden können wir bei der Vergabe der Wohnungen auf eine Durchmischung der Bewohner achten bzw. diese von der zuständigen Behörde vorgeben, statt einzelne Gebäude lediglich als Studentenwohnheime oder Seniorenwohnanlagen zu bauen. Im Erdgeschoss wohnten dann Senioren und Familien mit Kleinkindern, darüber Singles sowie Familien und/oder Alleinerziehende mit größeren Kindern. Durch Gemeinschaftsräume und einen gemeinsamen Innenhof kämen die Menschen in Kontakt und es bildeten sich daraus Beziehungen mit den beschriebenen Vorteilen. So könnte die Seniorin, die im Innenhof sitzt, auf das Kind der Alleinerziehenden aufpassen, damit sie Einkäufe erledigen könnte.

Wenn wir wieder mit mehreren Personen gemeinsam wohnen, lösen wir viele Herausforderungen einfacher und besser als alleine. Natürlich gibt es auch Probleme, wir lernen diese aber im täglichen Umgang auch zu lösen. Wir stärken dadurch unsere Beziehungen untereinander und entwickeln ein tiefes Verständnis füreinander. Nebenbei sparen wir sowohl als Einzelne als auch als Gesellschaft Geld und schonen unsere Umwelt. Schaffen wir einfach Voraussetzungen, dass mehr Menschen gemeinsam statt einsam leben und zufriedener sind.

Bildung. Unsere Zukunft

Solche Wohnformen wirken auch in den Bereich Erziehung hinein. Kinder und auch Erwachsene lernen ständig, zum Beispiel wichtige soziale Verhaltensweisen durch das gemeinschaftliche Leben. Orientieren wir uns auch hier stärker daran, was uns die Natur mit auf den Weg gegeben hat, dann wird für uns manches leichter. Wir sollten nicht nur der kognitiven Bildung Beachtung schenken, sondern ebenso der praktischen, denn durch beides lernen wir, und manchem fällt das eine leichter als das andere. Gute Erziehung und Bildung sind nicht nur für jeden Einzelnen bedeutend, sondern auch für die gesamte Gesellschaft.

Erziehung. Unsere Basis

Kinder zu bekommen ist für uns als Säugetiere die natürlichste und für viele Menschen die schönste Sache der Welt. Für Eltern stellt sich in der heutigen Gesellschaft die Frage, ob ihre Kinder außer Haus in der Kita oder zu Hause betreut werden. Die Diskussionen über die verschiedenen Erziehungsmodelle sind noch ideologisch geprägt. Der deutsche Staat hat sich nicht für ein Erziehungsmodell entschieden, sondern jedem eine Förderung gewidmet. Es gibt seit dem 1. August 2013 einen Rechtsanspruch auf frühkindliche Förderung in einer Tageseinrichtung oder in der Kindestagespflege. Seitdem Eltern, die ihr Kleinkind selbst betreuen, ein Betreuungsgeld erhalten, ist der Streit darüber heftig, auch wenn das Bundesverfassungsgericht das Betreuungsgeld mit Urteil vom 21. Juli 2015 aus formellen Gründen gekippt hat. Warum finden wir nicht einen pragmatischen Weg und verbinden die Vorteile beider Modelle?

„Es braucht ein ganzes Dorf, um ein Kind zu erziehen." So lautet ein afrikanisches Sprichwort und so war es früher wohl auch. Die Natur hat jedem Kind eine leibliche Mutter gegeben, die in erster Linie neben dem Vater und der weiteren Familie für die Erziehung verantwortlich war. Aber die Erziehung war eingebunden in eine (Dorf-)Gemeinschaft, aus der heraus die Eltern Unterstützung erhielten. Nun hat sich unsere moderne Welt mit unterschiedlichen Gesellschaftsformen entwickelt.

Machen wir uns einmal bewusst, dass Menschen die einzigen Säugetiere sind, bei denen sich die Eltern teilweise nicht selbst um die Aufzucht ihrer Neugeborenen kümmern, sondern diese abgeben. Die Amerikanerin Jean Liedloff sieht die frühe Trennung vom Säugling und der Bezugsperson kritisch:

„Wenn er (Anm. der Säugling) verlassen ist, … ist nichts annehm-
bar und nichts wird akzeptiert … nichts in der Erfahrung seiner
entwicklungsgeschichtlichen Vorfahren hat ihn darauf vorbereitet,
alleingelassen zu werden, ob im Schlafen oder Wachen, geschweige
denn weinend ohne die Antwort eines seiner Artgenossen."[131]

Liedloff ist in New York aufgewachsen und lebte später einige
Jahre bei den Yequana-Indianern in Venezuela. In ihrem Buch
„Auf der Suche nach dem verlorenen Glück" beschreibt sie das
harmonische Zusammenleben der Indianer und führt dies auf
deren Umgang mit ihren Kindern zurück.[132] „Sie zeigt, dass dort
noch ein bei uns längst verschüttetes natürliches Wissen um die
ursprünglichen Bedürfnisse von Kleinkindern existiert, das wir
erst neu zu entdecken haben."[133]

Liedloff beschreibt eindringlich den natürlichen Umgang
der Menschen mit ihren Kindern und gibt Empfehlungen für
unsere moderne Zivilisation. Sie wirbt für ein stärkeres Miteinander, beispielsweise durch gemeinsames Schlafen und Tragen
des Kindes,[134] und beschreibt die positiven Auswirkungen auf das
Baby: „Das für einen Säugling angemessene Gefühl ist sein Gefühl von Richtigkeit, von elementarem Wohlsein."[135]

Das klingt einleuchtend und ermutigend einfach, denn was versuchen manche Eltern nicht alles mit Essen, Spielzeug usw. vergeblich, um ihr Kind zu beruhigen, statt es einfach auf den Arm zu
nehmen? Andere teilen offenbar die beschriebenen Erkenntnisse,
denn das Tragen des Kleinkindes am Körper wird nach meiner
Beobachtung im Bekanntenkreis und Stadtbild immer populärer.
Allein der Herzschlag der Mutter oder des Vaters gibt dem Kind
offensichtlich Geborgenheit, Vertrauen und Sicherheit, nach dem
Motto: „Da ist jemand, ich bin nicht allein." So, wie es eben über
Jahrtausende der Menschheitsgeschichte ganz natürlich ablief.

---

131 Liedloff 2002, Seite 47
132 Vergl. Liedloff 2002, Seite 2
133 Liedloff 2002, Seite 2
134 Vergl. Liedloff 2002, Seite 54
135 Liedloff 2002, Seite 47

Wissenschaftler betonen, wie sehr Kinder gerade in den ersten Lebensjahren eine behütete Betreuung benötigen, in der sie gesund und stabil aufwachsen sowie eine emotionale Grundsicherheit vermittelt bekommen. Klein beschreibt dies eindrucksvoll anhand mehrerer Studien mit Menschen- und Tierkindern:

„Tief ist in uns die Angst vor dem Alleinsein eingeprägt … Der Neuropsychologe Jaak Pankseep vermutet, dass wir Kontakt mit anderen suchen, um die Qualen der Einsamkeit zu vermeiden. … Evolutionär gesehen handelt es sich also um ein ziemlich altes Verhalten, das spätestens bei den ersten Säugetieren auftrat. Höchstwahrscheinlich dient es dem Überleben der Neugeborenen … Ein warmes Gefühl des Geborgenseins markiert das Ende der Einsamkeit. An seinem Zustandekommen sind wahrscheinlich Endorphine beteiligt, jene opiumähnlichen Hormone, deren Freisetzung im Gehirn Wohlbefinden hervorruft.“[136]

Diese emotionale Grundsicherheit vermittelt dem Kind Sicherheit, Geborgenheit und bildet die Basis für selbstsicheren Charakter für das gesamte Leben, wie Liedloff betont:

„Die Wahrnehmungsweise eines Kleinkinds verändert sich gewaltig während des Getragenwerdens … Die am frühesten ausgeprägten Bestandteile der psychobiologischen Ausstattung eines Kleinkindes sind diejenigen, welche die Weltsicht seines ganzen Lebens am stärksten prägen … Fühlt es sich sicher, erwünscht und ‚daheim‘ als Mittelpunkt der Aktivität, noch ehe es denken kann, so wird sich seine Sichtweise späterer Erfahrungen qualitativ sehr von jener eines Kindes unterscheiden, das sich unwillkommen und aufgrund fehlender Erfahrungen nicht angeregt fühlt und das sich an den Zustand unerfüllten Verlangens gewöhnt hat, obwohl die späteren Erfahrungen beider Kinder identisch sein können.“[137]

Während meines Zivildienstes in einem heilpädagogischen Kindergarten betreute ich geistig und körperlich beeinträchtigte

---

136 Klein 2005, Seite 175 ff.
137 Liedloff 2002, Seite 54

Kinder. Ich machte die Erfahrung, wie wichtig den Kindern die Bindung an eine Bezugsperson ist. Die Kinder blühten durch eine persönliche Betreuung sichtbar auf. Fehlte die Bezugsperson eines Kindes aufgrund von Urlaub, kam es häufiger vor, dass das von ihr betreute Kind krank wurde. Auch moderne Studien betonen das bedeutende Verhältnis von Babys und ihren Eltern:

„Aus Studien sei bereits bekannt, dass ‚schwierige Babys' – also solche, die zum Beispiel Probleme haben, einen Rhythmus für Essen oder Schlafen zu entwickeln, die viel weinen oder unruhig sind – auch im Kindes- und Jugendalter häufiger Verhaltensauffälligkeiten zeigen oder Lernschwierigkeiten entwickelten, sagt Birgit Elsner, Leiterin der Abteilung Entwicklungspsychologie an der Universität Potsdam … Spätere Einflüsse wie etwa das Verhältnis zwischen Babys und ihren Eltern seien maßgeblich für die Entwicklung des kindlichen Verhaltens. ‚Gerade dass die in der Studie gefundenen Zusammenhänge statistisch nur moderat sind, spricht für die Bedeutung von solchen Umwelteinflüssen.'"[138]

Dann sorgen wir für gute Einflüsse für das Baby und verhelfen dem jungen Menschen zu einem in sich ruhenden Charakter. Welche Bezugsperson sollte in den ersten Jahren dafür besser geeignet sein als die leiblichen Eltern, vor allem die Mutter?

Das bedeutet aber nicht, dass die Mutter deswegen die ganze Hausarbeit machen muss, abhängig vom Geld des Ehemannes ist und gesellschaftlich dafür kaum anerkannt wird. Ich denke, diese fehlende Wertschätzung der Erziehungsarbeit von Müttern in den vergangenen Jahrzehnten, finanziell wie emotional, wirkt bis heute in den Diskussionen nach.

Dieser fehlenden Wertschätzung können wir als Gesellschaft ja entgegenwirken, indem wir die Erziehungsarbeit aufwerten, wie beispielsweise mit der Einführung des Elterngeldes und der Elternzeit im Jahr 2007 bereits geschehen. Dies ermöglicht auch vielen Vätern, an der Erziehung mitzuwirken und selbst zu erfahren, wie beglückend, aber auch anspruchsvoll die Erziehungsarbeit ist.

---

138 Hamburger Abendblatt, 29. Juni 2015, Seite 17

Andere betonen, wie wichtig ein früher Austausch mit Gleich-
altrigen sei, durch den das Kind elementare Sozialkompetenzen
lernt und die Eltern weiter einer Erwerbsarbeit nachgehen können.
Der deutsche Staat hat mit dem Rechtsanspruch den Ausbau an
Kita-Plätzen stark gefördert, was viele Eltern nutzen. Aber es
mangelt an Personal, wie der Beitrag „Personalschlüssel in Kitas:
Verwahren statt betreuen" beschreibt:

„Eine Studie über die Situation in Hamburg zeigt exemplarisch
die Mängel beim Krippenausbau: Es fehlen massenhaft Erzieher, viele
Kitas behelfen sich mit Praktikanten. Die Qualität der Betreuung
für die Kleinsten ist mittelmäßig. Die Hamburger Wohlfahrtsver-
bände, selber Betreiber von mehr als 500 Kitas, haben eine Studie
zur Situation in ihrem Bundesland vorgelegt. Die Verfasser von der
Alice Salomon Hochschule in Berlin untersuchten besonders den
Personalschlüssel – und zwar den tatsächlichen im Alltag, nicht den
theoretischen laut Stellenplan. Ihr Ergebnis: Die Lage ist noch viel
schlimmer als gedacht. Rein statistisch betrachtet betreut in Hamburg
eine Erzieherin in einer Krippe 5,7 Babys und Kleinkinder unter drei
Jahren. Das ist fast doppelt so viel, wie Erziehungswissenschaftler
empfehlen. In der Praxis aber sind es noch viel mehr. ‚Der Personalschlüssel für Kinder im Krippenbereich ist deutlich zu niedrig', mahnt
die Bildungsforscherin Susanne Viernickel. Sie kommt in ihrer Studie
auf Ausfallzeiten durch Urlaub, Krankheit und Fortbildung in Höhe
von 18 Prozent. Das bedeutet im Schnitt noch ein Kind mehr pro
Erzieherin … Die Folgen tragen die Kinder.

Den Autoren zufolge werden die wissenschaftlich empfohlenen
Mindeststandards für unter Dreijährige ‚nur selten und in der
Kernbetreuungszeit so gut wie überhaupt nicht erreicht'. Konkret
heißt das: Den Kleinen fehlt es an Anregung und Lernmöglich-
keiten. … Aus wissenschaftlicher Sicht ist das zwar für eine Betreuung ausreichend, nicht aber, um einen Bildungsauftrag zu erfüllen. Dafür sollte sich eine pädagogische Fachkraft um höchstens
drei Krippenkinder kümmern."[139]

---

139 Hamburger Abendblatt, 26. September 2014, Seite 9

Sind das die idealen Voraussetzungen für ein Kleinkind, eine behütete Grundsicherheit zu bekommen? Der Beitrag „Die gravierendsten Mängel in Kitas" bestätigt diese Verhältnisse und schildert die Auswirkungen dieser Entwicklung:

„Personalmangel: Eine Studie des Deutschen Instituts für Wirtschaftsforschung zeigt, dass Kinder, die in personell schlecht ausgestatteten Kitas betreut werden, häufiger krank sind. Zudem gilt der Grundsatz ‚Bildung ist Bindung'. Das heißt, frühkindliche Bildung kann nicht funktionieren, wenn sich eine Erzieherin um sechs Zweijährige kümmern soll … Ungesundes Essen: Eine Studie der Bertelsmann-Stiftung stellt fest, dass nur in jeder dritten Kita kindgerechtes Essen angeboten wird."[140]

Die Kritiker des im Jahr 2013 eingeführten Betreuungsgeldes für Eltern, die ihre Kinder nicht in einer Kita betreuen lassen, sehen sich durch eine Studie im Juli 2014 ebenfalls bestätigt:

„Das vor einem Jahr eingeführte Betreuungsgeld hält einen erheblichen Teil von Migrantenfamilien und bildungsfernen Eltern offensichtlich davon ab, ihre Kleinkinder in eine Kita zu schicken. Dies ist das Ergebnis einer Befragung von über 100 000 Eltern mit Kindern unter drei Jahren durch das Deutsche Jugendinstitut und die Universität Dortmund."[141]

Viele Kinder, vor allem die mit Migrationshintergrund, kommen so mit mangelnden Deutsch-Kenntnissen in die erste Klasse, mit den bekannten Folgen, dass sie von Anfang an im Lernen hinterherhinken und benachteiligt sind.

Andere Kinder werden gleichzeitig mit einem großen Angebot an Frühförderung geradezu überschüttet, was ebenso kontraproduktiv sein kann, wie im Beitrag „Die geraubte Kindheit" beschrieben ist:

„Musikalische Frühförderung, naturwissenschaftliche Experimente, Mehrsprachigkeit: Erziehung droht in ein neues Extrem

---

140 Landeszeitung Lüneburg, 7. November 2014, Seite 18
141 http://www.focus.de/finanzen/steuern/eltern-nehmen-lieber-das-geld-studie-betreuungsgeld-haelt-kinder-von-krippen-fern_id_4019699.html vom 29. Juli 2014

zu rutschen, warnen Experten. Einst Prügel schon als Säugling, später Freiheit bar jeder Autorität – und nun Förderung um jeden Preis. Immer wieder rutscht Erziehung in Extreme. ‚Momentan gibt es einen regelrechten Frühförderwahn‘, sagt Bildungsforscher Heiner Barz von der Universität Düsseldorf. Was als jeweils beste Erziehung erscheine, habe wenig damit zu tun, wie Kinder sind, meint Herbert Renz-Polster, Kinderarzt und Wissenschaftler aus Vogt im Allgäu. ‚Es hat vielmehr damit zu tun, für was sie einmal gebraucht werden.‘

Eltern erlägen oft dem Irrglauben, völlig aus eigenen Überlegungen über die Erziehung zu entscheiden. Kindheit verlaufe in den hochproduktiven Ländern immer stärker nach einem globalisierten Universalmodell, ausgerichtet auf eine möglichst intensive und frühe kognitive Förderung, schreibt Renz-Polster in seinem aktuellen Buch ‚Die Kindheit ist unantastbar‘. Die Kita sei zum Heiligen Gral eines ganzen Wirtschaftsmodells geworden … ‚Erziehungswerte sind immer Ausdruck des allgemeinen Lebensgefühls‘, sagt Barz … Das Ziel ‚Optimierung‘ sei allgegenwärtig, selbst in der Freizeit, erklärt Barz … Die Wirtschaft zum Hauptschuldigen abzustempeln hält Bildungsforscher Barz für zu kurz gefasst. Personalabteilungen suchten häufig gerade nach Kandidaten ohne perfekten Lebenslauf, die etwas erlebt und eigenständige Persönlichkeiten entwickelt hätten. Zudem sei es ja nicht prinzipiell verkehrt, Kindern Förderangebote zu machen. Er sieht in der deutschen Reaktion auf die PISA-Studien eine bedeutende Ursache für die derzeitige Konzentration auf Frühförderung und maximale Wissensanhäufung … Die PISA-Initiatoren selbst hätten immer betont, dass die Persönlichkeit weit wichtiger sei als ein standardisiertes Kompetenzkataster. Gesellschaft und Eltern hätten bei PISA überreagiert, ist Barz überzeugt … ‚Und wenn wir noch so gerne die Sonne gleich am Zenit aufgehen lassen würden – die entscheidende Förderung für das kleine Kind liegt auch heute noch darin, dass es einen reichhaltigen, abenteuerlichen, kreativen Alltag mit Menschen gestalten kann, die ihm etwas bedeuten – ob groß oder klein.‘ Hinter den Sinn maximierter Frühförderangebote sei ein großes

Fragezeichen zu setzen, sagt auch Barz."[142] Auch hier wäre scheinbar weniger mehr.

Anderen Kindern bleibt die Chancengleichheit verwehrt, denn ein Problem unseres Bildungssystems ist weiterhin, dass die Bildung noch zu sehr von der sozialen Herkunft abhängt, wie die Studie „Chancenspiegel" bestätigt:

„Es gibt keine Entwarnung an der Bildungsfront. Ob ein Schüler ein Mathe-Ass wird oder nicht, ob er aufs Gymnasium wechselt oder keinen Hochschulabschluss erwirbt: Das hängt noch immer stark davon ab, in welchem Bundesland er zur Schule geht – und davon, welchen sozialen Hintergrund er hat. Chancengerechtigkeit ist das Ziel – aber der Fortschritt in dieser Hinsicht langsam. Das ist das Ergebnis der Studie ,Chancenspiegel', den die Bertelsmann Stiftung mit der Technischen Universität Dortmund und der Friedrich-Schiller-Universität Jena präsentiert hat …"[143]

Im Beitrag „Die Chancenlüge" wird beschrieben, wie groß und gleichzeitig ineffektiv das staatliche Angebot an Förderungen ist, verbunden mit einer entsprechenden Bürokratie: „Etwas 200 Milliarden Euro gibt Deutschland pro Jahr für die Unterstützung von Kindern, Ehen und Familien aus. Fachleute des Bundesfamilienministeriums haben vor einiger Zeit versucht, alle Leistungen in einer Liste zu erfassen; sie kamen auf etwa 160, ganz genau wisse man es leider selbst nicht."[144]

200 Milliarden Euro werden jährlich ausgegeben, die Ziele werden nicht erreicht und selbst den Fachleuten fehlt der Überblick?

Dann ist es Zeit, zu handeln: Überprüfen wir alle Leistungen auf ihre Wirkung, konzentrieren wir uns auf weniger, sodass die Eltern, die Bildungsakteure sowie alle anderen Bürger als Steuerzahler einen Überblick haben und alle effektiver agieren: „Die OECD ist überzeugt, dass Deutschland falsche Prioritäten setzt.

---

142 Hamburger Abendblatt, 18. November 2014, Seite 23
143 http://www.welt.de/politik/deutschland/article135240553/Chancen-fuer-deutsche-Schueler-ungleich-verteilt.html vom 11. Dezember 2014
144 Der Spiegel, Nr. 20 vom 9. Mai 2015, Seite 66 ff.

Im Vergleich etwa zu skandinavischen Staaten sei die Bundesrepublik großzügig beim Auszahlen von Geldleistungen, aber geizig bei der Förderung von Kleinkindern. Das sei falsch, denn im Vorschulalter entscheide sich, ob Kinder aus der Unterschicht mithalten können oder abgehängt werden."[145]

Kommen wir weg von ideologischen Debatten und hin zu pragmatischen Lösungen, die die Vorteile der verschiedenen Konzepte beinhalten und das Kindeswohl in den Mittelpunkt stellen. Für Kleinkinder ist die Bindung in den ersten beiden Lebensjahren das Wichtigste, mit den beschriebenen positiven Auswirkungen auf ihr ganzes Leben, vor allem mit einem in sich ruhenden Charakter. Eine bessere Argumentation gibt es wohl kaum, also ermöglichen wir ihnen genau das!

Gespräche mit befreundeten Eltern und Erzieherinnen bestätigen mir dies, die gerade in dieser Altersgruppe in der Krippe oder Kita die fehlende Bezugsperson kritisch sehen. Diese betreuen ihr Kind wieder selbst und sind glücklich darüber. So sagte mir eine Freundin: „Ich bekomme doch kein eigenes Kind, um es gleich wieder wegzugeben. Darauf habe ich mich doch gefreut." Eine andere Bekannte wollte zunächst nach der Geburt schnell wieder arbeiten gehen, verschob das aber mit der Begründung: „Ich hätte nie gedacht, dass es so schön und erfüllend ist, Mutter zu sein." Falls diese Eltern die Betreuung nicht selbst leisten können, geben sie ihr Kind an eine Tagesmutter oder die Großeltern. Das Kleinkind hat seine Bezugsperson und erfährt tiefe Geborgenheit. Es spielt mit Kindern in der Nachbarschaft, im Freundeskreis oder verbringt einige Stunden in einer Krippe.

Wenn uns unsere Kinder so wichtig sind, warum erhält nicht die eine Bezugsperson, idealerweise die Mutter, ein richtiges Gehalt aus Steuergeldern über die ersten 2–3 Lebensjahre des Kindes, etwas konsequenter als das bisherige Elterngeld? Das Gehalt sollte nicht nur 67 % wie bisher, sondern möglichst zu 100 % ihres bisherigen entsprechen, was wir bis zu einer gewissen Höhe deckeln

---

145 Der Spiegel, Nr. 20 vom 9. Mai 2015, Seite 70

könnten. Die Bezugsperson könnte und sollte nach Vollendung des zweiten Lebensjahres in einer Übergangsphase ihr Kind auch einige Stunden wöchentlich in die Kita bringen und zeitweise mit vor Ort in der Kita sein, sodass dem Kind die Vorteile beider Seiten zu Gute kämen. Durch die Einbeziehung der Mütter wäre das Kind weiter ideal betreut, das Kita-Personal würde entlastet und gleichzeitig würden die Eltern mit erreicht und bei Bedarf geschult. Denn was nützt es, dem Kind etwas beizubringen, was im Elternhaus nicht gelebt wird?

Als Vorbereitung auf die Schulzeit, mit Blick auf Sprachförderung, soziales Verhalten und Standards bei der Erziehung verbrächten dann alle Kinder eine gewisse Zeit (2–3 Jahre) verbindlich in einer Kita und/oder Vorschule, sodass alle Kinder zum Start in die Schule vergleichbare Voraussetzungen erfüllten.

Da Erzieher sowie Lehrer bekanntlich neben den eigentlichen Aufgaben der Betreuung und Lehrer diverse andere anspruchsvolle Aufgaben haben (Frühförderangebote, Schwimmunterricht, Sprachförderung und Inklusion von behinderten Kindern), sollten sie eine bestmögliche Ausbildung sowie regelmäßige Fortbildungen bekommen. Damit einhergehen sollte eine gehobene Wertschätzung, auch finanziell. So bekäme man mittelfristig mehr und besser ausgebildete Fachkräfte für unsere Kinder.

Wie können wir das in Zeiten leerer Staatskassen finanzieren? Dazu folgen Anregungen im Kapitel „Steuern. Unsere Verteilung".

Haben wir Mut zu kreativen und pragmatischen Lösungen. Warum sollte das Kind nicht mal zur Arbeit mitgenommen werden und dort am Körper der Mutter oder des Vaters die Zeit verbringen? Selbst in kleineren Firmen sollte es möglich sein, eine Wickelkommode und ggf. eine kleine Spielecke bereitzustellen, wo Väter oder Mütter ihr Kind bei sich hätten und betreuen könnten. Auf diese Weise würden Kinder ein noch selbstverständlicherer Teil unseres Lebens und Mittelpunkt der Gesellschaft:

„Sobald man einmal erkennen würde, dass aus den Babys mit Sicherheit stille, sanfte und anspruchslose kleine Geschöpfe werden, wenn man sie so behandelt, wie die Menschen es seit hunderttausenden von Jahren getan haben, brauchten sie arbeitende Mütter, die nicht den ganzen Tag ohne erwachsene Gesellschaft gelangweilt und isoliert verbringen wollen, nicht mehr in Konflikte zu stürzen. Die Babys wären dann dort, wo sie hingehören: bei ihren Müttern an deren Arbeitsstelle; und auch die Mütter wären, wo sie sein sollten: bei ihresgleichen – wo sie sich nicht mit Säuglingspflege beschäftigen würden, sondern mit etwas, das einem intelligenten Erwachsenen gemäß ist.“[146]

Machen wir uns bewusst, dass die Erziehung von Kindern eine der anspruchsvollsten, wichtigsten und natürlichsten Aufgaben ist, für die uns die Natur gut vorbereitet hat. Wäre es nicht weise, dass der Staat hier seine Kräfte bündelte, jedem Kind eine behütete Erziehung sowie eine Zeit in der Kita ermöglichte? So erhielten alle Kinder mit Start in die erste Klasse ähnliche Voraussetzungen und Chancengleichheit. Kinder sollten in unserem gesamten Umfeld einfach dazugehören und als viel normaler empfunden werden.

Schule, Ausbildung, Studium. Unsere Wege

Auf dem weiteren Bildungsweg lernen Kinder und Jugendliche in der Schule neben Fachwissen vor allem Lern- und Arbeitstechniken sowie soziale Kompetenzen, um sich zu selbstständigen Persönlichkeiten zu entwickeln. Hier können Krisen wie Sparzwänge uns helfen, Lernmethoden zu hinterfragen. Verbinden wir hier alte Methoden wie das jahrgangsübergreifende Lernen mit modernen Erkenntnissen, ermöglichen wir unseren Kindern die bestmögliche Bildung.

Als die Schulen eingeführt wurden, lernten die Kinder wohl häufig gemeinsam, beispielsweise in Dorfschulen. Es gab kaum eine Unterteilung nach Jung und Alt, man betreute sich gegenseitig und lernte voneinander. Genau das geschieht heute wieder zu-

---

146 Liedloff 2002, S. 209

nehmend: Kinder lernen wieder gemeinsam jahrgangsübergreifend, unterstützen einander und bringen sich gegenseitig Wissen bei. Die jüngeren Schüler finden das toll, die älteren macht es selbstbewusst, zu erleben, wie sie anderen etwas beibringen können.

Das Gymnasium Corveystraße aus Hamburg lebt diese Idee konsequent im Projekt „Jung lehrt Jung", bei dem Oberstufenschüler jüngere Schülerinnen und Schüler zu verschiedenen Themen unterrichten, wie beispielsweise Gesundheitsförderung, Bewegung im Unterricht, Prävention zu Nikotin und Alkohol, Reanimation, Handystrahlung, Ernährungsberatung und vieles mehr. Dafür wurde das Gymnasium 2014 mit dem Hamburger Bildungspreis ausgezeichnet. Dies und mehr zum Konzept ist auf der Internetseite der Schule beschrieben.[147]

Auch solche Formen der Zusammenarbeit können dazu beitragen, dass kleinere Schulen erhalten bleiben. Gerade in jungen Jahren sollten Kinder kurze Wege zur Schule haben und so lernen, sich selbstständig mit dem Rad oder zu Fuß fortzubewegen. Auch das ist Bildung.

Inklusion ist ein aktuelles Thema und umfasst die Teilhabe und Integration von Menschen mit Behinderungen. Kinder aus Förderschulen werden in die „normalen" Schulen aufgenommen. Wie war das in früheren Zeiten? Wohl differenziert, denn einerseits waren die Kinder mit Behinderungen oft einfach dabei. Andererseits herrschte wohl Unsicherheit im Umgang mit ihnen und sie wurden ausgegrenzt.

Ziel sollte ein selbstverständlicher Umgang mit Menschen mit Einschränkungen sein. Wir haben tolle Einrichtungen wie Behindertenwerkstätten und Förderschulen, in denen behinderte Menschen betreut werden, nur eben gesondert. Es sollte unser Anspruch sein, Behinderte besser mit anderen Menschen in der Schule zu verbinden, damit sich alle früh an unterschiedliche

---

147 http://www.corvey.hamburg.de/index.php/article/detail/12641 vom 29. November 2014

Menschen gewöhnen, denn was oder wer ist schon normal? Schon in der Bibel (Römer 15, 7) heißt es: „Nehmt einander an, wie Christus euch angenommen hat zu Gottes Lob." Nur sollten wir jeder Schule oder Kita eine Phase der Umstrukturierung gönnen, denn eine schlecht umgesetzte Inklusion schadet allen Beteiligten: Die Behinderten werden unzureichend betreut, die anderen Kinder sind unsicher und die Lehrer überfordert. Integrieren wir möglichst alle Pädagogen und bei Bedarf ganze Teile der ehemaligen Förderschulen als „Förderkurse" in die „normalen" Schulen. Auf diese Weise statteten wir die Schulen mit ausreichend Fachpersonal aus, idealerweise unter Einbeziehung der Eltern, und das Miteinander gelänge.

Über die verschiedenen Schulformen ist und wird in Deutschland seit Jahren diskutiert. Die einen sind für eine frühe Aufteilung der Schüler auf die verschiedenen weiterführenden Schulen, andere sehen genau darin eine Ungerechtigkeit unseres Schulsystems, wenn jungen Menschen bereits nach der vierten Klasse aufgeteilt werden. Auch hier sind es oft noch ideologisch geführte Debatten, finden wir doch auch hier weise Lösungen. Manche Schüler entwickeln sich bekanntlich erst später. Wir müssen wahrlich nicht die Gymnasien abschaffen, sollten doch aber jungen Menschen auch in den anderen Schulformen den Weg zum Abitur ermöglichen. Dies geschieht bereits zunehmend, zum Beispiel an Gesamtschulen oder an Stadtteilschulen in Hamburg, wie auf der Internetseite der Hansestadt beschrieben:

„Die Stadtteilschule ist aus den Haupt-, Real- und Gesamtschulen und den Aufbaugymnasien hervorgegangen. Sie ist eine Alternative zum Gymnasium und bietet alle Schulabschlüsse bis zum Abitur, das identisch mit dem Abschluss am Gymnasium ist. Der wichtigste Unterschied ist: In der Stadtteilschule lernen alle Schülerinnen und Schüler gemeinsam. Leistungsschwächere Kinder werden genauso wie Leistungsstärkere gezielt gefördert und gefordert. Anders als am Gymnasium wird kein Kind am Ende der Jahrgangsstufe 6 von der Stadtteilschule abgeschult, wenn die Noten nicht ausreichend sind. Um der größeren Vielfalt der Schülerschaft gerecht werden zu können, sind zudem die

Klassen an der Stadtteilschule kleiner als am Gymnasium."[148] Das ist doch eine weise Lösung und hilft sicher vielen Schülern und auch deren Eltern.

Dazu sind in allen Schulformen natürlich gut ausgebildete und motivierte Pädagogen wichtig. Ich hatte großartige Lehrer, zum Beispiel einen Herrn in Gemeinschaftskunde. Dort behandelten wir Themen aus Politik und Wirtschaft. Der Lehrer hatte die Gewohnheit, in Diskussionen mit uns Schülern immer die Gegenseite einzunehmen, und das laufend wechselnd. So lernten wir, uns immer wieder gute Argumente zu überlegen, bevor wir etwas nach dem Motto „Das will der Lehrer hören" sagten.

Meine tollen Geschichtslehrer zeigten uns auf, wie sehr vergangene Ereignisse unsere Gegenwart beeinflussen. Unvergessen für mich die Weitsicht eines Lehrers, der im Jahr 1986 uns damals 14-jährigen Schülern den Fall der Berliner Mauer prophezeite. Später an der Universität hat dies ein Dozent ähnlich geschafft und uns am Beispiel des Vietnam-Krieges die spätere Entwicklung des USA-Einsatzes im Irak quasi vorhersehen lassen. Ich könnte weitere Beispiele aufzählen und bin sicher, die meisten von uns können neben einigen negativen von vielen positiven Erfahrungen berichten.

Um diesen anspruchsvollen Beruf zu würdigen, gibt es in Hamburg seit 2011 den Hamburger Lehrerpreis: „Lehrerinnen und Lehrer arbeiten oft an der Belastungsgrenze, ernten dafür aber nur selten Lob und Anerkennung. Das Hamburger Abendblatt und die Hamburger Sparkasse (Haspa) möchten das Engagement und die Leistungen der Pädagogen an Hamburgs Schulen stärker in den Blickpunkt rücken. Daher loben sie in diesem Jahr zum dritten Mal den Hamburger Lehrerpreis aus. Ausgezeichnet werden die drei besten Hamburger Lehrer … ‚Gute Schule ist guter Unterricht durch gute Lehrer. Und diese gilt es auszuzeichnen', sagt Haspa-Vorstand Harald Vogelsang."[149]

---

148 http://www.hamburg.de/stadtteilschule vom 25. Februar 2014
149 http://www.abendblatt.de/nachrichten/article124494311/Jetzt-mitmachen-Hamburgs-beste-Paedagogen-gesucht.html vom 5. Februar 2014

Die neuen Medien wie das Internet, darauf basierende On-line-Lernformen sowie die dafür benötigen Endgeräte wie Smart-phones, Laptops und Tablets werden Teil des Lernens und können sicher helfen, reines Fachwissen zu erlangen. Für das Erlernen sozialer Kompetenzen ist aber persönliches Lernen mit Menschen weiterhin unerlässlich.

Das Erlernen der Handschrift stellen so manche infrage; brauchen wir sie eigentlich noch? Martin Korte, Professor für Neurobiologie an der TU Braunschweig, beschreibt im Artikel „Warum die eigene Handschrift für unser Gehirn so wichtig ist" das Lernen der Handschrift wie folgt: „Es ist ein immenser Lernvorgang, den nur das junge Gehirn leisten kann … Versuche, die Wort-erkennung einzig durch das Lernen von Lesen und Schreiben am Computer im Hirn zu festigen, sind gescheitert. Das zeigt, wie wichtig das Erlernen einer Handschrift ist."[150] Dies bestätigt auch der Beitrag „Wie wichtig ist die Handschrift für das Lernen":

„In Experimenten mit Studenten habe sich gezeigt, dass diese schlechtere Noten erzielten, wenn sie Mitschriften etwa von Vorträgen mit einem Computer erstellten, statt das Gehörte mit einem Stift auf Papier zu notieren, sagt Prof. Rolf Schulmeister, Erziehungswissenschaftler an der Uni Hamburg. Die Probanden, die eine Computertastatur nutzten, schrieben meist ganze Sätze. Dagegen notierten die Studienteilnehmer, die mit der Hand schrieben, meist nur einzelne Wörter – aber solche, die für den Sinn des Satzes essenziell waren. Dies deute darauf hin, dass man beim Schreiben mit der Hand stärker über die Bedeutung des Gehörten nachdenke, sagt Schulmeister. ‚Dieser Prozess hat eine ganz andere Tiefe.' Auch als die Studenten aufgefordert wurden, beim Schreiben mit der Computertastatur nicht ganze Sätze zu schreiben, verbesserte sich nichts."[151]

Viele Menschen haben dies nach meiner Erfahrung selbst er-kannt und nutzen dies, indem sie weiterhin Checklisten und

---

150 Hamburger Abendblatt, 23. August 2011, Seite 9
151 Hamburger Abendblatt, 31. Januar 2015, Seite 25

Ideenskripte zunächst mit der Hand aufschreiben, bevor sie sich an den PC setzen.

Der Hamburger Biologe Dr. Andreas Weber, Dozent an der Leuphana Universität Lüneburg, sieht die intensive Nutzung von Fernsehen und Computer durch Kinder kritisch und äußert sich in einem Interview folgendermaßen:

„Statt Tiere zu beobachten, Baumhäuser zu bauen oder im Matsch zu wühlen, sitzen Kinder vor dem Fernseher oder Computer. Dadurch verkümmerten Fantasie, Kreativität und Lebensfreude. Auf die Frage ‚Was können Kinder dort lernen, was sie am Computer nicht lernen‘, antwortet Weber: ‚Sie können lernen, diese Welt zu lieben und sich von dieser Welt geliebt zu fühlen. Lieben lernt man nur, wenn man keine Funktion hat, sondern wenn man frei ist, alles fühlen zu dürfen. Freude, Enttäuschung, Angst, Überschwang. Die Problematik von Medien als Spielzeugen ist: Sie sind designed und lassen somit diese Freiheit nicht zu … Sie stiften keine Identität und sie lehren daher nicht zu lieben. Sie machen schlicht süchtig.‘“ [152]

Prof. Manfred Spitzer, Hirnforscher an der Uni-Klinik Ulm, betrachtet die aktuelle Entwicklung ebenfalls kritisch und warnt davor, bei Kindern zu sehr auf Computer zu setzen, denn das verhindere die Entwicklung des Gehirns und könne zu sogenannter digitaler Demenz führen. Ein Beitrag im September 2012 über sein Buch „Digitale Demenz“ stellt seine Thesen dar:

„Der Hirnforscher Manfred Spitzer sieht überall die ‚digitale Demenz‘ am Werk. Manfred Spitzer zählt viele solcher Beispiele auf, um zu belegen, wie wir uns und unsere Kinder um den Verstand bringen. Der Computer ist schuld und vor allem unser exzessiver Umgang mit diesem, auf den Kinder schon in der Schule eingeschworen werden. Spitzer spricht, bevor er auf die Symptome der unter Jugendlichen – den Jungen zumal – grassierenden Computersucht zu sprechen kommt, von ‚Anfixen‘. Angefixt werden die Kinder demnach mit dem Smartboard, das die Schiefertafel lang-

152 Landeszeitung Lüneburg, 29. November 2014, Seite 5

sam ablöst. Abhängig sind sie, wenn sie ihre Tage und Nächte mit ‚World of Warcraft‘ verbringen, verwahrlost, vereinsamt, lern- und beziehungsunfähig, asozial und – im schlimmsten Fall sogar kriminell und zu einem Mord fähig. Wie jener junge Mann, zu dessen Prozess der Leiter der Psychiatrischen Universitäts- klinik in Ulm als Gutachter herangezogen wurde. Den ganzen Tag lang hatte der Angeklagte mit einem Ballerspiel verbracht, dabei permanent gegen seinen Freund verloren. Am Abend trat er einen ihm unbekannten Mann tot. ‚Wenn ein Pädagoge wirklich glaubt‘, schreibt Spitzer, ‚dass stundenlanges Prügeln und Morden auf einen solchen jungen Menschen keinerlei Auswirkungen hat, spreche ich ihm jegliche pädagogische Kompetenz ab!‘“ Auch Kritik an Spitzers Thesen wird dort genannt:

„Seine Kombination aus Erkenntnissen der Hirnforschung und empirischer Sozialbeobachtung ist ein Flickenteppich, der keine eindeutige Beweisführung ist und sein absolutes Urteil nicht trägt. Zwischen Smartboards in der Schule und der Ab- hängigkeit von Ballerspielen liegt noch eine ganze Strecke.“[153]

Der niedersächsische Kriminologe Dr. Christian Pfeiffer warnt seit Jahren vor einer Medienverwahrlosung, vor allem bei Jungen. Eltern täten Kindern keinen Gefallen, diese unbeobachtet vorm Computer oder Fernseher sitzen zu lassen:

„Erstens: Die Verfügbarkeit über eigene Bildschirmgeräte erhöht den Medienkonsum an Schultagen je nach Alter um ein bis zwei Stunden, am Wochenende um zwei bis drei Stunden. Ferner ver- größert sie die Wahrscheinlichkeit, dass verbotene Inhalte konsumiert werden, bei Filmen um das Doppelte, bei Computerspielen um das Fünffache. Zweitens gilt: Je mehr Zeit Kinder und Jugendliche mit Medienkonsum verbringen und je brutaler die Inhalte sind, umso schlechter fallen die Schulnoten aus. Drittens ist zu beachten, dass die mit hohem Medienkonsum verbundene Bewegungsarmut das Risiko

---

153 http://www.faz.net/aktuell/feuilleton/buecher/rezensionen/sachbuch/ manfred-spitzer-digitale-demenz-ein-grober-keil-auf-einen-groben- klotz-11878906.html vom 4. September 2012

der Fettleibigkeit deutlich erhöht. Und viertens geraten inzwischen acht Prozent der Jungen in suchtartiges Spielen oder sind zumindest in diesem Sinne massiv gefährdet. Deswegen lautet mein Ratschlag: keine Bildschirmgeräte im Kinderzimmer."[154] Dies würde die nicht nur die Kinder schützen, sondern auch den Eltern Geld sparen.

In einem Magazin beschreibt der Artikel „Der Handy-Betrug" die negativen Auswirkungen der verstärkten Nutzung von Smartphones durch Schüler und die Unsicherheit der Lehrer. Der Ulmer Psychologe Christian Montag wird wie folgt zitiert: „Der Umgang mit dem Mobiltelefon kann suchtähnliche Symptome hervorrufen." Der Bochumer Kinderpsychiater Andreas Richterich ergänzt: „Viele Kinder schaffen es nicht, sich selbst Grenzen zu setzen."[155]
 Zudem gibt es die Ungewissheit, welche Auswirkungen Strahlungen der drahtlosen WLAN-Verbindungen, die auch in Schulen und Universitäten zunehmend eingerichtet werden, auf unsere Gesundheit haben:
 „Öffentliche WLAN-Hotspots findet man an Bahnhöfen, Universitäten und Flughäfen. Zusätzlich rüsten auch viele Privathaushalten auf die drahtlose Netzwerktechnologie um. Dabei werden eventuelle Gefahren oft übersehen. Die könnten im Bereich der Datensicherheit oder der elektromagnetischen Strahlung liegen. Wollen sich Verbraucher über diese Risiken informieren, stoßen sie auf Hindernisse. ‚Es gibt niemanden, der kompakt, allgemein verständlich und übersichtlich die verschiedenen Aspekte von WLAN neutral beleuchtet', fasst Kathrin Graulich das Ergebnis der vorliegenden Untersuchung zusammen. So konnte die Wissenschaftlerin weder eine entsprechende Internet-Plattform, noch eine Informationsbroschüre zu diesem Themenkreis finden."[156]

---

154 http://www.schulministerium.nrw.de/docs/AusSchulen/Interviews/ Lust-auf-Leben-wecken/index.html vom 5. Mai 2014
155 Der Spiegel", Nr. 51 vom 15. Dezember 2014, Seite 28
156 http://www.handelsblatt.com/technik/it-internet/it-internet/man- gel-an-unabhaengige-informationen-wlan-risiko-wird-oft-ausgeblen- det/2361686.html vom 2. März 2015

Auf der Internetseite der Firma Baubiologie Regional sind die Risiken wie folgt beschrieben: „Die Universität Bremen hat auf Ihrem Campus ein dichtes Netz von WLAN Accesspoints eingerichtet. Im Jahr 2001 hat sie ein Gutachten ‚zur Feststellung der Belastung durch hochfrequente elektromagnetische Strahlung durch Funk-Netzwerke' anfertigen lassen. Die Messergebnisse zeigten starke Schwankungen: von 0,5 bis 2 504 µWatt/m² reichte die Spannweite bei den Accesspoints. An einem Notebook ergab sich im Abstand von 1,50 Meter ein Messwert von 1 580 µWatt/m², im Abstand von 0,10 Metern ein erschreckender Wert von 49 960 µWatt/m² … Die abgestrahlten Signale der digitalen Funkdienste GSM-Mobilfunk, DECT-Schnurlostelefone und WLAN weisen hohe Gemeinsamkeiten auf: Es handelt sich in allen genannten Fällen um periodisch gepulste Strahlung, und die Basisstationen der Systeme senden permanent, auch wenn gar keine Nutzdaten übertragen werden. Im Gegensatz zu Mobiltelefonen sind WLAN-Produkte nicht leistungsgeregelt. Die Benutzer der mit WLAN-Karten ausgestatteten Notebooks bzw. mit WLAN-Adaptern versehenen PCs befinden sich zwangsläufig in großer Nähe zur Sendeantenne und sind entsprechend hohen Immissionen ausgesetzt. Aufgrund der oben genannten Messergebnisse kann eine gesundheitliche Unbedenklichkeit keineswegs attestiert werden."[157]

Zudem besteht seit Jahren der Verdacht, dass diese Geräte Krankheiten wie Krebs auslösen können:

„WIFI Geräte führen aufgrund ihrer Strahlung zu einer Reihe von Stoffwechselstörungen, die wiederum mit der Entstehung von Krebs und neurodegenerativen Krankheiten in Verbindung gebracht werden. Alle Geräte also, die eine drahtlose Kommunikation ermöglichen, können Ihr Krebsrisiko heben. Auch Alzheimer und Parkinson rücken durch den allgegenwärtigen WLAN-Betrieb vieler Geräte in greifbare Nähe. Zurück zum Kabel wäre daher in vielen Fällen gar nicht so übel. Auch wenn die WHO schon

---

157 http://www.elektrosmog-messen.de/wlan-technik.html vom 16. März 2013

im Jahre 2011 hochfrequente WIFI-Strahlung als möglicherweise krebserregend einstufte, wird weiter diskutiert, ob WIFI bzw. Mobilfunkstrahlung nun schädlich und krebserregend ist oder nicht. Wir berichteten immer wieder über aktuelle Meldungen und Studien, die eigentlich eindeutige Ergebnisse erbrachten – jedoch keine Beachtung finden, denn wer mag sich schon Handy & Co abgewöhnen. Die hochfrequente Strahlung führt zu oxidativen Prozessen (bekannt als ‚oxidativer Stress‘) und kann auf diese Weise jeder einzelnen Zelle schwere Schäden zuführen – abhängig von der Belastungsintensität."[158]

Sollten wir diese möglichen Auswirkungen der Strahlen nicht besser erforschen, bevor wir uns und unsere Kinder diesen noch dauerhafter aussetzen?

Auch Schulen und Universitäten setzen bekanntlich zunehmend auf das Lernen über Tablets, Smartphones und andere mobile Endgeräte. Natürlich müssen Kinder an neue Medien herangeführt und ein bewusster Umgang damit gelernt werden. Wenn man aber eine stundenlange Nutzung in der Schule und Universität mit der wahrscheinlich dadurch noch zunehmenden privaten Nutzung addiert, verbringen diese jungen Menschen künftig einen Großteil des Tages vor Bildschirmen. Kann das wirklich richtig sein? Viel wichtiger ist doch, die digitalen Medien nicht um ihrer selbst willen, sondern angemessen zu nutzen und diesen Umgang souverän zu lernen.

Nun besteht die Gefahr dauerhafter Unsicherheit für alle Pädagogen und Eltern, was optimal für ihre Kinder ist. Wollen wir künftig in allen Klassenzimmern und Familien darüber diskutieren, ohne letztendlich zu wissen, was der richtige Weg ist? Wäre es nicht ideal, wenn eine Expertengruppe aus Befürwortern und Kritikern digitalen Lernens und Lebens (Hirnforscher, Neurologen, Pädagogen und andere Bildungsexperten, Vertreter der

---

158 http://www.zentrum-der-gesundheit.de/wifi-wlan-krebserregend-ia. html vom 17. März 2013

Wirtschaft, Psychologen sowie Verhaltensforscher), beauftragt von den Kultusministern, gemeinsam eine Empfehlung erarbeiteten? Diese beschriebe die Chancen und Risiken und gäbe einen zeitlichen Rahmen für die tägliche Nutzung digitaler Medien nach Altersgruppen vor. Innerhalb dieses Rahmens erstellten dann die Kultusminister mit den Lehrern die Lehrpläne und gäben Empfehlungen für die private Nutzung nach der Schule an die Eltern weiter.

So würde die Zeit vorm Computer, dem Smartphone, der Spielkonsole, dem Fernseher, ob in der Schule oder privat, im Verhältnis zur Zeit der Bewegung sowie Ruhephasen gestellt und ein idealer zeitlicher Rahmen vorgegeben. Das wäre sicher eine konstruktive Hilfe für alle Beteiligten. Begleitend könnten wir, gerade mit Blick auf die Erweiterung vieler Schulen zu Ganztagsschulen, das Ausmaß und der Wert kultureller und sportlicher Angebote stärken. Mehr dazu im Kapitel Nachrichten, Kultur und Sport.

Wenn wir wissen, dass viele Kinder zu Hause nicht gesund essen, wäre es doch ideal, das Thema Ernährung noch stärker in die Lehrpläne von Kitas und Schulen aufzunehmen sowie das Essen in der Mensa danach zuzubereiten. Mehr dazu im Kapitel Ernährung. Verbunden mit dem Erlernen der regionalen Küche könnten andere Bestandteile der heimischen Kultur wie Lieder und Bräuche vermittelt werden. Neben dem Erlernen von Fremdsprachen durch Lehrer könnten es Kinder mit ausländischen Wurzeln sein, die über ihre Heimatländer berichteten, in der Mensa Gerichte ihrer Heimat vorstellten und auf diese Weise ihre Kultur erlebbar machten. Jedes Schulkind sollte überdies die Möglichkeit für einen Schüleraustausch im Ausland erhalten, der auch finanzschwachen Familien ermöglicht werden sollte und nicht nur Kindern privilegierter Eltern vorbehalten bliebe.

Innerhalb solcher Rahmenbedingungen bietet die föderale Vielfalt neben manchen Nachteilen auch Vorteile. Eine Schule in einem kleinen Dorf ist eben anders organisiert als in einem Stadtteil einer Großstadt. Gemeinsame Bildungsziele sind wichtig, der Weg dorthin bliebe gestaltbar, um so den Wettbewerb und die Kreativität der Lehrenden zu nutzen. In Hamburg gibt es zum Beispiel das erfolgreiche Projekt „dualisierte Ausbildungsvorbereitung":

„Wer die Schule ohne Abschluss oder mit einem Hauptschulabschluss verlässt und deswegen kaum eine Chance auf einen Ausbildungsplatz hat, wechselt in Hamburg in die dualisierte Ausbildungsvorbereitung (AV). An zwei Tagen der Woche lernen die Jugendlichen in der Berufsschule, an drei Tagen absolvieren sie ein Praktikum in einem Hamburger Betrieb. Drei Jahre nach dem Start der parteiübergreifend beschlossenen Reform, an der sich Handelskammer und DGB Nord beteiligen, hat Schulsenator Ties Rabe (SPD) erste Ergebnisse vorgelegt. Rund 47 Prozent der Jugendlichen finden nach einem oder zwei Jahren in der AV einen Ausbildungsplatz oder eine Beschäftigung … Jugendliche, die es an den allgemeinen Schulen nicht leicht gehabt hätten, würden sich häufig in einer neuen Rolle erleben. ‚Manche werden wachgeküsst. Sie sehen plötzlich, dass sie Erfolg haben können‘, sagte der Senator. Umgekehrt würden Ausbilder in den Betrieben die praktischen Fähigkeiten junger Menschen schätzen lernen, die aufgrund der Papierform ihrer Bewerbung vermutlich nie eine Chance auf einen Ausbildungsplatz gehabt hätten."[159] Ein Projekt, das zeigt, dass für manche Jugendliche der praktische Weg eben der bessere ist und nun von anderen Bundesländern übernommen werden kann.

Nach der Schule folgt für die meisten jungen Menschen die weitere Ausbildung in Form einer dualen Berufsausbildung (Praxis im Ausbildungsbetrieb und theoretischer Unterricht in der Berufsschule) oder eines Studiums. Hier werden die Fähigkeiten und Talente der Jugendlichen weiter entwickelt, um ein selbstbestimmtes Leben zu führen. Die jungen Menschen sollen danach ihren Lebensunterhalt verdienen, die Gesellschaft positiv mitgestalten und ein erfülltes Leben führen.

---

159 Hamburger Abendblatt, 22. August 2014, Seite 8

Wie können wir junge Menschen vor der Arbeitslosigkeit oder einem unglücklichen Berufsleben bewahren? Bei der Berufswahl sollten wir Jugendliche darin bestärken, ihren Neigungen, Interessen sowie Begabungen zu folgen und nicht zu früh darauf zu schauen, was der Arbeitsmarkt aktuell benötigt. Wie häufig gab es in den letzten Jahrzehnten Meldungen wie zum Beispiel bei den Pädagogen: Erst wurde über Lehrermangel berichtet, wenige Jahre später über Überfluss an Lehrern. Vor allem sollten wir die Trennung von Arbeit und Freizeit nicht zu sehr hervorheben: „Wer sein Hobby zum Beruf macht, muss nie mehr arbeiten." Sicherlich ein Ideal, was von Hirschhausen beschreibt. Aber es ist die richtige Einstellung, dass wir im Beruf unsere Neigungen und Talente so weit wie möglich einbringen. Wer seine Fähigkeiten, die er gern vollbringt, stärkt, seinen Interessen folgt und mit Menschen spricht, die das machen, was man selber gern machen würde, wird sicher Arbeit finden und/oder auf eigene Ideen kommen und diese verwirklichen.

Idealerweise wird die Berufung zum Beruf: Udo Jürgens, der bekannte Sänger, hat einmal in einer Fernsehshow auf die Frage, wie lange der denn noch arbeiten wolle, nach meiner Erinnerung sinngemäß geantwortet: „Ich habe noch nie gearbeitet. Ich habe immer nur das gemacht, was mir Freude macht, Musik, und hatte Glück, damit Geld zu verdienen."

Natürlich ist das ein extrem positives Beispiel, aber es zeigt das Wesentliche: seinen Interessen zu folgen, trotz aller Einschränkungen, die uns die Welt beschert. Denn der Österreicher Jürgens hatte es sicher auch nicht leicht. Er wurde 1934 mitten in die Zeit des Nationalsozialismus hineingeboren und wuchs während des Zweiten Weltkrieges sowie in der Nachkriegszeit auf.

Auch Menschen mit persönlichen Einschränkungen können ihren Weg gehen und erfüllt leben, wie dieses Beispiel zeigt: „Sabriye Tenberken ist 1970 geboren und verlor ihr Augenlicht mit zwölf Jahren. Als sie von ihrer bevorstehenden Erblindung erfuhr, habe sie sich gefragt, was das Schöne an Blindheit sei. Sie konzentrierte sich auf ihre verbliebenen Fähigkeiten wie ihre Sprache und Konzentrationsfähigkeit, besuchte ein Marburger Fachgymnasium und studierte unter anderem Tibetologie. Im

Jahr 1998 gründete sie mit ihrem Lebensgefährten Paul Kronenberg eine Blindenschule in Lhasa (Tibet), 2009 das Kanthari-Institut im südindischen Kerala und hilft in diesen Einrichtungen vielen behinderten Kindern."[160]

Eines von vielen ermutigenden Beispielen, wie Menschen trotz persönlicher Einschränkungen Großartiges vollbringen. Es können auch weniger Spektakuläre sein, denn so mancher von uns möchte gerne Handwerker oder Lehrer werden.

So genau wissen wir manchmal gar nicht, was wir wirklich wollen, bei den vielen theoretischen Optionen. Hier eine Hilfe, von der ich bereits mehrfach gehört habe: Machen wir uns bewusst, was wir am liebsten im Alter von 9–11 Jahren gemacht haben, also kurz bevor die Zeit der Pubertät begann. Befragen wir ergänzend dazu unsere Eltern, Freunde und/oder ältere Geschwister. Ob Lesen, Geschichtenausdenken, Singen oder mit dem Vater in der Werkstatt Schrauben: Dies zeigt am besten, was wir im Grunde am liebsten machen und welche Berufsbilder sich daraus abzeichnen. Der mit dem Vater gewerkelt hat, sollte sich um eine technische Ausbildung bemühen.

Mit der Pubertät beginnt für uns die Zeit, in der wir uns stärker von außen beeinflussen lassen. Faktoren, die uns als Kind weniger interessierten, fließen mit ein, zum Beispiel wie der gesellschaftliche Status eines Berufs ist, wie hoch das Einkommen und was die Freunde darüber denken.

Gleichwohl ist die persönliche Einstellung wichtig, egal, welche Arbeit wir ausüben: Wir können uns jeden Augenblick darüber ärgern oder uns ihr konzentriert widmen, persönliche Ideen einbringen und so idealerweise in Flow geraten, wie manche Menschen es sogar mit eintönigen Tätigkeiten schaffen. Dies beschreibt der Glücksforscher Csikszentmihalyi anhand mehrerer Beispiele:

„… diese Personen verwandelten ihre Jobs, die sie tun mussten, zu komplexen Aktivitäten. Dies gelang ihnen, indem sie Handlungsmöglichkeiten erkannten, die andere nicht wahrnahmen, indem sie

---

160 Vergl. Landeszeitung Lüneburg, 18. September 2015, Seite 22

Fähigkeiten entwickelten, sich auf ihre Tätigkeit konzentrierten und sich erlaubten, in den Prozess zu verlieren, sodass ihr Selbst gestärkt daraus hervorgehen konnte. Derart transformiert kann Arbeit erfreulich werden, und als Folge persönlichen Einsatzes psychischer Energie verleiht sie einem das Gefühl, sie sei frei gewählt."[161]

Weder eine Ausbildung noch ein Studium können einem alles Wissen vermitteln, sondern vielmehr ein Rüstzeug in die Hand geben. Wie bei Schülern sollte auch für jeden Studenten sowie Auszubildenden ein Auslandsaufenthalt Teil der Ausbildung sein, sodass auch hier alle von dem Kennenlernen eines anderen Landes profitierten. Wir können unser duales Ausbildungssystem als eine der deutschen Erfolgsgeschichten weiter in andere Länder exportieren.

Es gibt wahrlich viel zu tun. Aber gehen wir auch mit Gelassenheit an diese Aufgaben, für die uns die Natur bestens vorbereitet und alles mitgegeben hat. Ermöglichen wir allen Kindern eine geborgene Erziehung, gute Zeiten in Kita und Schule und schaffen Chancengleichheit für alle. Schätzen wir nicht nur die theoretische Bildung, sondern auch die praktische. Nutzen wir angemessen neue technische Möglichkeiten, ohne diese zu verherrlichen. Fördern wir bei Jugendlichen ihre Stärken und helfen ihnen, ihre Interessen, Begabungen und Talente zu erkennen, Grenzen zu akzeptieren und das Beste aus ihren Möglichkeiten zu machen.

Mit guten Grundlagen durch eine weise Erziehung und Bildung werden Kinder zu selbstständigen, selbstsicheren Persönlichkeiten, die im Leben die richtigen Entscheidungen treffen, ihren Interessen sowie Talenten folgen und Versuchungen wie Drogen widerstehen. Wahrlich die beste Investition sowie Prävention für jeden Einzelnen und die ganze Gesellschaft. Geben wir Kindern und Jugendlichen verlässliche Anker durch Familie und Freundschaften, wie es bereits Johann Wolfgang von Goethe treffend beschrieb: „Zwei Dinge sollen Kinder von ihren Eltern bekommen: Wurzeln und Flügel."

---

161 Csikszentmihalyi 2004, Seite 201

Medien und Technologien.
Unsere Risiken und Chancen

Die Möglichkeiten der neuen Medien und Technologien sind scheinbar unbegrenzt und deren Nutzung durch technische Geräte wie Smartphones, Tablets und Laptops nahezu unbegrenzt überall möglich, wie im Kapitel Bildung bereits beschrieben. Viele neue Geschäftsideen entstehen dadurch und ganze Wirtschaftszweige verändern sich (Stichworte Digitalisierung und Industrie 4.0). Sehen wir die Chancen und Möglichkeiten, aber achten wir auch auf unsere ureigenen Bedürfnisse und vermeiden Folgeschäden.

Wir können viele gute Ideen leichter miteinander vernetzen. Nicht nur für große, auch für kleinere Firmen bieten sich neue Darstellungsmöglichkeiten und Vertriebswege. Auch bei den befürchteten Risiken, beispielsweise beim erwarteten Abbau vieler einfacher Jobs, können wir die Chancen sehen. Die davon betroffenen Personen können sich durch Fortbildungen qualifizieren und dann anspruchsvollere Tätigkeiten ausüben. Wir können es auch als Möglichkeit erkennen, den im Kapital „Wachstum" vom Wirtschaftswissenschaftler Niko Paech beschriebenen Weg zu einer Postwachstumsökonomie zu gehen und lediglich noch 20 Stunden pro Woche für Geld zu arbeiten.

Neue Technologien erleichtern den Alltag auch im Privatleben. Wir können leichter Freundschaften und Kontakte pflegen. Viele Dienstleistungen sind online möglich und manch einer fragt sich, wie sehr das die unsere Gesellschaft und Institutionen verändert. Arbeitsplätze werden abgebaut, andere entstehen, auch die Institutionen verändern sich. Da Menschen im gegenseitigen Miteinander Empathie benötigen, werden wir nicht alles in die digitale Welt verlagern. Von daher wird es wohl weiterhin Orte des Zusammenkommens geben, seien es Schulen, Sportvereine, Kirchen, Konzertarenen, Theater, Museen, soziale Einrichtungen, Wirtschaftsunternehmen oder Lokale und Cafés, deren Anzahl sichtbar steigt. Das zeigt: Wir sind weiter soziale Wesen, die einander benötigen und nicht nur ökonomisch orientiert handeln, denn der Kaffee ist zu Hause natürlich günstiger als im Café.

Beim Nutzen der neuen Technologien beachten wir weiter unsere ureigenen Bedürfnisse und haben die Risiken im Blick. Kritiker warnen, wie bereits beschrieben, vor zu viel Zeit vor den Bildschirmen. Da wir weiter täglich 5−8 Stunden erholsamen Schlaf benötigen, sollten die Geräte dann auch ruhen und ausgeschaltet sein.

Die Risiken sind ebenso grenzenlos wie die Möglichkeiten, etwa durch Abhörskandale und sogenannten Cyber-Attacken mit Datendiebstählen. Die im Kapitel Bildung beschriebenen Risiken des drahtlosen WLANS sollten wir bei allem Eifer des Ausbaus beachten. Machen wir nicht ähnliche Fehler wie bei der Verbreitung anderer Technologien und vermeiden mögliche gesundheitliche Folgen für uns alle.

Einige Zukunftsforscher sehen gar bald eine gewisse Trendwende, wie im Beitrag „Zukunftsforscher sagen voraus: Bald werden Smartphones geächtet" zu lesen ist:

„Zukunftsforscher sind sich sicher, dass es im Umgang mit Smartphones zu großen Veränderungen kommen wird. Er erwarte insgesamt eine abnehmende Nutzung, sagte Professor Dr. Ulrich Reinhardt von der Hamburger BAT-Stiftung für Zukunftsfragen gegenüber dem Abendblatt: ‚Nicht nur aus Höflichkeit, sondern weil die Faszination nachlässt und ein Umdenken stattfindet. Gerade die junge Generation würde sich eigentlich lieber mit Freunden treffen, als nur mit ihnen zu skypen, zu simsen oder zu telefonieren.' Der Soziologe Matthias Horx spricht von einer ‚Kultur der Störung', in der wir leben und dadurch zunehmend abgelenkt, unkonzentriert, nervös und geradezu asozial werden. ‚In wenigen Jahren wird das Suchtverhalten mit den elektronischen Medien so sanktioniert sein wie das Rauchen. Man wird dann als ungebildet und charakterschwach gelten, wenn man auf sein Smartphone starrt', so Horx. An vielen Orten werde dann die Nutzung elektronischer Geräte verboten sein."

Horx bekräftigt dies in der gleichen Ausgabe (Seite 14) in einem Interview: „Das Sichüberschlagen der digitalen Welle findet jetzt statt ... Mehr und mehr Menschen ziehen Bilanz. Führt das Internet wirklich zu mehr Wissen, besserer Information, guter Kommunikation und höherer Produktivität? ... In den USA gibt es einen neuen Kult der ‚technologischen Schüchternheit'. Die amerikanische Internet-Aktivistin Alexa Clay hat diesen Begriff geprägt. Sie sagt: ‚Digitale Technologien desorientieren und über-reizen das archaische, menschliche Orientierungssystem. Um es sinnvoll zu nutzen, brauchen wir eine neue Treue zu unseren genuin menschlichen Bedürfnissen.' ... Wir sind uns sicher, dass es in den nächsten Jahren zu einer Refokussierung kommt."[162]

Ein Kritiker ist auch der Preisträger des Friedenspreises des Deutschen Buchhandels 2014, der Amerikaner Jaron Lanier, der diesen Preis mit folgender Begründung erhält:

„Den Friedenspreis des Deutschen Buchhandels verleiht der Börsenverein im Jahr 2014 an Jaron Lanier und ehrt mit dem amerikanischen Informatiker, Musiker und Schriftsteller einen Pionier der digitalen Welt, der erkannt hat, welche Risiken diese für die freie Lebensgestaltung eines jeden Menschen birgt. Ein-dringlich weist Jaron Lanier auf die Gefahren hin, die unserer offenen Gesellschaft drohen, wenn ihr die Macht der Gestaltung entzogen wird und wenn Menschen, trotz eines Gewinns an Viel-falt und Freiheit, auf digitale Kategorien reduziert werden. Sein jüngstes Werk ‚Wem gehört die Zukunft' wird somit zu einem Appell, wachsam gegenüber Unfreiheit, Missbrauch und Über-wachung zu sein und der digitalen Welt Strukturen vorzugeben, die die Rechte des Individuums beachten und die demokratische Teilhabe aller fördern ..."[163]

Eine weise Begründung des Stiftungsrates des Friedenspreises des Deutschen Buchhandels mit Hinweisen an die Politik, die Wirtschaft und uns alle.

---

162 Hamburger Abendblatt, 23. Dezember 2014, Titelseite und Seite 14
163 http://www.boersenverein.de/de/158417?presse_id=801060 am 5. Juni 2014

148

Die Befürworter sehen die genannten Vorteile. Die Nutzung und Verbreitung dieser Technologien lasse sich ohnehin nicht verhindern, ebenso nicht die damit verbundenen Veränderungen der Gesellschaft, ähnlich wie in der Mobilität mit der Erfindung des Autos. Nun mag das zum einen so sein, zum anderen ist das Thema Auto ein gutes Beispiel: Die massenhafte Nutzung des Autos brachte neben Vorteilen auch Nachteile wie Lärm, Umweltverschmutzung und die Zerstörung der Natur durch Straßen und Autobahnen mit sich. Mittlerweile wissen wir davon, haben autofreie Fußgängerzonen in unseren Städten und fördern den öffentlichen Personennahverkehr, um diese Nachteile zu reduzieren. Es wäre doch sinnvoll, wenn wir die Vorteile der neuen Technologien weiter nutzten und gleichzeitig von Beginn an die Nachteile im Auge behielten, um diese so weit wie möglich zu verhindern.

Internetbasierte Firmen, die auf Basis der Kultur des Teilens funktionieren wie im Kapitel „Konsum und Materielles" beschrieben, verändern beispielsweise den Taximarkt. Hier entstehen neben den Vorteilen (weniger Ressourcenverbrauch) auch Nachteile (weniger Steuerzahlungen). Diese können wir durch weltweit abgestimmte Lösungen beheben, denn auch diese Unternehmen sind bekanntlich weltweit aktiv. Warum führen nicht die UN Steuern auf solche weltweit agierenden Unternehmen ein, sodass die UN eigene Einnahmen hätten, mit denen sie selbstständig agieren und beispielsweise Schäden in Entwicklungsländern beheben könnten? Die einzelnen Staaten müssten sich nicht mit Steuerschlupflöchern und -tricks solcher Unternehmen beschäftigen, und ihre Beiträge an die UN könnten gegebenenfalls sinken.

Wie im Bereich „Bildung beschrieben", sollten nicht nur Schülern, sondern auch Erwachsenen zeitliche Rahmen für die Nutzung digitaler Medien empfohlen werden, anhand derer wir uns besser orientierten und lernten, was gut für uns ist: Zeiten am Computer begrenzen, das Smartphone mal ausschalten und immer wieder Dinge im realen Leben machen. Wir müssen eine Medienkompetenz entwickeln, mit der Daten- und Nachrichtenmenge umzugehen, denn alles lesen und wahrnehmen können wir ohnehin nicht. Wer früher Briefe schrieb oder mit dem Festnetztelefon telefonierte und dies damit für alle anderen Familienmitglieder blockierte, überlegte sich bewusst, was er sagen musste und wollte. Heute telefonieren, mailen, simsen und posten wir fast permanent und kommen kaum hinterher, alles zu lesen. Zudem verlieren wir dadurch Zeit für unsere Mitmenschen im realen Umfeld oder um konzentriert zu arbeiten, selbst schöpferisch kreativ zu werden sowie für Ruhepausen. Handeln wir auch hier bewusster und überlegten, welche Nachrichten an welche Empfänger in welchem Umfang geschickt werden müssen! Hier wäre sicher weniger oft mehr.

Dazu helfen einfache Ideen, weg vom Computer und hoch vom Stuhl zu kommen. Stehen wir regelmäßig auf, bewegen uns, recken und strecken uns, schauen aus dem Fenster in die Ferne und gehen an die frische Luft. Machen wir regelmäßig eine bewegte Pause wie die des Hochschulsports der Leuphana Universität Lüneburg. Dort sorgen Trainerinnen bei Vorlesungen nach 45 Minuten mit Musik und Tanz für eine im wahrsten Sinne des Wortes bewegte Pause. Die Studenten bewegen sich, haben Freude und sind danach fitter, wie auch der Dozent findet, wie das SAT1-Regionalprogramm berichtete.[164]

Das Radio lauter stellen, sich bewegen und tanzen kann doch fast jeder, ob zu Hause, im Büro, in der Kita oder in der Schule. Weitere Ideen dazu im Kapitel „Medien- und Kulturförderung". Und wenn viele mitmachen, findet es auch keiner albern, sondern rasch normal.

Kulturelle Techniken wie die Handschrift sollten wir unbedingt bewahren, wie es Neurologen empfehlen, siehe Kapitel „Bildung". Es werden neue Geschäftsfelder entstehen, wenn viele durch die fehlende Übung nicht mehr so gut mit der Hand

---

164 http://www.sat1regional.de/panorama-video/article/mobile-pause-wenn-studenten-in-der-vorlesung-zappeln-und-tanzen-135244.html vom 16. Januar 2014

schreiben können: Sicher gibt es schon bald Dienstleister, die handgeschriebene Einladungen oder Briefe anbieten.

Nutzen wir die Chancen und Möglichkeiten, die uns die neuen Medien bieten. Achten wir ebenso auf unsere ureigenen Bedürfnisse und handeln mit Blick auf die Risiken überlegt statt überhastet, sodass wir Folgeschäden für Mensch und Natur weitestgehend vermeiden.

Umwelt. Unsere Natur

Klimaschutz. Unsere Energiewende

Eine intakte Natur ist lebensnotwendig für uns alle. Dennoch behandeln wir unsere Natur nicht entsprechend. Hier können Krisen für uns der Auslöser sein, unser Leben wieder in natürlichere Bahnen zu lenken, zum Beispiel durch Energieeffizienz und -Suffizienz, also Energieverzicht. Wir modernisieren unsere Wirtschaft, leben gesünder und sparen Energie. Jeder Einzelne kann mit eigenen Maßnahmen und Verhaltensänderungen doppelt sparen, Energie und Geld, und die Umwelt entlasten.

Der Klimawandel ist da, die Risiken und Probleme der Atomenergie sind bekannt, die Ölreserven neigen sich dem Ende zu. Stellen wir uns also rechtzeitig auf die Zeit danach ein.

Wenn wir uns in einer von Menschen verursachten Klimaveränderung befinden, können wir hohe Miet- und Energiekosten als Chance sehen, energiesparender zu leben. Claudia Kemfert, Leiterin der Energie-Abteilung am Deutschen Institut für Wirtschaftsforschung (DIW) in Berlin, mahnt im Gastbeitrag „Das fast geschenkte Öl" mit Blick auf den relativ niedrigen Ölpreis im Dezember 2014:

„Ebenso wichtig für eine erfolgreiche Energiewende ist jedoch das Energiesparen, und zwar durch eine nachhaltige Gebäudeenergie- und Mobilitätswende. Ein niedriger Ölpreis kann jedoch in der Tat zu Energieverschwendungen führen und den Umstieg erschweren. Das Energiesparen kann aber jederzeit zu Energiekostensenkungen führen und ist damit wirtschaftlich vorteilhaft. Und damit stünde dem Bürger dauerhaft mehr Geld zur Verfügung ..."[165]

---

165 Hamburger Abendblatt, 27. Dezember 2014, Seite 2

Noch deutlicher warnen Forscher im Beitrag „Klimaforscher: Energiereserven nicht ausschöpfen" davor, alle verfügbaren Reserven noch zu nutzen:

„Erhebliche Mengen an Kohle, Öl und Gas müssen nach Forscherangaben im Boden bleiben, um der globalen Klimaerwärmung Einhalt zu gebieten. Weltweit sollten demnach in den nächsten 40 Jahren etwa ein Drittel der gegenwärtig technisch und wirtschaftlich förderbaren Ölreserven ungenutzt bleiben. … Unter diesen Bedingungen bestünde zumindest eine 50-prozentige Chance, die globale Erwärmung auf noch als verträglich geltende zwei Grad über dem vorindustriellen Wert zu begrenzen. Dies berichten Wissenschaftler im Journal ‚Nature' … Eine unverminderte Nutzung dieser Reserven sei mit dem Zwei-Grad-Ziel nicht kompatibel, schreiben Christophe McGlade und Paul Ekins vom University College London …

Die Stärke der Studie liege in der detaillierten regionalen Aufspaltung der Analyse, sagt Michael Jakob vom Potsdam-Institut für Klimafolgenforschung. ‚Eine erfolgreiche Klimapolitik ist letztlich eine Frage der Entschädigung', sagt Jakob. ‚Einige Entwicklungsländer fragen sich natürlich, warum sie ihre vorhandenen Reserven ungenutzt lassen sollten, wenn dies doch ihr vorrangiges Ziel – die Bekämpfung der Armut – erschwert'. Nur ein globales Übereinkommen, das Verlierer entschädige, könne die Nutzung fossiler Energien streng begrenzen."[166]

Holen wir also nicht alles aus dem Boden heraus und sehen das Energiesparen als Chance. Fördern wir auch in Entwicklungsländern nachhaltige Energieformen wie Windanlagen an Land sowie Solarenergie über die Entwicklungshilfe und schaffen qualifizierte Arbeitsplätze vor Ort. Dafür beuten diese Länder ihre Rohstoffe nicht vollends aus.

Experten beschreiben diese Chancen im Beitrag „Klimaschutz und Wachstum möglich":

---

166 Hamburger Abendblatt, 8. Januar 2015, Seite 12

„Die weltweite Wirtschaft muss einer Studie zufolge in den kommenden Jahren nicht zulasten des Klimaschutzes wachsen. Die beiden Ziele seien vereinbar und könnten sich sogar ergänzen, sagte der frühere mexikanische Staatspräsident Felipe Calderón am Dienstag in New York bei der Vorstellung des Papiers zu einer ‚neuen Klimaökonomie‘. Calderón leitet mit dem Wirtschaftswissenschaftler Nicholas Stern die Globale Wirtschafts- und Klimakommission, die den Bericht seit ihrer Gründung vor rund einem Jahr erarbeitet hat … Entscheidend für eine Balance aus Wirtschaftskraft und Klimaschutz sei, dass Regierungen und Unternehmen in den kommenden 15 Jahren Innovationen förderten, ihre Ressourcen effizienter einsetzten und in eine bessere Infrastruktur investierten. In diesem Zeitraum werde die globale Wirtschaft sich wesentlich verändern, heißt es in dem Bericht. Unter anderem werden laut den Prognosen der Experten eine Milliarde mehr Menschen in Städten leben. Technologische Veränderungen dürften ihr Leben und Arbeiten weiterhin stark verändern, und rund 90 Billionen Dollar (etwa 70 Billionen Euro) sollen in Infrastruktur investiert werden. Dieses Geld müsse sinnvoll und im Bewusstsein eines stärkeren Klimaschutzes ausgegeben werden, fordern die Fachleute nun – zum Beispiel in die öffentlichen Verkehrssysteme von Städten. Das reduziere die Luftverschmutzung, Treibhausgasemissionen könnten eingespart werden. Auch in erneuerbare Energien müsse investiert werden, um die Abhängigkeit von der Kohle zu verringern. Dann ließen sich auch die Subventionen für fossile Brennstoffe abbauen.“[167]

Also erweitern wir unseren öffentlichen Nahverkehr klimaschonend und gestalten unsere Städte fahrradfreundlicher.

Auch die EU hat im Oktober 2014 Ziele beschlossen: „Die Staats- und Regierungschefs der EU haben sich darauf geeinigt, den Ausstoß von Kohlendioxid zu senken und erneuerbare Energien auszubauen. Umweltschützer halten den Kompromiss für zu unzureichend. Auch Kanzlerin Merkel sagt, sie hätte sich ‚ein

---

167 Hamburger Abendblatt, 17. September 2014, Seite 17

höheres Ziel vorstellen können'. Der Ausstoß des Treibhausgases Kohlendioxid (CO_2) soll im Vergleich zu 1990 verbindlich um mindestens 40 Prozent sinken … Der Anteil der erneuerbaren Energien aus Wind oder Sonne soll auf mindestens 27 Prozent steigen. Auch dieser Wert ist verbindlich."[168] Aber das Handeln sieht manchmal noch anders aus:

„Die EU-Institutionen werben weltweit für strenge Klimaziele – ihr eigener Ehrgeiz beim Klimaschutz lässt allerdings zu wünschen übrig. Das hat der Europäische Rechnungshof in Luxemburg in einer kürzlich veröffentlichten Studie festgestellt. Demnach haben sechs von 15 untersuchten EU-Organen keine aussagekräftigen Daten über die CO_2-Emissionen, die ihre Gebäude und die Aktivitäten ihrer Beamten verursachen. Einzig das Europaparlament geht mit gutem Beispiel voran und veröffentlicht umfangreiche Informationen … Die meisten EU-Einrichtungen, so etwa die Europäische Kommission in Brüssel, machen vage Angaben über den Energieverbrauch ihrer Bürohäuser. Nicht eingerechnet sind aber beispielsweise Emissionen, die durch das Pendeln ihrer Mitarbeiter oder den Transport von Gegenständen entstehen … ,Die Institutionen müssen mehr tun, wenn sie eine glaubwürdige Klimaschutzpolitik machen wollen', mahnt der Rechnungshof."[169]

Alleine der Doppelsitz des EU-Parlaments kostet jährlich Millionen Euro und belastet durch den Pendelverkehr die Umwelt, wie Abgeordnete der Grünen beschreiben: „Tausende Menschen pendeln monatlich zwischen Brüssel und Straßburg – den beiden Arbeitssitzen des Europäischen Parlaments … Dieser absurde ,Wanderzirkus' muss endlich gestoppt werden. Eine neue Grüne Initiative soll eine Vertragsänderung erreichen. Die Abgeordneten wollen damit selbst über den Sitz des Parlamentes be-

---

168 http://www.faz.net/aktuell/politik/europaeische-union/bruessel-eu-gipfel-beschliesst-klimaziele-fuer-2030-13227057.html vom 24. Oktober 2014

169 Hamburger Abendblatt, 24. Oktober 2014, Seite 4

stimmen … Jeden Monat reisen 5 000 Menschen – Abgeordnete, MitarbeiterInnen, DolmetscherInnen und BeamtInnen – für drei Tage von Brüssel nach Straßburg, um dort über EU-Gesetze abzustimmen. Das schadet der Umwelt, belastet die SteuerzahlerInnen und ist zudem höchst ineffizient … ‚In Krisenzeiten 180 Millionen Euro für diesen ‚Wanderzirkus‘ zu verschwenden, ist ein Skandal. Gleichzeitig konterkariert die EU ihre Klimapolitik, wenn sie für das StraßburgHin-und-Her mindestens 19 000 Tonnen CO_2-Ausstoß in Kauf nimmt – eine Schadstofflawine, die der von 13 000 Flügen London–New York und retour entspricht. Zudem ist Straßburg für uns Abgeordnete ein ‚Stressburg‘, die unsere Arbeit erschwert, oft sogar stundenlang verhindert und viel Zeit kostet, die wir effizienter für Europa und unsere politischen Ziele einsetzen könnten‘, sagt unsere Europaabgeordnete Ulrike Lunacek.“ [170]

Sprechen wir in Zeiten überschuldeter Staatshaushalte und des Klimawandels auch hier offen über Einsparmöglichkeiten.

Deutschland hat bekanntlich die Energiewende beschlossen und sieht sich als ökologischer Vorreiter. Wir nutzen weiterhin Kohlekraftwerke, nur sind diese offenbar nicht alle klimafreundlich umgerüstet. Die Naturschutzorganisation WWF-Deutschland berichtet in ihrem WWF-Magazin:

„Deutsche Kohlekraftwerke sind die klimaschädlichsten in Europa. Das ist das Ergebnis einer Untersuchung, die der WWF zusammen mit der Klimaallianz und anderen Partnern im Juli 2014 veröffentlichte. Unter den TOP 30 der CO_2-Schleudern befinden sich gleich neun deutsche Kohlekraftwerke.“ [171]

Wir blicken sorgenvoll auf Entwicklungen wie in China, wo die Großstädte durch den steigenden Wohlstand im Smog versinken – auch durch Autos westlicher Konzerne.[172] Dennoch verbrauchen wir im Westen immer noch pro Kopf mehr Energie als Länder

---

170 https://www.gruene.at/themen/europa/eu-doppelsitz-reisezirkus-endlich-beenden-parlament-soll-entscheiden, vom 1. März 2015
171 WWF-Magazin, Ausgabe 4 in 2014, Seite 5
172 http://www.spiegel.de/wissenschaft/natur/smog-in-china-fast-alle-grosstaedte-ueberschreiten-grenzwerte-a-1016497.html vom 31. Januar 2015

wie China, wie hier auf der Internetseite der Schweizerischen Energie-Stiftung zu lesen ist:

„Die wesentliche Frage ist die nach dem Energieverbrauch pro Kopf. Dieser ist in den USA 5 Mal so hoch wie in China und 20 Mal so hoch wie in Indien. Nach wie vor konsumieren alleine die OECD-Länder die Hälfte des Weltenergieverbrauchs von 11,295 Mio. Tonnen Öl-Äquivalent (Verbrauch 2008 gemäß BP Statistical Review). Im Kontext der knapper werdenden Energieressourcen stellt der ausschließliche Verweis auf den steigenden Energieverbrauch in Süd-Ostasien also eine sehr verengte Sichtweise dar."[173]

Im Beitrag „Treibhaus Erde – wer greift durch?" anlässlich des Auftakts der Weltklimakonferenz 2014 in Lima werden die weltweiten Ankündigungen dazu wie folgt gesehen:

„US-Präsident Barack Obama hat angekündigt, dass die USA bis 2025 den Ausstoß von Treibhausgasen um 26 bis 28 Prozent im Vergleich zu 2005 reduzieren wollen. China will vom Jahr 2030 an den Ausstoß des klimaschädlichen Kohlendioxids senken … Aber: Immer geht es auch um Lasten- und Schuldverteilung. Denn lange wuchs nur der Westen – mit entsprechender CO2-Verschmutzung. Die EU will bis 2030 im Vergleich zu 1990 mindestens 40 Prozent weniger CO2 ausstoßen. China dagegen, mit Abstand größter Emittent, will bis dahin mehr Treibhausgase in die Luft blasen als heute schon … Ein rechtsverbindliches Abkommen scheint derzeit utopisch. Bisher ist es oft ein frustrierendes Nullsummenspiel – die EU spart mühsam CO2 ein, andere Staaten stoßen umso mehr aus. … Die Hälfte des seit dem Jahr 1750 vom Menschen verursachten Kohlendioxid ausstoßes ist seit 1970 angefallen. Stefan Rahmstorf vom Potsdam-Institut für Klimafolgenforschung zeigt eine Grafik: die heißesten Sommer in Europa seit 1500 – 2010, 2003, 2002, 2006 und 2007. Ohne eine baldige aktive Klimaschutzpolitik läuft es bis 2100 auf drei oder sogar vier Grad Erwärmung hinaus."[174]

173 http://www.energiestiftung.ch/energiethemen/fossileenergien/erdoel/ verteilungsfrage vom 5. Dezember 2014
174 Hamburger Abendblatt, 1. Dezember 2014, Seite 5

Auch wenn China und die USA nicht unsere Tatkraft zeigen, wäre es doch sinnvoll, wenn wir weiter die Energiewende vorantrieben und bereits in wenigen Jahren eine Energieversorgung hätten, die ohne neuen Atommüll und Umweltzerstörung auskäme. Wenn wir dann noch mit unseren Technologien dafür sorgten, dass Länder wie China, Indien, die USA und viele andere regenerative Energien noch stärker nutzten und wenn diese Länder stärker registrierten, dass dies eine sehr wirtschaftliche Sichtweise ist, um Energie und damit Kosten für ihre Wirtschaft zu sparen sowie ihre Bürger vor Luftverschmutzung zu schützen, wäre der Klimaschutz als Nebeneffekt ein weiteres willkommenes Ziel.

Es wird über den Einsatz von Fracking diskutiert. Eine Methode, bei der giftige Chemikalien in den Boden gepresst werden, um in tieferen Gesteinsschichten gelagertes Gas zu gewinnen. Passt das in eine Zeit, in der wir uns als Gesellschaft für regenerative Energiegewinnung entschieden haben und wissen, dass nicht alle fossilen Brennstoffe verbraucht werden sollten? Die USA nutzen dies, trotz der fehlenden Kenntnisse über die Risiken, wie der Beitrag „Kanadische Forscher warnen vor Fracking" schildert:

„Ein internationales Forscherteam befürwortet strengere Auflagen für Fracking. Politik, Wissenschaft und Industrie müssten zusammenarbeiten, um die Risiken der unkonventionellen Erdgasgewinnung zu minimieren, fordern die Forscher der Simon Fraser Universität in Burnaby (Kanada) in der Zeitschrift ‚Frontiers in Ecology and the Environment'. Die Umweltfolgen der Technologie und der eingesetzten Chemikalien seien kaum erforscht, bemängeln sie, Informationen zu Unfällen würden unter Verschluss gehalten. Auch blieben derzeit in Nordamerika ein großer Teil der eingesetzten Chemikalien geheim."[175]

Der amerikanische Dokumentarfilm „Gasland" aus dem Jahr 2010 lief am 12. August 2014 um 20:15 Uhr auf Arte und schildert die dramatischen Folgen des Frackings in den USA:

---

175 Hamburger Abendblatt, 4. August 2014, Seite 17

verseuchtes Wasser, saurer Regen, kranke Tiere und ebenso erkrankte Menschen. Auch in Deutschland gibt es erste besorgniserregende Meldungen, wie im Beitrag „Kam der Krebs mit Fracking?" zu lesen ist:

„Viele Erkrankungen in niedersächsischer Gemeinde. Energiekonzerne streiten Zusammenhang mit Gasförderung ab, Ämter suchen Ursachen … Viele Menschen in der Samtgemeinde Bothel im Landkreis Rotenburg fragen sich, ob die auffällige Anhäufung von Gasförderanlagen oder das sogenannte Fracking im Zusammenhang mit den auffällig vielen Krebserkrankungen steht. Allein um die Orte Hemslingen und Söhlingen, die auf Erdgasfeldern liegen, sind es 16 Anlagen. ‚In unserer Straße wohnen 20 Familien, und es gibt elf Krebserkrankungen. Ursachenforschung ist dringend nötig', sagt Silke Döbel, Sprecherin der Bürgerinitiative für Gesundheit (BIG). ‚Vergangenes Jahr haben wir drei unserer Nachbarn beerdigt. Und in unseren Familien und Freundeskreisen kommen immer neue Fälle dazu.' Silke Döbel aus Söhlingen zeigt auf das Haus gegenüber. ‚Drei Frauen sind dort an Krebs erkrankt.' Zunehmend auch jüngere Menschen und nicht nur ältere Männer. Und was bislang kaum öffentlich diskutiert wird, in den Dörfern aber die Frauen bewegt, sind sich häufende Fehl- und Totgeburten, sagt Döbel. Dazu kommen immer mehr Tumorerkrankungen bei Hunden oder Pferden, die in keiner Statistik auftauchen." [176]

Nicht nur diese Vermutungen bestehen, sondern noch weitere, wie im Beitrag „Forscher: Fracking verursachte mehrere Erdbeben in Ohio" zu lesen ist:

„Die Gas- und Ölförderung durch Fracking kann nach Forscherangaben bei bestimmten Bodenstrukturen zu relativ starken Erdbeben führen. Ein US-Team hatte die Ursachen für ein Erdbeben im März 2014 in Poland im US-Bundesstaat Ohio untersucht. Der Grund des ungewöhnlichen Bebens sei Fracking gewesen, berichten die Wissenschaftler im Bulletin der Seismologischen

---

176 Hamburger Abendblatt, 23. Februar 2015, Seite 14

Gesellschaft Amerikas (,BSSA'). Es habe sich dabei um eines der stärksten Beben gehandelt, das in den USA jemals mit der umstrittenen Energiegewinnungsmethode in Zusammenhang gebracht wurde."[177]

Es sei nur an eine andere Energiegewinnungsmethode erinnert, deren verbreiteter Einsatz nach dem Zweiten Weltkrieg diskutiert wurde. Obwohl man die Risiken nicht beherrschen konnte, setzte man die Energieform in breiter Form durch, im Glauben, eine Lösung für die Risiken würde sich schon finden, ähnlich wie jetzt beim Fracking. Die Diskussion drehte sich damals um die Durchsetzung der Atomenergie, mit deren Folgen wir bekanntlich sowohl in Deutschland (Stichworte Endlagersuche, Castortransporte, Probleme in den Zwischenlagern Asse, Gorleben sowie im Schacht Konrad) als auch weltweit (Stichworte Reaktorkatastrophen in Tschernobyl und Fukushima) kämpfen. Auch den Generationen der nächsten Million Jahre hinterlassen wir mit dem strahlenden Atommüll bisher ungelöste Probleme. Diese Probleme werden immer größer; im November 2014 heißt es:

„Aus dem Entsorgungsplanentwurf war bekannt geworden, dass sich die Menge der schwach- und mittelradioaktiven Abfälle auf bis zu 600 000 Kubikmeter verdoppeln könnte."[178]

Wollen wir wirklich mit Blick auf unser Trinkwasser, der Basis unseres Lebens, eine mögliche ähnliche Entwicklung riskieren?

Die Windkraft gilt als ideales Instrument der Energiewende. Frischen Wind gibt es reichlich, vor allem im Norden Deutschlands, und die Umsetzung schafft zunehmend Arbeitsplätze: „Rund 25 000 Arbeitsplä tze, vor allem mit Bezug zur Windkraft, bauten Industrie und Dienstleistungsunternehmen in den vergangenen Jahren allein in der Metropolregion Hamburg auf, davon rund 15 000 in der Stadt selbst. Die norddeutsche Kooperation bei der Energiewende zahlt sich vielfach aus."[179]

---

177 Hamburger Abendblatt, 6. Januar 2015, Seite 17
178 Landeszeitung Lüneburg, 21. November 2014, Titelseite
179 Hamburger Abendblatt, 23. September 2014, Seite 21

Nicht nur in Hamburg, für ganz Norddeutschland ist dies wirtschaftlich interessant: „3,2 Milliarden Euro Wertschöpfung pro Jahr, 22 000 Jobs: Die Windenergie an Land birgt ein riesiges Potenzial."[180] Das sind sicher positive Nachrichten; gleichwohl sollten wir auch hier achtsam sein. Windräder an Land, mit angemessener Entfernung zu Wohnorten oder Naturschutzgebieten, sind sicher eine gute Lösung. Aber ist es wirklich richtig, große Offshore-Anlagen fern der Küste ins Meer zu bauen? Ja, dort weht ständig Wind. Aber was kosten die Produktion und das Aufstellen der Anlagen an Geld, an Aufwand und eben auch an Energie? Was kosten sie dauerhaft im Unterhalt an Geld, an Aufwand und Energie, gerade bei Störungen? Wie stark beeinträchtigen sie die Natur, die Tiere, die Meeresströme und damit auch das Wetter?

Leider gibt es bereits ein Beispiel eines großen Windparks, der längere Zeit nicht in Betrieb war und die Probleme verdeutlicht: Am 8. August 2014 meldet der NDR: „Störung legt Windpark BARD 1 weiter lahm. Beim Windpark BARD Offshore 1 vor der Nordseeinsel Borkum gibt es eine Panne nach der anderen. ‚Seit März steht der Windpark still …', sagte Mathias Fischer, Sprecher des Netzbetreibers Tennet … Erst im September können die 80 Anlagen von BARD 1 voraussichtlich wieder Strom liefern. Es gebe den Verdacht, dass der Windpark ‚schmutzigen Strom' produziere, so Fischer … Deshalb müsse er vorerst mit Dieselaggregaten versorgt werden … Bei der um zwei Jahre verzögerten Inbetriebnahme des Windparks Global Tech 1 gehen Experten von einem monatlichen Schaden im niedrigen zweistelligen Millionenbereich aus."[181]

Im September 2014 heißt es: „Der zuständige Netzbetreiber Tennet teilte dem Abendblatt am Dienstag mit: ‚Im Laufe der

180 Landeszeitung Lüneburg, 18. November, Seite 19
181 http://www.ndr.de/nachrichten/niedersachsen/oldenburg_ostfriesland/
Stoerung-legt-Windpark-BARD-1-weiter-lahm,windpark354.html
vom 8. August 2014

Kalenderwoche 39 ist das Offshore-Netzanbindungssystem BorWin 1 wieder betriebsbereit.'"[182]

Dazu gibt es weitere ungelöste Fragen: „Die Zahl der deutschen Windkraftanlagen auf See steigt und steigt. Und mit ihnen der Anteil des Ökostroms an der deutschen Energieversorgung. Doch was geschieht, wenn die hochkomplexen Anlagen sabotiert werden, etwa durch eine maritime Attacke einer gut organisierten Terrorgruppe? Durch einen solchen Angriff könnte es zu erheblichen Ausfällen in der Stromversorgung kommen. Doch nach Informationen des Spiegel hat die Bundesregierung bis jetzt keinen speziellen Plan, wie die empfindlichen Übertragungsanlagen von Offshore-Windparks im Falle eines Angriffs gesichert werden können.'"[183]

Und wie ist die künftige Entsorgung dieser großen Anlagen in einigen Jahrzehnten genau geregelt, wenn diese marode sind? Dafür müssten die Betreiber dieser Anlagen Rückstellungen bilden und diese mit in den aktuellen Preis einplanen, oder der Staat müsste dies tun. Dies sollte, mit Blick auf die Erfahrungen mit der Atomenergie, so eindeutig wie möglich zeitnah geschehen, nicht mit unbekannten Folgen in die Zukunft vertagt werden. Außerdem müsste es uns als Gesellschaft, die einen großen Teil der Kosten trägt, transparent dargestellt werden.

Die Große Koalition aus CDU und SPD hat die Novelle des Erneuerbaren-Energie-Gesetztes (EEG) zum 1. August 2014 beschlossen. Hier sehen Kritiker falsche Weichenstellungen, wie Prof. Dr. Olav Hohmeyer vom Fachbereich Energie- und Ressourcenmanagement der Universität Flensburg, ein Mitglied des UN-Klimarates IPCC, in einem Interview erläutert:

„Diese Umstellung führe dazu, dass nur noch sehr große Investoren wie Hedge Fonds oder große Energieversorgungsunternehmen in den Ausbau regenerativer Energien investieren können. ... Die Bundesregierung will offenbar die weitere Be-

---

182 Hamburger Abendblatt, 24. September 2014, Seite 21
183 http://www.spiegel.de/politik/deutschland/terrorismus-offshore-wind-parks-in-nordsee-schutzlos-gegen-angriffe-a-1041899.html vom 3. Juli 2015

teilung der Bürger an der Energiewende verhindern … Es ist eine Novelle zur Einkommenssicherung für die großen Energieversorger."[184]

Auch bei der viel beschworenen Wärmedämmung von Gebäuden gibt es kritische Stimmen. Das Magazin „Der Spiegel" widmet diesem Thema die Titelstory „Verdämmt in aller Ewigkeit". Darin werden die Risiken und Nachteile aufgelistet, etwa mögliche Gesundheitsschäden der Bauarbeiter, die Entsorgungsprobleme der Dämmstoffe wie Styropor, und dass sich die Dämmung wirtschaftlich häufig nicht lohne, weder für Hausbesitzer noch für Mieter. „Das ist die wahrscheinlich größte Gefahr der neuen deutschen Plattenkultur: Sie bedroht die Akzeptanz der Energiewende, anstatt sie zu befördern."[185]

Der Direktor des Architekturzentrums Wien, Dietmar Steiner, spricht sich in einem Interview ebenso gegen das Dämmen aus, da die Materialien dafür der Sondermüll von morgen seien und eine enorme Brandgefahr bildeten. Er betont die immensen Kosten für die Produktion sowie das Anbringen und plädiert vielmehr für eine Rückkehr zu alten Lösungen, zum Beispiel in Norddeutschland mit Klinker zu bauen und kleinere Fenster mit Fensterläden zu nutzen.[186]

In Räumlichkeiten der historischen Hamburger Speicherstadt kann man die Vorteile dieser Bauweise erleben: Die Backsteine speichern bei Sonneneinstrahlung die Wärme, halten diese aus den Räumen fern und geben sie an kühleren Tagen wieder ab, sodass diese Räume sowie an heißen als auch kalten Tagen ein angenehmes Raumklima haben und oft noch ohne technische Klimatisierung auskommen. Nutzen wir vermehrt solche Lösungen und machen das, was jeder ab morgen tun kann.

Wechseln wir zu einem Ökostrom-Anbieter aus der Region, davon gibt es in Norddeutschland einige, beispielsweise diese drei:

---

184 Landeszeitung Lüneburg, 4. Juli 2014, Seite 17
185 Der Spiegel, Nr. 49 vom 1. Dezember 2014, Seite 63 ff.
186 Hamburger Abendblatt, 3. April 2014, S. 13

„Hamburg Energie ist ein städtisches Unternehmen und gehört zu 100 % der Freien und Hansestadt Hamburg. Unsere Aufgabe als städtischer Versorger ist es, regenerative Energien bezahlbar für jeden zu machen und die Energiewende in Hamburg voranzutreiben.“[187]

Das Hamburger Unternehmen Lichtblick sieht sich als Vorreiter der Branche: „Wir bei LichtBlick denken Energie neu. Seit unserer Firmengründung 1998 sind wir Pionier und Innovator im Energiemarkt. Als Energie- und IT-Unternehmen entwickeln wir intelligente Lösungen für eine saubere, dezentrale und vernetzte Energiewelt. So machen wir ineffiziente und schmutzige Kohle- und Atomkraftwerke überflüssig. Wir sind überzeugt: Die Energiewende ist die Aufgabe unserer Generation.“[188]

Und Lünestrom: „Lünestrom bietet allen Lüneburgern und Interessierten die Möglichkeit, durch den Bezug von 100%igem Ökostrom die Energiewende voranzutreiben und die regionale Wirtschaft zu unterstützen. Lünestrom ist eine Marke der Firstcon GmbH mit Sitz nahe Lüneburg. Wir fühlen uns der Region verpflichtet! Geprägt durch die vielen Castor-Transporte liegt es uns besonders am Herzen, ein Alternativangebot von Lüneburgern für Lüneburger zu schaffen.“[189] Sicher gibt es noch viele mehr, auch in Ihrer Nähe.

Vorhandene Ideen zum Energiesparen können wir stärker herausstellen und die Bürger vor Ort dazu beraten, wie es im Süden Hamburgs erfolgreich geschieht:

„Der Landkreis Harburg hat sich mit seinen Klimaschutz-Aktivitäten eine landesweit führende Position erarbeitet … Es geht um die Energieberatung in den Rathäusern und in Privathaushalten, die vom Kreis genau wie jetzt vom Land auf Antrag komplett bezahlt wird … ,Das Land will das Interesse für ein

187 http://www.hamburgenergie.de/privatkunden/oekostrom vom 13. Dezember 2014
188 https://www.lichtblick.de/ueber-uns vom 13. Dezember 2014
189 https://xn--lnestrom-65a.de/luenestrom-philosophie.html vom 13. Dezember 2014

solches kostenloses Angebot testen und sehen, wie sich die Erkenntnisse auf den Ausstoß von Kohlendioxid auswirken', sagt Oliver Waltenrath, der Stabsstellenleiter Klimaschutz beim Kreis. Eines aber ist für ihn klar: ‚… Die bisherige Bilanz der gut zweijährigen Förderung kann sich sehen lassen. Mehr als 6 600 Anträge wurden eingereicht, davon 6 201 bewilligt. Eingespart wurden dadurch 1 473 Tonnen Kohlendioxid, die durch den effizienteren Energieeinsatz nicht in die Natur gelangten. Dafür müssten sonst knapp 1 200 Hektar Wald gepflanzt werden, eine Fläche, die zwei Mal dem Hamburger Flughafen entspricht', so Waltenrath, der Ingenieur für Raumplanung ist."[190]

Die Sparkassen rufen 2014 im Rahmen eines Energiewendepreises dazu auf, Ideen einzureichen, wie jeder im Alltag Energie sparen kann: „Der Energiewendepreis der Sparkassen präsentiert innovative und umsetzbare Ideen und Projekte rund um das Thema Energiesparen und Energieeffizienz."[191] Auf der Internetseite www.meine-energiewende.de kann jeder die eingereichten Ideen ansehen und übernehmen.

Schauen wir in unserem Umfeld, wo sich einfach Energie sparen ließe. Wundern Sie sich manchmal auch, warum in vielen Supermärkten, selbst in Bio-Supermärkten, die Kühltheken nicht geschlossen sind, sondern offen? Was kostet das an Energie?

Auf persönliche Nachfrage bei einigen Supermarkt-Leitern zu den Gründen bestätigte sich meine Vermutung: „Die sind offen, da sonst die Leute weniger einkaufen würden." Wenn dass das wesentliche Argument ist, können wir das doch ändern. Wenn die Supermärkte künftig dort Türen anbringen, sollten sie über die Hintergründe informieren, beispielsweise mit Aufklebern an den Türen mit folgendem Text: „Wir schließen die Kühltheken, um Energie und Kosten für uns und Sie zu sparen. Bitte öffnen Sie einfach die Türen und bedienen Sie sich weiterhin wie bis-

---

190 Hamburger Abendblatt, Regionalbeilage Harburg, 21. November 2014, Seite 4

191 http://www.meine-energiewende.de vom 29. September 2014

her." Das kommt bei den Kunden sicher gut an und niemand wird das Notwendige vergessen.

Auch politisch können wir konsequenter das tun, was sinnvoll ist, wie der Klimaforscher Prof. Ottmar Edenhofer in einem Interview anregt. Anlass ist die Vorstellung des „Synthese-Berichts" des UN-Klimarates IPCC:

„Es gibt noch ein Zeitfenster von zwei bis drei Jahrzehnten, in dem der Klimawandel zu akzeptablen Kosten gebremst werden kann … Wenn wir die Kohlesubventionen abschaffen würden, dann wäre schon viel getan für den Klimaschutz. Zudem müsste jede ausgestoßene Tonne Kohlendioxid zunächst 20 Euro kosten, und der Betrag müsste gesteigert werden."[192]

Im gleichen Beitrag steht, dass Dänemark bereits in zehn Jahren auf Kohle verzichten will: „Dieser Report hat mich überzeugt, dass wir fossile Brennstoffe früher als gedacht auslaufen lassen müssen", wird der dänische Klimaminister Rasmus Helveg Petersen zitiert.

Wir können mit Subventionen Steuergelder sparen und trügen so etwas zur Klimarettung bei. Dies fordert selbst eine Studie des Umweltbundesamtes, über die der Beitrag „Deutschland fördert Klimakiller mit 52 Milliarden Euro" berichtet:

„Während sich die Bundesregierung international für den Klimaschutz stark macht, fördert sie national mit vielen zehn Milliarden Euro Maßnahmen, die das Klima schädigen. Die umweltschädlichen Subventionen in Deutschland beliefen sich im Jahr 2010 auf 52 Milliarden Euro … Die größte umweltschädliche Subvention ist mit 7,5 Milliarden Euro die Energiesteuervergünstigung für Diesel. Die Energiesteuerbefreiung für Kerosin kostet den Staat 6,9 Milliarden Euro, die kostenlose Zuteilung von CO_2-Rechten 6,1 Milliarden Euro … Das UBA fordert deshalb einen ‚Umweltcheck für Subventionen'. Laut dem Bericht sind umweltschädliche Subventionen für den Bürger in mehrfacher Hinsicht schädlich. Erstens fallen Kosten für die Subvention an. Zweitens entstehen Umwelt- und Gesundheitsschäden. Und

---

192 Landeszeitung Lüneburg, 3. November 2014, Seite 17

drittens benachteiligen umweltschädliche Subventionen die Entwicklung umweltfreundlicher Technologien."[193]

Seien wir doch so konsequent wie die Dänen. Natürlich fielen dann in der Kohleindustrie Arbeitsplätze weg, aber bei den erneuerbaren Energien entstünden neue. Das zeigt, dass wir nicht nur Neues schaffen, sondern stärker Bestehendes wie Subventionen hinterfragen sollten.

Die häufigen Fluten lehren uns, Flüssen wieder mehr Raum in Form von Auen zu geben, auf denen sich das Hochwasser ausbreiten kann. Wir sollten nicht nur die Regenwälder in Südamerika, Afrika oder Asien schützen, sondern auch hier vor Ort die Natur bewahren und Laubwälder nachpflanzen. Dies machen wir in Deutschland seit Erkennen der immensen Waldschäden durch Stürme und den sogenannten sauren Regen in den 1970er und 1980er Jahren bereits erfolgreich:

„Seit Jahrzehnten schon sind die Förster dabei, den Laubholzanteil in den Wäldern kontinuierlich zu erhöhen. Und das ist auch gut so, wie jetzt die Ergebnisse der Bundeswaldinventur belegen. Der naturnahe Waldumbau zeige Erfolge − ‚Niedersachsens Wald wird immer natürlicher, klimafreundlicher und ökologischer‘, lobt Forstminister Christian Meyer (Grüne) … In den vergangenen zehn Jahren konnte der Buchenanteil in den Landesforsten von 19 auf 21 Prozent erhöht werden, auch der Anteil der Eiche nahm leicht zu. Das langfristige Ziel: Ein Laubbaumanteil von 65 Prozent …"[194]

Hier kann sich jeder einfach bei Vereinen wie Trinkwasserwald e.V. bei Pflanzaktionen beteiligen. Oder über die weltweite Schülerinitiative Plant-for-the-Planet, 2007 vom 9-jährigen Felix Finkbeiner mit folgender Idee gegründet: „Inspiriert von Wangari Maathai, die in Afrika in 30 Jahren 30 Millionen Bäume gepflanzt hat, formuliert Felix seine Vision: „Kinder könnten in jedem Land der Erde eine Million Bäume pflanzen. Und so auf

193 Hamburger Abendblatt, 15. Dezember 2014, Seite 5
194 Landeszeitung Lüneburg, 10. Oktober 2014, Seite 8

eigene Faust einen CO2-Ausgleich schaffen, während die Erwachsenen nur darüber reden. Denn jeder gepflanzte Baum entzieht der Atmosphäre pro Jahr ca. 10 kg CO2. Der erste Baum wird gepflanzt und Klaus Töpfer, ehemals Bundesumweltminister und Vorsitzender des United Nations Environment Programme (UNEP), wird Schirmherr. Felix verspricht der UNEP, dass die Kinder in jedem Land der Erde eine Million Bäume pflanzen. In den darauf folgenden Jahren entwickelt sich Plant-for-the-Planet zu einer weltweiten Bewegung."[195]

Eine tolle Geschichte. Fragen wir doch beim Forstamt vor Ort nach, wie wir helfen können, oder pflanzen selbst Bäume und Sträucher im eigenen Garten. Dazu gibt es tolle Umweltprojekte für Schulkinder, wie das Projekt Aqua-Agenten der Michael-Otto-Stiftung aus Hamburg:

„Als AQUA-AGENTEN bekommen bereits Grundschulkinder die Möglichkeit, spielerisch und dennoch systematisch die Bedeutung von Wasser für Mensch, Natur und Wirtschaft zu erkunden. Eingebettet in den Sachunterricht packt das Bildungsprogramm die Kinder bei ihrer Neugier und Entdeckerfreude und gibt ihnen Gelegenheit, die Vielfalt von Wasser zu erforschen. Sie werden bestärkt, ihr eigenes Leben zu reflektieren und zu gestalten sowie für ein verantwortungsvolles Miteinander in der Gesellschaft einzutreten."[196]

Dazu hilft es, vorbildliche bestehende Arbeit zu würdigen und hervorzuheben, wie es mit dem Deutschen Nachhaltigkeitspreis geschieht: „Der Deutsche Nachhaltigkeitspreis ist die nationale Auszeichnung für Spitzenleistungen der Nachhaltigkeit in Wirtschaft, Kommunen und Forschung. Der Preis wird seit 2008 jährlich vergeben von der Stiftung Deutscher Nachhaltigkeitspreis in Zusammenarbeit mit der Bundesregierung, kommunalen

---

195 http://www.plant-for-the-planet.org/de/informieren/idee-ziel vom 11. Oktober 2014

196 http://www.michaelottostiftung.de/de/bildung/aqua-agenten.html vom 16. September 2014

Spitzenverbänden, Wirtschaftsvereinigungen, zivilgesellschaftlichen Organisationen und Forschungseinrichtungen."[197]

Eine gute Idee, bereits bestehende vorbildliche Unternehmen, Kommunen und Forschungseinrichtungen auszuzeichnen, von denen andere lernen können.

Die Nutzung von Blockkraftheizwerken bietet großes Potenzial: „Horst Schmitt sagt, er sei jetzt glücklich. Und um zu zeigen, weshalb das so ist, steigt er die Kellertreppe seines Einfamilienhauses in der Eifel hinab ... Früher stand hier eine rußverschmierte Ölheizung, doch jetzt ist alles neu und weiß. Die Wand frisch gestrichen, und ringsum all die blitzblanken Geräte: ein brummendes Blockheizkraftwerk, so groß wie ein Rollkoffer. Ein kleiner Wechselrichter der Solaranlage. Ein Warmwasserspeicher, der bis zur Decke reicht. Ein Heizungssteuerpult mit Digitalbildschirm. Und dann hängt da noch der Batteriekasten an der Wand – er ist nicht viel größer als die Spitzenlast-Gastherme schräg gegenüber. Darauf steht in großen Ziffern die Zahl, die dem Hausherrn wichtig ist: 87, genauer: 87 Prozent. Es ist der Anteil, zu dem sich die Schmitts dank ihrer persönlichen Technikoffensive nun selbst mit Elektrizität versorgen. ‚Es geht für mich um Souveränität', sagt Schmitt ... Es verspricht ihm auf lange Sicht deutlich niedrigere Energiekosten sowie maximale Selbstversorgung. Danach strebt in Deutschland eine stark wachsende Zahl von Stromkunden ... Zwar macht die selbst genutzte Elektrizität aus eigenen Solaranlagen und kleinen Blockheizkraftwerken bisher nur etwa 0,6 Prozent an der gesamten in Deutschland verbrauchten Strommenge aus. Doch schon in ihren konservativen Szenarien rechnen die Netzbetreiber mit einem Wachstum im deutlich zweistelligen Prozentbereich allein im Solarbereich."[198]

Produzieren und nutzen wir unsere Energie so natürlich und regional wie möglich. Warum haben nicht jedes Haus und jede

---

197 https://www.nachhaltigkeitspreis.de vom 28. September 2014
198 http://www.spiegel.de/wirtschaft/service/strom-selber-erzeugen-selbstversorgung-liegt-im-trend-a-1010782.html vom 1. Januar 2015

öffentliche Einrichtung wie eine Schule eine Solaranlage und vielleicht ein kleines Windrad auf dem Dach? Solche Ziele verfolgt beispielsweise die Genossenschaft Zukunftsgenossen e. G. in Lüneburg. „Wir fördern regionale Projekte, die unsere Region nachhaltig und zukunftssicher gestalten."[199] Auf deren Internetseite sind konkrete Projekte wie Solarzellen auf Schulen und die Möglichkeit für Bürger zum Mitmachen dargestellt. Für größere Vorhaben können solche Genossenschaften zusammenarbeiten, wie im Beitrag „Energiegenossen bündeln Kräfte" beschrieben:

„Vier Energiegenossenschaften aus dem Hamburger Süden haben in Wilhelmsburg die Dachorganisation Norddeutsche Energiegenossenschaft gegründet. Die einzelnen Bürgerunternehmen bleiben zwar selbstständig ... Die Norddeutsche Energiegenossenschaft vereint mehr als 500 Menschen, die Genossenschaftsanteile erworben und in die Energiewende investiert haben. Die Gründung der Dachorganisation ist auch eine Reaktion auf das novellierte Erneuerbare-Energien-Gesetz, das seit dem 1. August in Kraft ist. Nach Ansicht von Ingo Rieckmann aus Egestorf, ehrenamtlicher Vorstandsvorsitzender der Energiegenossenschaft Elbe Heide, erschwere die Bundesregierung mit dem Gesetz kleinen Bürgerunternehmen die Möglichkeit, auf dem Strommarkt mitzumischen: ‚Bundeswirtschaftsminister Sigmar Gabriel macht die Energiewende kaputt', sagt er. Der 42-Jährige ist selbstständiger Berater für ökologisch-nachhaltige Finanzierung. In der Norddeutschen Energiegenossenschaft arbeiten vier Bürgerunternehmen aus der Metropolregion Hamburg zusammen: die Energiegenossenschaft Elbe Heide eG, die Bürgersolarkraftwerke Rosengarten eG, die Zukunftsgenossen Lüneburg eG und die BürgerEnergie Buxtehude eG. Die vier Bürgerunternehmen produzieren zurzeit nach eigenen Angaben mit Solar- und Windkraftanlagen zusammen etwa 545 000 Kilowattstunden Strom. Das entspricht dem durchschnittlichen Jahresverbrauch von 165 Vierpersonenhaushalten. ... Die Bürgersolarkraftwerke

---

199 http://www.zukunftsgenossen.de vom 24. Juni 2014

Rosengarten zum Beispiel betreibt die Fotovoltaikanlagen zur Gewinnung von Strom aus Sonnenenergie auf den Dächern der Baugemeinschaft ‚Open House' in Wilhelmsburg … Die Solarkraft bewirkt hier, das 29 Tonnen Kohlendioxid im Jahr weniger in die Atmosphäre gelangen."[200] Alles regional durch engagierte Menschen initiiert und auch in anderen Regionen nachzuahmen.

Eurosolar, eine gegründete gemeinnützige Europäische Vereinigung für Erneuerbare Energien, würdigt solche Aktivitäten und vergibt diverse Preise wie den Deutschen sowie den Europäischen Solarpreis mit folgenden Zielen: „Eurosolar vertritt das Ziel, atomare und fossile Energie vollständig durch Erneuerbare Energie zu ersetzen … sieht in einer solaren Energieversorgung die zentrale Voraussetzung für die Erhaltung der natürlichen Lebensgrundlagen und für eine dauerhafte Wirtschaftsweise."[201]

Vermutlich werden wir nicht ganz ohne Stromerzeugung in großem Maße auskommen, aber wir können die Energiewende nutzen, um mehr regionale Lösungen zu finden, ähnlich wie bei der Ernährung. Alles, was nicht mit Aufwand quer durch die Republik oder die Welt transportiert werden muss, verursacht weniger Kosten, schafft Arbeitsplätze vor Ort und politische Unabhängigkeit. Regionale Lösungen sind daher sinnvoller, sollten die Regel sein und große überregionale die Ausnahme.

Wie hier Krisen Chancen sein können, ist im Beitrag „Ukrainekrise ist eine Chance für den Klimaschutz" über den Auftakt des Extremwetterkongresses in Hamburg am 6. Oktober 2014 zu lesen:

„Der Konflikt um die Ukraine könnte nach Ansicht des Wetterexperten Frank Böttcher den Kampf gegen den Klimawandel in Deutschland positiv beeinflussen. ‚Die Abhängigkeit von Energiequellen aus dem Ausland wird zum Standortrisiko

200 Hamburger Abendblatt, Regionalbeilage Harburg & Region, 30. Oktober 2014, Seite 3
201 http://www.eurosolar.de/de/index.php/er-uns-mainmenu-87 vom 8. Oktober 2014

für Deutschland – und kann genau deshalb auch eine Chance für den Klimaschutz sein', sagte der Leiter des Instituts für Wetter- und Klimakommunikation … zum Auftakt des Extremwetter- kongresses in Hamburg. Angesichts der Sanktionen gegen Russ- land wird in der EU befürchtet, dass Russland im Winter seine Gaslieferungen nach Europa einschränken könnte. ‚Die Bundes- regierung darf nicht nur an die wirtschaftliche Abhängigkeit denken, sondern muss auch die Suche nach erneuerbaren Energien verstärken', sagte Böttcher."[202]

Erste Erfolge gibt es bereits: „EU schafft Klimaziel 2020. Die EU-Staaten sind nach neuen Daten der Europäischen Umwelt- agentur (EEA) auf einem guten Weg, ihr Klimaziel zur Reduzierung der Treibhausgase bis 2020 zu erreichen. Zwischen 1990 und 2013 sank der Ausstoß der klimaschädlichen Gase in der EU nach vor- läufigen Zahlen der EEA vom Dienstag bereits um 19,3 Prozent."[203]

Leider war dies nur als Randnotiz zu lesen. Dabei wäre es wichtig, solche Erfolge größer darzustellen und uns allen Mut zu machen, dass wir die Klimaziele erreichen können.

Mobilität. Unsere Bewegung

Beim täglichen Weg haben wir viele Möglichkeiten, Energie und Geld zu sparen und nebenbei etwas für unser Wohlbefinden zu tun. Wir können zu Fuß gehen, Rad fahren und öffentliche Ver- kehrsmittel wie Bus und Bahn oder gemeinsam ein Auto nutzen.

Viele Menschen sitzen beim Weg zur Arbeit allein im Auto. Andere pendeln mittlerweile zwischen Wohn- und Arbeitsort. Wir sind heute wesentlich mobiler. Das alles ist verbunden mit

---

202 Landeszeitung Lüneburg, 7. Oktober 2014, Seite 19
203 Landeszeitung Lüneburg, 7. Oktober 2014, Seite 19

vielen Vorteilen, aber auch Nachteilen wie Umweltverschmutzung durch das Verbrennen der fossilen Kraftstoffe. Da Energie immer teurer für uns wird, können wir auch diese Krise für uns nutzen, unsere Wege energiesparender zurückzulegen, das Klima zu schonen und Geld zu sparen.

Von Natur aus haben Menschen dort gearbeitet, wo sie lebten. Nun ist das heutzutage nicht immer machbar. Die alltäglichen Staus gerade in den Städten und Metropolen zeigen die Probleme des Individualverkehrs mit dem massenhaften Verkehrsaufkommen. Warum fahren auf dem Weg zur Arbeit so viele Menschen allein mit dem Auto? Das liegt sicher an der flexiblen und unterschiedlichen Arbeitszeit, oder ist es manchmal doch unsere Bequemlichkeit?

Rechneten wir beim Energieverbrauch noch stärker die Folgekosten beispielsweise für die Umweltschäden mit ein und die Kraftstoffe verteuerten sich, entschieden wir uns sicher noch mehr für günstige und energiesparende Optionen wie öffentliche Verkehrsmittel. Den Individualverkehr weiter zu fördern, beispielsweise durch Steuervorteile für elektrisch betriebene Autos, ist nur die zweitbeste Lösung. Dieser Strom wird immer noch zum Teil konventionell durch Atom- und Kohlekraftwerke produziert, und selbst Ökostrom bringt wie beschrieben Eingriffe in die Natur mit sich.

Hier brächte ein stärkeres Miteinander viele Vorteile: Der Arbeitgeber ließe mit sich über angepasste Arbeitszeiten sprechen, sodass wir mit Kollegen mit ähnlichem Arbeitsweg eine Fahrgemeinschaft bildeten oder auch mal einen Tag von zu Hause arbeiteten. Sprechen wir uns im Bekanntenkreis oder unter Nachbarn einfach ab, um gemeinsam Einkäufe zu erledigen oder die Kinder zum Sport zu fahren! Auch hier lernten wir schnell um: Wer heute noch alleine mit dem Auto zur Arbeit fährt und meint, gemeinsames Fahren sei nervig, wird sich vielleicht bald über das gemeinsame Miteinander morgens in Auto, Bus oder Bahn freuen. So lernten wir den Mitfahrer besser kennen und gewönnen ihn möglicherweise als neuen Freund.

Wo die Anbindung an den öffentlichen Nahverkehr fehlt, könnten die Kommune oder private Unternehmen Bürgerbusse anbieten. Nicht nur, um Personen den Weg zur Arbeit zu ermöglichen, sondern auch für den wöchentlichen Großeinkauf, den gemeinsamen Besuch des Stadtteilchors oder des Theaters. So senkten wir das Verkehrsaufkommen, sparten Wege, Zeit, Energie, Kosten und schonten die Umwelt.

Wir können die Städte und den Verkehr klimaschonender gestalten. Jeder von uns kann sich entsprechend fortbewegen, ob zu Fuß oder mit dem Rad. Gerade in Orten mit überschaubarer Größe und nicht zu langen Wegen ist dies möglich. Das fahrradfreundliche Münster und die dänische Hauptstadt Kopenhagen sind hier vorbildlich mit breiten Fahrradwegen und großem Radwegenetz. Im Beitrag „Radfahren wie die Dänen" erklärt der ehemalige Umwelt-Bürgermeister Kopenhagens, Klaus Bondam, den Erfolg und die Vorteile:

„In Kopenhagen hat der Radverkehr mittlerweile einen Anteil von 33 Prozent am gesamten Verkehrsaufkommen. Mehr als 40 Prozent der Fahrten zu Arbeitsplatz, Schule und Kita werden mit dem Rad unternommen. Dabei seien die Dänen gar nicht alle überzeugte Ökos, sagt Bondam. Bei Befragungen wurde als Hauptgrund für die Radnutzungen nicht etwa das Umweltbewusstsein genannt, sondern die Reisegeschwindigkeit: Mit dem Rad komme man einfach schneller ans Ziel. Weitere häufige Begründungen: Rad fahren ist bequem, es ist gesund, und es ist billig. Auch für die Gesellschaft sei es ein Vorteil, wenn viele Rad fahren, so Bondam. Jeder gefahrene Fahrradkilometer spare einen Euro an Gesundheitskosten, hätten die Dänen ausgerechnet. Dort nutzen mittlerweile Bürgermeister, Minister und der Kronprinz täglich ihr Fahrrad – und zwar nicht als PR-Gag, sondern als Verkehrsmittel. ‚Für mich geht es beim Thema Fahrrad nicht um eine Links-rechts-Diskussion', sagt Bondam. ‚Das Fahrrad ist einfach die Antwort auf Herausforderungen wie Staus, Gesundheitskosten, Klimawandel. Dabei ist es völlig egal, welche Partei man wählt.' Wenn man Städte für Menschen plane und nicht für den Verkehr, gewinne man Platz für Fußgänger, Räder oder Spielplätze."[204]

---

204 Hamburger Abendblatt, 12. September 2014, Seite 11

In diesem Bereich sind die Dänen Vorbilder, also gestalten wir unsere Städte ähnlich um und nutzen wieder Fahrzeuge von früher, wie etwa die Lastenräder:

„Vor allem in Amsterdam und Kopenhagen werden neue Varianten dieses eigentlich alten Fahrzeuges produziert. Aber auch in Hamburg wird das Lastenrad offenbar zu einem neuen Trend. … Nach einer Studie der TU-Dortmund dürfte der Lastenradverkehr … deutlich zunehmen. Vor allem in einer wachsenden Stadt, wo der Platz auf den Straßen immer enger wird. Transporträder seien … ein logischer Schritt, um kurzfristig und produktiv Veränderungen im städtischen Wirtschaftsverkehr zu erreichen‘, schreiben die Wissenschaftler in ihrem Fazit."[205]

Ideal wäre, wir lösten die Probleme des Stadtverkehrs entspannt, sparten Energie sowie Kosten und hielten uns nebenbei fit.

Dazu kommen Fernreisen, ob per Schiff, Bahn oder Flugzeug, ob dienstlich bedingt oder privat, mit ihren Auswirkungen auf die Umwelt. Warum ist Kerosin eigentlich von der Steuer befreit, während wir andere Kraftstoffe besteuern? Das hat wie so oft einen historischen Hintergrund, wie diese Erklärung zeigt:

„Die Kerosinsteuer ist eine Steuer auf Flugtreibstoff in der gewerblichen Luftfahrt, die innerhalb der Europäischen Union erhoben werden kann. Die Rechtsgrundlage bildet die EG-Energiesteuerrichtlinie (2003/96/EG) vom 27. Oktober 2003, die den nationalen Regierungen die Möglichkeit zur Einführung einer Steuer auf Turbinenkraftstoff für kommerzielle Inlandsflüge einräumt. Derzeit ist der kommerzielle Kerosinverbrauch nach der Gesetzgebung aller Mitgliedstaaten der Europäischen Union jedoch steuerfrei – außer in den Niederlanden. Durch das Chicagoer Abkommen vom 7. Dezember 1944 wurde Steuerfreiheit für den Luftverkehr international vereinbart, um nach Beendigung des Zweiten Weltkriegs die Luft-

---

205 Hamburger Abendblatt, 23. Februar 2015, Seite 9

fahrt, den Wiederaufbau und die Weltwirtschaft zu fördern. Umweltorganisationen kritisieren die immer noch bestehende Steuerbefreiung angesichts der negativen Auswirkungen für die Umwelt."[206]

Wenn die Gründe für die Steuerfreiheit längst erledigt sind, es die Richtlinie als Rechtsgrundlage für eine Besteuerung bereits seit 2003 gibt, warum wird dann bis ins Jahr 2015 hinein Kerosin nicht wie alle anderen umweltverschmutzenden Kraftstoffe besteuert? Allein Deutschland kostet, wie bereits genannt, die Energiesteuerbefreiung für Kerosin jährlich 6,9 Milliarden Euro. Das können wir nachholen, idealerweise weltweit abgestimmt, um Steuerschlupflöcher zu vermeiden. Das einzelne Flugticket verteuerte sich nur leicht; in Summe profitierten viele Staaten von den Steuereinnahmen, mit denen Umweltschäden behoben werden könnten. Als eine weltweit abgestimmte Steuer könnte die UN diese Steuer erheben und dafür ihre Mitgliedstaaten bei der Beitragszahlung entlasten. Ähnlich können wir bei den Schiffen vorgehen, denn immer noch fahren wohl manche trotz umweltfreundlicherer Alternativen mit Schweröl.

Warum haben wir in Deutschland als einziges Land weltweit kein Tempolimit auf Autobahnen? Wäre es in Zeiten des Klimawandels nicht angebracht, auch hier eine weise Lösung zu finden? Wer schon mal auf der Autobahn beispielsweise in Dänemark unterwegs war, weiß, wie flüssig der Verkehr dort fließt und wie entspannt das für den Fahrer ist.

Wenn wir kurze Wege zur Arbeit möchten, tragen wir noch stärker dazu bei, so viele Arbeitsplätze wie möglich in unserem Umfeld zu schaffen – vielleicht ja auch den eigenen, indem wir Kunde regionaler Unternehmen sind, wie im Kapitel „Märkte" beschrieben. Verringern wir das Verkehrsaufkommen, vor allem den Individualverkehr, soweit es geht, führen wir Steuerabgaben überall dort ein, wo fossile Verbrennungskraftstoffe genutzt werden, um so die Ursachen des Klimawandels zu mindern

---

206 https://de.wikipedia.org/wiki/Kerosinsteuer vom 20. Dezember 2014

bzw. Geld einzunehmen, um die entstandenen Schäden zu beheben. Wir sparen Geld und gewinnen durch mehr Miteinander neue Bekanntschaften.

Wir Klimaschützer. Unser Beitrag im Alltag

Wir können gemeinsam noch viel mehr bewegen. Hier ein weiterer Vorschlag:

Es ist in jedem Winter das gleiche Phänomen. In dicken Jacken und Mänteln laufen Menschen bei kaltem Wetter durch die Fußgängerzone und besuchen die Ämter, Geschäfte und Cafés der Innenstädte. Dort erwarten sie nette Bedienungen in Bluse oder Hemd bei häufig über 20 Grad. Die Nase läuft, der Hals wird trocken, man fragt sich: „Jacke an oder aus?" Die Jacke können wir noch ausziehen, den Pullover und die dickeren Strümpfe meist nicht. Man beginnt zu schwitzen und erkältet sich leicht. Ist das sinnvoll, und was kostet dieses starke Heizen die Unternehmern?

Im Sommer ist es andersrum: Während wir draußen in sommerlicher Kleidung bei 25 Grad umhergehen, erwartet uns in so manchem Geschäft ein stark gekühltes Klima. Die zuständige Bundesanstalt für Arbeitsschutz und Arbeitsmedizin empfiehlt auf ihrer Internetseite eine Raumtemperatur von 17–22 Grad[207]; solche Werte empfehlen auch Mediziner.

Wäre es nicht weiser, wir passten unsere Kleidung dem Wetter an und ließen die Unterschiede der Außen- zur Innentemperatur nicht zu groß sein, sei es im Winter oder im Sommer? Sollte es bei kaltem Wetter nicht normal sein, dass wir auch in geschlossenen Räumen wie bei der Arbeit einen Pullover trügen? Warum einigen

---

207 http://www.baua.de/de/Themen-von-A-Z/Arbeitsstaetten/ASR/pdf/
ASR-A3-5.pdf?__blob=publicationFile&v=5 vom 28. November 2014

sich die Betriebe, Geschäfte, Cafés und öffentlichen Einrichtungen nicht darauf, sich freiwillig an eine von Ärzten empfohlene gesunde Raumtemperatur zu halten? Die teilnehmenden Geschäfte könnten die Teilnahme mit dem Aufkleber „Wir sind Gesundheits- und Klimaschützer; 17–22 Grad reichen!" an der Tür anzeigen. Das böte viele Vorteile:

- Eine nicht zu warme Raumluft wäre gesünder für alle, denn warme Luft trocknet bekanntlich die Schleimhäute aus.
- Auch für die Bediensteten wäre es angenehm, sich über das Hemd oder die Bluse einen schönen Pullover oder Blazer anzuziehen, den sie für den Hin- und Rückweg ohnehin dabei hätten. Für die Kunden ist es ohnehin normal, bei kalten Außentemperaturen warm gekleidet zu sein.
- Eine mögliche Befürchtung, die Leute würden zum Beispiel im Modegeschäft weniger kaufen, da es zu kühl sei, lässt sich widerlegen: Auch im Modeladen könnte man sich bei 18 Grad wohlfühlen, umziehen und neue Kleidung anprobieren, ist es doch morgens im heimischen Schlafzimmer bei den meisten von uns kühler.
- Das Ganze erforderte außer Absprachen und ggf. den Aufklebern oder anderen Marketing/PR-Ideen keinen Aufwand.
- Die Geschäftsleute sparten Energiekosten und damit bares Geld.
- Wir schonten gemeinsam das Klima. Diese Vorteile könnten dann kommuniziert werden, um weitere Nachahmer zu gewinnen.
- Mögliche Aktionsnamen: „Wir sind Klimaschützer" oder „Spar- und Klimastadt Hamburg".
- Eine solche Aktion wäre leicht umzusetzen und könnte rasch Vorbildcharakter für andere Städte und Kommunen haben.

Gerade im Bereich Klimaschutz können wir mit kleinen Änderungen einiges zum Guten bewegen und haben genug Optionen, das Klima zu schonen, Energie und Geld zu sparen sowie uns fit zu halten – wieder ideale Win-Win-Situationen.

Natürlicher Rhythmus. Unser Gleichgewicht

Wenn wir unser Leben wieder stärker an unserem natürlichen Rhythmus ausrichten, tut uns das allen gut. Orientieren wir uns auch hier stärker daran, was uns die Natur vorgibt. Wir leben gesünder und sparen Kosten für Energie und Folgeschäden.

Vor allem aufgrund der Verbreitung des elektrischen Lichts leben wir nicht mehr im natürlichen Rhythmus. Früher lebten die Menschen mehr im Einklang der Natur: Mit dem Morgengrauen stand man auf, in der Dämmerung ging der Tag meist zu Ende. Probieren Sie das einmal aus, zum Beispiel während der Ferien Ihrer Kinder, und Sie spüren, wie wunderbar und erholsam es ist, mit den ersten Sonnenstrahlen aufzuwachen und mit der Dämmerung zur Ruhe zu kommen. Sie werden feststellen, wie viel sich in unserem Leben und unserem Umfeld nicht an diesen Rhythmus hält. Muss das wirklich alles so sein?

Aus Flugzeugen erkennt man die teilweise ständige Beleuchtung vieler Teile unseres Planeten, auch Lichtverschmutzung genannt. Dazu kommt in Mitteleuropa zweimal jährlich die Zeitumstellung. Auch das mediale Angebot ist viel umfassender geworden; rund um die Uhr gibt es Programme im Fernsehen, Radio und das Internet schläft ohnehin nicht. Was kostet das alles an Energie, und wie sehr wirkt es sich auf uns Menschen aus?

Im Artikel „Schlafentzug schädigt das Gehirn" beschreiben Neurologen die Folgen von Schlafmangel:

„Doch wenig Schlaf über Tage kann die Leistung des Gehirns senken. Langfristig könnte Schlafentzug die Entstehung von Demenz fördern, warnen Neurologen. ‚In unserer Informationsgesellschaft schlafen wir ein bis eineinhalb Stunden kürzer als noch in den 1960er-Jahren', sagt Geert Mayer, Neurologe und Chefarzt der Hephata-Klinik in Schwalmstadt. ‚Wir haben relativen Schlafentzug – alle.'

Die Vorgänge im Gehirn während des Schlafes sind ein Thema beim Neurologen-Kongress vom 15. bis 19. September 2014 in München. 7 000 Fachleute aus Neurologie, Neuropädiatrie, Neuropathologie, Neurochirurgie und Neuroradiologie befassen sich unter anderem mit Schlaganfall, Demenz, Multipler Sklerose, Epilepsie, Lähmungen, Schmerz- und Schwindelsyndromen. Bei der Entstehung vieler Erkrankungen spiele Schlaf eine weit größere Rolle als angenommen, sagt Kongresspräsident Wolfgang Oertel. Die Bedeutung werde unterschätzt. Rund zehn Prozent der Bevölkerung können demnach chronisch nicht ein- oder durchschlafen. ‚Schlafstörungen sind eine Volkskrankheit, werden aber lediglich als Befindlichkeitsstörung behandelt', sagt Mayer. Neue Studien an Tieren stützen demnach den Verdacht, dass zu wenig Schlaf über Jahre die Entstehung von Demenz begünstigt. Bestimmte Abbauprodukte im Gehirn würden im Schlaf abtransportiert und häuften sich bei Mangel an, sagt Mayer. ‚Das kann zu einer Frühschädigung des Gehirns führen, die wir noch gar nicht merken.' Kurzfristig richtet Schlafentzug keine Schäden an, beeinträchtigt aber Funktionen im Gehirn. Konzentration, Denk- und Merkleistung lassen nach. Während Politiker die Geschicke ihrer Bürger bei nächtlichen Verhandlungsrunden noch im Halbschlaf steuern dürfen, gibt es für Lokführer und Busfahrer Vorschriften in Sachen Lenkzeit. Zu wenig Schlaf beeinträchtigt auch das Lernen. Wer vor einer Prüfung bis in den Morgen paukt, müht sich womöglich vergebens. Denn im Schlaf werden Gedächtnisinhalte abgespeichert und verfestigt. … Dazu trage die ständige Verfügbarkeit medialer Unterhaltung bei. ‚Man kann die ganze Nacht durch fernsehen – früher kam um zwölf das Testbild.' Es mangele zudem an einem Bewusstsein für die Bedeutung des Schlafs. ‚Bei jedem Kind sagt man: Es braucht den Schlaf. Bei den Erwachsenen scheint alles weggewischt.' Wer zu wenig schläft, riskiert auch Herz-Kreislauf-Erkrankungen, Übergewicht und Diabetes. Der Stoffwechsel ändere sich, die Insulinsensibilität nehme ab, das Risiko für Diabetes Typ 2 steige, sagt Mayer: ‚Menschen mit Schlafstörungen haben ein höheres Krankheitsrisiko und sterben früher.'

Trotzdem versuchen Menschen mit immer neuen Tricks, den Schlafbedarf zu senken. Gerade in Mode sind polyphasische Schlafmodelle. Kurz und tief schlafen, schnell erholen – und Zeit sparen. Der traditionelle Mittagsschlaf sei sinnvoll, da der Körper nachmittags die Temperatur senke und so in Schlafbereitschaft gehe, sagt Mayer. Aber: ‚Dass man mit 20 Minuten Schlaf mittags zwei Stunden Schlaf sparen kann, ist Quatsch.' Versuche mit Studenten auf Schlafentzug ergaben in Sachen Kurzschlaf: ‚Die Studenten hatten so einen Schlafdruck, dass sie nur schwer zu wecken waren.'"[208]

In die gleiche Richtung weisen die Erkenntnisse des Hamburger Schlafforschers Peter Spork:

„Das neue Werk des Hamburger Biologen und Wissenschaftsjournalisten entwirft unter dem Titel ‚Wake up!' die Vision einer ausgeschlafenen Gesellschaft. Denn wir sind chronisch müde. Das liegt daran, dass die meisten Menschen ihre innere Uhr und ihr individuelles Schlafbedürfnis ignorieren. Bei der Einteilung unserer Zeit, erklärt Spork, kümmern wir uns immer weniger um den vorgegebenen Rhythmus von Tag und Nacht: ‚Wir haben verlernt, im Einklang mit der biologischen Taktung zu leben.' Tagsüber sollten wir uns beispielsweise mehr im hellen Licht aufhalten und entsprechend in den Nächten die Dunkelheit suchen, damit unsere Körpersensoren die richtigen Signale bekommen. Tageshochs sollten für die Arbeit, Tagestiefs für Pausen genutzt werden. Fänden Schlaf, Aktivität und nicht zuletzt die Mahlzeiten jeweils zur rechten, von der Natur vorgesehenen Zeit statt, wären die Deutschen gesünder, schlanker und weniger erschöpft – das bestätigen alle aktuellen Forschungsergebnisse."[209]

In dem Beitrag sind auch seine Ziele für unsere Gesellschaft zu lesen: „In zehn Jahren, hofft der Wissenschaftsautor, gehört zumindest die Sommerzeit der Vergangenheit an. Idealerweise

---

208 Hamburger Abendblatt, 16. September 2014, Seite 19
209 http://www.welt.de/regionales/hamburg/article132659966/Schlafforscher-empfiehlt-spaeteren-Schulbeginn.html vom 28. September 2014

wurde die Schichtarbeit reformiert und das rotierende Prinzip abgeschafft, vielleicht eine 30-Stunden-Woche eingeführt. Was die Verwirklichung der Schulgleitzeit angeht, ist Spork etwas skeptischer, obwohl viele junge Lehrer die Idee befürworten. Das Ziel ist, eine neue Zeitkultur zu schaffen, also unsere innere, persönliche Zeit mit der äußeren, sozialen Zeit in Einklang zu bringen."

Wie wäre es, mit diesen Erkenntnissen unsere Gesellschaft zu ändern, hin zu einer natürlicheren und für uns besseren Lebensweise? Es gibt Berufe, bei denen ein Dienst an 24 Stunden des Tages erforderlich ist, sei es in Krankenhäusern, bei der Feuerwehr oder der Polizei. Eine gewisse Nachtbeleuchtung der Orte und Straßen ist aus Sicherheitsgründen nötig. Aber wie notwendig sind in der Industrie Schichtdienste rund um die Uhr?

Das nächtliche Ausgehverhalten hat sich in den letzten Jahren verlagert. Begannen öffentliche Feiern noch vor einigen Jahren oft um 20 Uhr, beginnen diese heute meist erst ab 22 oder gar 23 Uhr. Diese zeitliche Verschiebung ergab sich wohl daraus, dass die jüngere Generation sich auch beim Feiern von den Partys der älteren abgrenzen wollte. Nun ist diese Generation älter geworden, aber öffentliche Feiern bei sogenannten Ü30-Parties für die Generation der über 30-Jährigen beginnen häufig weiter zu dieser späten Stunde, also zu einer Zeit, zu der viele dieser Menschen werktags schlafen gehen. Unbewusst empfinden es offenbar einige diese Menschen weiter als normal, da sie es mit ihrer Jugendzeit verbinden, obwohl vermutlich kaum ein Vertreter dieser Generation seine private Feier zeitlich so planen würde. Oder kennen Sie jemanden, der zu seiner Feier zum 30. oder 40. Geburtstag erst um 22 oder 23 Uhr einlädt? Die Auswirkungen sind spürbar, denn es kostet nicht nur körperliche, sondern eben auch elektrische Energie, die Nacht im wahrsten Sinne des Wortes zum Tag zu machen. Kein Wunder, dass wir Menschen unter den Folgen leiden. Nicht nur die Gäste, sondern vor allem die Beschäftigten im Gastgewerbe mit Stress durch Nacht-, Schicht- und Sonntagsarbeit.

Wie viel einfacher, natürlicher, gesünder sowie günstiger wäre es, wieder mehr im natürlichen Rhythmus zu leben! Natürlich gibt es die genannten Bereiche, in denen das nicht so einfach möglich ist. Aber schauen wir uns allein das Freizeitverhalten an. Einerseits sollen wir Verbraucher nur noch Energiesparlampen gebrauchen. Andererseits nutzen in der deutschen Freizeitindustrie nicht nur die privaten und öffentlich-rechtlichen Sender in ihren Fernsehshows, sondern auch viele Diskotheken heute aufwendige Licht- und Tonanlagen. Diese verbrauchen sicher eine Menge Energie und belasten mit ihren Lautstärken sowie Lichter- und Lasershows unsere Sinnesorgane. Warum nicht auch hier etwas weniger nutzen und nicht alles, was technisch möglich ist?

Im Kurort Bad Kissingen gab es ein wissenschaftlich begleitetes Projekt zur „Chronobiologie, der Wissenschaft von der inneren Uhr". Ein Versuch, wieder mehr im natürlichen Zeitverlauf zu leben, wie auf der Internetseite der Stadt beschrieben ist:

„Chronobiologie bestimmt alle Bereiche unseres Lebens. Egal ob Schlaf, Arbeit oder Rehabilitation. Aber das Leben ist komplex, und die gesellschaftlichen Strukturen machen es Menschen heutzutage nicht einfach, ihr Leben nach ihrer inneren Uhr auszurichten. Der Mensch biegt sich um die Gesellschaft, und nicht die Gesellschaft um den Menschen. Dennoch macht es Sinn sich Gedanken darüber zu machen, in welchen Bereichen des gesellschaftlichen Lebens es sich tatsächlich realisieren lässt, die innere Uhr der Menschen wieder in den Mittelpunkt zu stellen. Wie könnten die diesbezüglichen Kenntnisse aus der Wissenschaft für eine ganze Stadt sinnvoll genutzt und innerhalb der komplexen Strukturen in ein städtisches, gesellschaftliches und wirtschaftliches Leben nutzbringend eingesetzt werden?

Bad Kissingen ist weltweit die erste Stadt, die sich nun genau diesem Thema verschrieben hat. Eine Gruppe von fünf niederländischen Studenten der Universität Groningen (Niederlande) werden in der Zeit zwischen Februar und Mai 2013 Informationen sammeln und unter oben genannten Gesichtspunkten auswerten mit dem Ziel ein zukunftsweisendes Szenario zu erstellen. Die Aufgabenstellung lautet, ein Design für eine ganze Stadt zu entwickeln, welches Konzepte aus der Chronobiologie und Schlafforschung beinhaltet, um das Zusammenspiel der bereits existierenden Infrastruktur hinsichtlich Gesundheitswesens, Bildung und Wirtschaft zu optimieren. Berücksichtigt werden sollen dabei biologische und technische Aspekte ebenso wie Mobilitätsaspekte. Nicht zuletzt sollte die Frage geklärt werden, wie ein Lichtkonzept aussehen kann, um sozialen Jetlag und chronischen Schlafmangel zu verringern."[210]

Die Ergebnisse der Universität Groningen, die das Projekt begleitete, sind in einem Report im Juli 2013 veröffentlicht. Sie enthalten konkrete Empfehlungen, beispielsweise spätere Anfangszeiten für die Schule und die Arbeit.[211] Probieren wir es doch einfach aus und verbringen wir ein Wochenende als Gesellschaft soweit es geht im natürlichen Rhythmus:

Earth Hour. Our Natural Acoustic Weekend

Die Umweltorganisation WWF ruft jährlich weltweit dazu auf, Ende März für eine Stunde das Licht auszuschalten.

„Unzählige Gebäude und Sehenswürdigkeiten in tausenden Städten versinken dann erneut 60 Minuten lang im Dunkeln – als globales Zeichen für den Schutz unseres Planeten. Earth Hour ist eine globale Gemeinschaftsaktion, die nachwirkt: Die Aktion motiviert weltweit Millionen Menschen dazu, umweltfreundlicher zu leben und zu handeln – weit über die sechzig Minuten hinaus. Die Geschichte von Earth Hour: Alles begann 2007 in einer Stadt – Sydney. Mehr als 2,2 Millionen australische Haushalte nahmen am 31. März 2007 an der ersten Earth Hour teil und schalteten bei sich zu Hause für eine Stunde das Licht aus, um ein Zeichen für mehr Klimaschutz zu setzen. Ein Jahr später erreichte Earth Hour 370 Städte in 35 Ländern verteilt über

---

210 http://www.badkissingen.de/de/wirtschaftsfoerderung/web-blog-neu/chronobiologie/20011.Chronobiology_Study_Tour__Wie_sieht_eine_Stadt_aus_die_richtig_tickt.html vom 10. Juli 2013

211 http://www.badkissingen.de/de/wirtschaftsfoerderung/web-blog-neu/chronobiologie/20019.Bad_Kissingen__The_first_ChronoCity_in_the_world.html vom 11. Juli 2013

18 Zeitzonen. Earth Hour wurde zur globalen Bewegung. In den vergangenen Jahren schrieb Earth Hour Geschichte und wurde zur größten weltweiten Umweltschutzaktion, die es je gab."[212]

In Deutschland machen Städte wie Berlin mit und stellen die Beleuchtung an prominenten Stellen wie am Brandenburger Tor aus. Auch jeder Einzelne ist aufgerufen, mitzumachen. Eine gute Idee. Warum machen wir das nicht häufiger und noch konsequenter?

Führen wir doch jeden Monat ein natürliches akustisches Klimaschutz-Wochenende, ein „Natural Acoustic Week End (NAWE)", durch. Das Prinzip des NAWE sollte sein, dass wir alle ein Wochenende im natürlichen Rhythmus verbringen. Der Samstag begänne ohne Wecker, wir ließen uns vom Sonnenaufgang wecken, die Bäckereien und Zeitungskioske öffneten wie andere Läden nicht vor 10:00 Uhr. Den Tag verbrächten wir entspannt und so energiesparend wie möglich und den Abend generationsübergreifend in der Familie, mit Freunden oder Nachbarn bei leichtem Essen und Getränken. Für diejenigen, die ausgehen wollten, böten die Lokale Angebote zum Tanzen, die um 20 Uhr begännen und um 23 Uhr endeten, sodass wir alle vor Mitternacht zu Hause wären. Dazu minimierten die Discotheken und Clubs ihre Musik- und Lichtanlagen und böten akustische Musik wie ein Gitarrenduo oder einen Chor an, bei dem die Gäste nicht nur mittanzen, sondern auch mitsingen könnten. Oder wir richteten mit Freunden einfach eine private Feier nach diesem zeitlichen Muster aus. Die Straßenbeleuchtung könnte ab 24 Uhr auf das Notwendigste reduziert werden, die Leuchtreklame der Geschäfte ebenso. Wir hätten einen schönen Tag inklusive Abend und eine erholsamen Nacht. Wir sparten körperliche und elektrische Energie, lebten mehr im natürlichen Rhythmus und wären wohl gesünder und fitter. Firmen, die im Schichtbetrieb produzierten, könnten mitmachen und nicht rund um die Uhr produzieren, sondern nur in zwei Schichten von 8–22 Uhr.

---

212 http://www.wwf.de/earth-hour-2015/das-ist-die-earth-hour am 9. Januar 2015

Wäre es nicht schön, wenn wir nach einem solchen Wochenende spürten, dass es uns viel besser ginge, und wir es dann einfach häufiger so machten? Wenn Experten die Einsparungen an Energie berechneten und in nur wenigen Jahren die Botschaft käme: „Mit Projekten wie dem NAWE haben wir so viel Energie gespart, dass Deutschland ein weiteres Kohle- oder Kernkraftwerk ersatzlos abschalten kann." Wäre das nicht großartig? Fangen wir in Deutschland damit an, dann werden uns sicher bald die Länder in der EU und weltweit folgen.

Obwohl viele neue Erfindungen dem Menschen Zeit ersparen sollen, haben wir zunehmend das Gefühl, weniger Zeit zu haben. Immer mehr Möglichkeiten, immer mehr Kommunikationswege und immer erreichbar. Der Soziologe Hartmut Rosa widmet sich diesem Phänomen und wird im Beitrag „Die hektische Suche nach einem entschleunigten Leben" wie folgt zitiert: „Die Frage ist nicht, wie viel Geschwindigkeit wir erreichen, sondern wie viel gut ist für unser Leben."[213] In dem Artikel nennt er viele Beispiele, die uns guttäten: Das Einhalten regelmäßiger Pausen, langsam statt hastig essen und vieles mehr, was wir im hektischen Alltag oft vergessen. Eigentlich ganz einfache Ratschläge, auf die jeder von uns wohl schon selbst gekommen ist, sie aber selten umsetzt. Auch hier könnten wir mehr auf unsere innere Stimme hören, Auszeiten nehmen und wieder frisch ans Werk gehen.

Gerade für unsere Natur können wir vieles zum Guten verändern und so die Umwelt für künftige Generationen erhalten. Das nicht nur durch große Maßnahmen in der Energiewende, sondern mit kleinen in unserem Alltag. Richten wir unser Leben wieder stärker an unserem natürlichen Rhythmus aus, leben wir gesünder und sparen Kosten für Energie und Folgeschäden!

---

213 Der Spiegel, Nr. 36 vom 1. September 2014, Seite 114

Kapital. Unser Geld

Geld und Materielles. Unser Ein- und Auskommen

Wenn wir bewusster leben und konsumieren, kommen wir mit unserem Einkommen aus. Wenn uns das Geld dann nicht reicht, machen wir keine Schulden, sondern nutzen es als Antrieb, bewusster zu konsumieren oder mehr zu verdienen.

Seit Jahren wird von manchem geklagt, dass das Geld aufgrund der steigenden Energiepreise etc. nicht reicht. Sicherlich gibt es Menschen, die es finanziell schwer haben. Schauen wir zunächst auf einige Fakten, denn unsere Generation ist so reich wie keine zuvor. Das liegt vor allem an der rund 70-jährigen Friedenszeit in Mitteleuropa. Während andere Generationen immer wieder durch Krieg Zerstörtes aufbauen mussten, werden heute enorme Vermögenswerte vererbt. Natürlich ist das Vermögen ungleich verteilt und nicht alle profitierten von dieser Entwicklung. Gleichwohl leben die meisten von uns heute materiell besser als wohlhabende Menschen vorangegangener Generationen. Dennoch kommen einige nicht mit ihrem Geld aus.

Blicken wir auf mögliche Ursachen: Viele kaufen und zahlen oft mit Hilfe eines Kredits, also mit Schulden. Aber finanzieren wir so Konsumwünsche, schränken wir uns durch die Ratenzahlungen künftig ein. Durch Zinsen zahlen wir mehr als den eigentlichen Preis.
    Wir werden ständig mit Angeboten konfrontiert und es ist sicher nicht immer leicht, diesen zu widerstehen. Aber auch die reduzierten Artikel kosten Geld, und auch die verlockenden Null-Prozent-Zins-Angebote müssen später einmal bezahlt werden, was so mancher offenbar verdrängt: „Alarmierend ist, dass immer

mehr Menschen unter 20 Jahren deutlich überschuldet sind", stellt zum Beispiel Jennifer Bock von Creditreform Uelzen fest.[214]

Das sind die materiellen Auswirkungen, dazu kommen die psychologischen: Wir beschränken uns in unserer Freiheit. „Frei in seinen Entscheidungen zu sein ist im Zweifel mehr wert, als seine Wünsche erfüllt zu bekommen ... Wenn etwas Ersehntes nur um den Preis von Abhängigkeit zu bekommen ist (etwa durch Schulden), fährt darum meist besser, wer die Freiheit wählt."[215]

Zudem machen wir etwas, was das Gegenteil einer Belohnung darstellt: Wir leisten uns etwas, erbringen die (Geld-)Leistung aber erst im Nachhinein. Umgekehrt bringt es uns viel mehr: Wenn sich beispielsweise ein Schüler durch einen Ferienjob das Geld für das neue T-Shirt vorher einnimmt, hat er es sich im wahrsten Sinne des Wortes verdient. Mit der vorangegangenen Leistung belohnt er sich mit dem Kauf dann selbst, das T-Shirt gewinnt für ihn eine ganz besondere Bedeutung. Zudem gewinnt er an Freiheit, falls er sich mit dem verdienten Geld etwas anderes gönnen will, denn Wünsche ändern sich bekanntlich.

Durch regelmäßiges Sparen haben wir Reserven, um uns Wünsche zu erfüllen, oder können ungeplante Ausgaben wie eine Reparatur der kaputten Waschmaschine ohne Kredit bezahlen.

Größere kreditfinanzierte Anschaffungen wie beispielsweise ein Auto können gerade bei jungen Menschen der Start in die sogenannte Schuldenfalle sein, wenn diese für das erste Auto einen Kredit aufnehmen, der erst abbezahlt ist, wenn der nächste Autokauf ansteht. So bilden junge Menschen keinerlei Eigenkapital. Jede Anschaffung wie der neue Fernseher muss künftig ebenfalls finanziert werden, bis die Kreditraten nicht mehr zu bezahlen sind.

Immer mehr Menschen verfallen diesen Verlockungen: „Fast jeder zehnte Verbraucher in Deutschland ist überschuldet – und das mit steigender Tendenz."[216]

---

214 Landeszeitung Lüneburg, 13. November 2014, Seite 7
215 Klein 202, Seite 283
216 Landeszeitung Lüneburg, 7. November 2014, Seite 16

Fragen wir uns einfach vor jedem Kauf, welche Motivation hinter dem Wunsch steckt. So sparen wir uns sowohl sogenannte Frust- als auch Lustkäufe oder durch andere Emotionen beeinflusste Entscheidungen.

Auch hier bietet die persönliche Krise Chancen, wenn wir mit dem Einkommen auskommen lernen: Werden wir aktiv und stellen einen Haushalsplan mit den Fixkosten für Miete, Neben-kosten, Versicherung, Budget für Kleidung und Lebensmittel auf. So werden wir uns bewusst, was für unser Leben nötig ist. Zur Hilfe stehen uns Familie und Freunde, der Bankberater unseres Vertrauens oder die Verbraucherzentrale.

Natürlich gibt es auch Kredite, die einen Sinn machen, gerade bei investiven Maßnahmen wie für den Kauf einer Wohnung oder bei einer Firma für eine notwenige neue Maschine. Diese ergeben einen dauerhaften Nutzen. Gleichwohl sollte diese im Vorfeld gut geplant sowie die Folgekosten mit einkalkuliert werden, denn bekanntlich stehen bereits nach einigen Jahren Renovierungen in der Wohnung an bzw. ist die neue Maschine abgeschrieben und muss ersetzt werden.

Fehlt uns das Geld für unseren Konsum, machen wir keine Schulden, sondern etwas aus unseren Talenten und sehen dies als Motivation, wie dieses Beispiel beschreibt: Felix Meyer hatte kein Geld für den Urlaub. Statt einen Kredit für eine Urlaubs-reise aufzunehmen, spielte er mit Freunden als Straßenmusiker, um das Geld zu verdienen. Dabei wurde er von einem Musik-produzenten entdeckt und brachte eine CD heraus:

„Felix Meyer ist ein Phänomen. Ob vor dem Brandenburger Tor, auf den Straßen Hamburgs oder in einer kleinstädtischen Fußgängerzone: Wo immer der Sänger mit seiner fünfköpfigen Band auftritt, bilden sich flugs Menschentrauben. Mal sind es 30 oder 50, mal aber auch 150 Zuhörer, die fasziniert innehalten, um einem deutschsprachigen Straßenmusiker zu lauschen … ‚Das Schöne an Straßenmusik ist, dass man sehr nah an den Leuten dran ist, dass man auf Augenhöhe agiert und keine Distanz schafft‘, schwärmt Meyer … Mit zwei Mitgliedern der Band musiziert er schon seit rund zehn Jahren auf der Straße. ‚Wir haben das früher gemacht, weil wir in den Urlaub fahren wollten und kein Geld dafür hatten. Da sind wir einfach losgezogen mit einer Gitarre.' In Italien, Spanien, Frankreich war man so unterwegs. Immer häufiger aber auch in Deutschland, vor allem in einer Stadt: ‚Lüneburg, da sind wir immer wieder hin.' In Lüneburg auf der Straße war es auch, wo Peter Hoffmann der Band begegnete, Produzent von Tokio Hotel, der auch mit Künstlern wie Ben Becker zusammengearbeitet hat. Hoffmann lud Felix Meyer ein: ‚Wir haben uns unterhalten, was man machen könnte, und waren uns ziemlich schnell einig, dass es Richtung deutscher Chanson gehen soll', berichtet Meyer."[217]

Von der Straßenmusik zum Profimusiker. Machen wir in einer Krise keine Schulden, sondern das, was wir gut können und uns Freude bereitet, dann öffnen sich Türen, von denen wir bisher gar nicht wussten.

Zudem können wir einen Gedanken der Grameen-Bank übernehmen, die in Entwicklungsländern Menschen Kleinst-kredite, sogenannte Mikrokredite, zur Verfügung stellt. Zu der Bank später mehr. Eine Auflage bei den Mikrokrediten ist, dass die Freunde des Schuldners gemeinsam für ihn bürgen: „Die Grameen-Bank gehört ihren Kunden. Deswegen wurden Kredite seiner Grameen-Bank (*gram* heißt ‚Dorf'; komplett übersetzt be-deutet der Begriff so viel wie: ‚Bank auf dem Land') nur unter der Voraussetzung angeboten, dass sich in den Dörfern kleine Gruppen zusammenschlossen, die von Bankmitarbeitern geschult wurden und füreinander bürgten."[218]

Für uns sicher ein merkwürdiger Gedanke, aber die moralische Wirkung ist einfach: Durch das Bürgen hat das ganze Umfeld des Kreditnehmers ein Interesse, dass dieser gewissenhaft seinen Kredit zurückzahlt. Sollte der Schuldner Probleme bekommen, ist es kein Tabu-Thema, das ihn allein beschäftigt, sondern er kann

217 http://www.focus.de/kultur/musik/musik-strassenmusiker-felix-
     meyer-bringt-cd-raus_aid_533084.html vom 30. Juli 2010
218 https://de.wikipedia.org/wiki/Grameen_Bank vom 10. Januar 2015

offen darüber reden. Sprechen wir bei einer finanziellen Krise offen mit den Gläubigern, aber auch mit Familie und Freunden. Dann findet sich eine Lösung und es geht uns besser, denn geteiltes Leid ist bekanntlich halbes Leid.

Leben und konsumieren wir bewusster, dann kommen wir mit unserem Einkommen aus. Machen wir keine Schulden, sondern nutzen Geldprobleme als Antrieb, einander zu unterstützen, bewusster zu konsumieren oder mit unseren Talenten und Ideen mehr zu verdienen.

Finanzen. Unser Leben über die Verhältnisse

Blicken wir auf unsere gesamte Gesellschaft. Was sich anhand der immensen Staatsverschuldung sehr gut veranschaulichen lässt, ist eins: Unsere Gesellschaft lebt seit Langem über ihre Verhältnisse. Wenn wir uns auch hier der Ursachen bewusst werden, können wir Änderungen herbeiführen. Wir werden besser leben, wenn wir wieder lernen, mit unserem Geld auszukommen, statt ständig neue Schulden zu machen. Wir können unsere Steuergelder transparenter und nach eindeutigeren Regeln einsetzen. Wir können Banken künftig wie andere Unternehmen betrachten und müssen ihnen nicht mit Rettungsmaßnahmen in Milliardenhöhe helfen, sondern lediglich die notwenigen Funktionen der Banken sichern und die Kunden in gewisser Weise schützen.

Betrachten wir die globale Finanzkrise seit 2007. Deren Ausbruch wird auf ein Fehlverhalten der Banken und das billige Geld, das die Notenbanken vor allem in den USA zur Verfügung gestellt haben, zurückgeführt. Dazu später mehr. Die Schuldenberge der öffentlichen Haushalte, auch in Europa und Deutschland, haben sich bereits davor stetig aufgetürmt und waren zum Teil außerhalb der gemeinsam von den Euro-Ländern festgelegten Maastricht-Kriterien. Diesen ganzen Status quo nun mit Milliarden Euro neuer Schulden im Rahmen sogenannter Rettungsprogramme zu erhalten, kann nicht der einzig richtige Weg sein. Manche dieser Maßnahmen mögen sinnvoll gewesen sein und Schlimmeres verhindert haben. Dennoch sollte das erfolgen, was bei jeder persönlichen Krise hilfreich ist – aus den Ursachen lernen: Wie kam es so weit?

Vor dem Hintergrund des Ost-West-Konfliktes blühte der Westen Europas auf, vor allem Deutschland im sogenannten Wirtschaftswunder der Nachkriegszeit. Es wurde immer mehr erwirtschaftet, viele profitierten und es konnte immer mehr verteilt werden – seit den 1970er Jahren aber auch auf Basis von Schulden. Den letzten ausgeglichenen Bundeshaushalt gab es im Jahr 1969, dann erst wieder im Jahr 2014:

„Der Bund ist überraschend bereits 2014 ohne neue Schulden ausgekommen – das erste Mal seit mehr als 40 Jahren. Finanzminister Wolfgang Schäuble (CDU) hat damit die ‚schwarze Null‘ ein Jahr früher erreicht als geplant … Zuletzt erreichte der Bund 1969 einen ausgeglichenen Haushalt ohne neue Kredite zur Finanzierung seiner Ausgaben."[219]

Trotz dieser positiven Meldung bleibt abzuwarten, ob dies dauerhaft gelingt und wann die aufgelaufenen Schulden zurückgezahlt werden.

Daher ist auch die viel zitierte Theorie von John Maynard Keynes praktisch kaum umzusetzen, die vereinfacht gesagt lautet: In schlechten Zeiten soll der Staat Schulden machen, um die Wirtschaft anzukurbeln, was zu einem erhöhten Steueraufkommen führt, um dann in guten Zeiten mit den höheren Steuereinnahmen die Schulden zurückzuzahlen.

Theoretisch hört sich das gut an, aber funktioniert das praktisch? Wer bewertet denn, ob die Zeiten gut oder schlecht sind? Schaut man sich die vergangenen 50 Jahre der Bundesrepublik an, bedeutet das anhand stetig steigender und neuer Schulden: Es waren

---

219 Hamburger Abendblatt, 13. Januar 2015, Seite 3

ausschließlich schlechte Zeiten. Das Gegenteil war bekanntlich in den meisten Jahren der Fall. Deutschland und Westeuropa erlebte eine historisch wohl einmalige wirtschaftliche Wachstumsphase. Eigentlich hätten in diesen Zeiten mit den jeweils höheren Steuereinnahmen die alten Schulden zurückgezahlt und Rücklagen für schlechte Zeiten angelegt werden sollen. Das ist nicht geschehen. Es ist aber auch menschlich nachvollziehbar, dass eine neue Regierung wenig Motivation hat, die Schulden der Vorgängerregierung abzubezahlen, so selbst weniger Geld zur Verfügung hat und sich beim Wähler unbeliebt macht. Stattdessen selbst über schlechte Zeiten reden und Schulden machen. Ein Kreislauf, der nicht nur höhere Schulden verursacht, sondern geradezu zum Verkünden schlechter Nachrichten verleitet.

Im Vertrag von Maastricht im Jahr 1992 legten die beteiligten EU-Staaten für die spätere Einführung der Gemeinschaftswährung Euro Stabilitätskriterien fest, die vor allem die Staatsschulden der einzelnen Staaten begrenzen sollten. Das Haushaltsdefizit dürfe nicht mehr als drei Prozent des Bruttoinlandsprodukts (BIP) betragen und die gesamtstaatliche Verschuldung 60 Prozent des BIP nicht übersteigen. Hier wurden bekanntlich schnell Ausnahmen die Regel; viele Staaten des Eurolandes hielten und halten sich nicht daran.

Im Beitrag „Widerspruch ungelöst" wird geschildert, wie die Länder ihre selbst vereinbarten Verträge gebrochen haben. Auch Deutschland unter der Regierung Schröder verstieß bereits 2002 gegen die Maastricht-Kriterien.[220] Das ließ nicht nur die Verschuldung steigen, sondern vor allem das Vertrauen in die Politik sinken.

Ökonomen sehen die Politik des Wachstums basierend auf Schulden zunehmend kritisch, wie der Tscheche Tomás Sedlácek, Wirtschaftswissenschaftler und Autor, in einem Interview erklärt:

„Unser Wachstum ist unnatürlich. Wenn ich mir 10 000 Euro leihe, würde nur ein Idiot glauben, dass ich um 10 000 Euro reicher bin. Wenn die Regierung das Gleiche tut, sich für drei

---

220 Der Spiegel, Nummer 28 vom 4. Juli 2015, Seite 22 ff.

Prozent des Bruttoinlandsprodukts verschuldet, das Geld investiert und so dafür sorgt, dass die Wirtschaft um drei Prozent wächst, applaudieren alle. Sie glauben tatsächlich, dass wir dann drei Prozent reicher sind. Ein Großteil unseres Wohlstands ist künstlich. Unsere Gesellschaft ist berauscht von Schulden. Und die Wirtschaftswissenschaftler haben es verpasst, das richtig zu erklären. Das ist kein Wohlstand, das ist Schuldenwohlstand."[221]

Branko Milanovic (Professor an der City University of New York) beschreibt in einem Interview, wie die ungleiche Einkommensverteilung in den USA die Finanzkrise verursacht hat:

„Hohe Ungleichgewichte führen zu Krisen, wie der Finanzkrise ab 2008 ... Ein gigantisches Vermögen – das Ergebnis von Einkommensungleichheit, suchte nach Anlagemöglichkeiten. Aber die sind begrenzt ... Das führt zu politischen Problemen für Demokraten und Republikanern, weil die Leute unzufrieden sind. Beide Parteien förderten daher Kredite für Geringverdiener und damit den Erwerb von Immobilien. Also floss ein Teil des Anlagevermögens in staatlich geförderte Immobilienkredite. Die Interessen der Reichen und der Mittelklasse waren plötzlich die gleichen. Die einen konnten ihr Geld investieren, und die anderen bekamen es als Darlehen. Den Politikern kam das entgegen, da sie so verschleiern konnten, dass die Einkommen der Mittelklasse stagnierten. Die Folge war, dass die Verschuldung der privaten Haushalte von 48 Prozent des BIP während der Achtzigerjahre auf 100 Prozent kurz vor der Krise stieg. Die Mittelklasse fühlte sich als Gewinner."[222]

Dieses Beispiel zeigt gut, wie durch vermeintlich gut gemeinte politische Entscheidungen sowie staatliche Förderungen Krisen entstehen. Und dann soll es richtig sein, diese Krise mit Steuergeldern und neuen Schulden zur Rettung von Staaten und Banken zu meistern?

---

221 http://www.spiegel.de/wirtschaft/tomas-sedlacek-selbst-angela-merkel-wuerde-geld-drucken-a-1016975.html vom 8. Februar 2015
222 Magazin Brand eins, 6. Juni 2014, Seite 40 ff.

Ein Bankensystem ist sicher wichtig für ein Land und eine funktionierende Wirtschaft. Banken sichern den baren wie unbaren Zahlungsverkehr, handeln mit Wertpapieren und beraten im Rahmen des Investment Banking Unternehmen bei der Kapitalaufnahme, etwa bei einem Börsengang. Dazu ist ihr ursprünglicher Zweck, Geld vieler Anleger zu sammeln, diese zu verzinsen und sie als Kredite wieder für die Wirtschaft, Kommunen und Privatpersonen auszugeben.

Die Rettung von Banken wurde damit begründet, dass sie systemrelevant seien. Wäre es nicht an der Zeit, dies einmal zu hinterfragen? Hier eine Definition des Begriffs:

„Bei Kreditinstituten hat sich seit der Finanzkrise für die Rettung von angeschlagenen Kreditinstituten der Ausdruck ‚systemrelevant‘, ‚systemtragend‘ oder ‚systemisch‘ herausgebildet. Das rettenswerte Institut (oder eine Institutsgruppe) eines Staates spielt wegen der Größe oder der Bedeutung eine besondere Rolle im Rahmen des Kreditwesens und darf deshalb bei etwaigen Staatshilfen als erstes mit einer Staatshilfe rechnen. Was ‚systemrelevant‘ konkret bedeutet, ist aufsichtsrechtlich für Deutschland definiert. Systemrelevant sind danach Institute, deren Bestandsgefährdung aufgrund ihrer Größe, der Intensität ihrer Interbankbeziehungen und ihrer engen Verflechtung mit dem Ausland erhebliche negative Folgeeffekte bei anderen Kreditinstituten auslösen und zu einer Instabilität des Finanzsystems führen könnte. Die Einstufung als systemrelevantes Institut erfolgt einvernehmlich zwischen BaFin (Anm. des Autors: Bundesanstalt für Finanzdienstleistungsaufsicht) und Bundesbank. Der Begriff ‚systemrelevant‘ ist mithin inhaltlich ein Synonym für die Finanzdoktrin ‚too big to fail‘ (Übersetzung als Anmerkung des Autors. ‚Zu groß, um zu scheitern‘).[223]

Wir haften als Staat mit vielen Milliarden Euro über verschiedene Rettungsprogramme für solche Banken. In Deutschland wurden mehrere Landesbanken unterstützt, dazu diverse private Banken; allein

---

223 https://de.wikipedia.org/wiki/Systemrelevanz vom 22. November 2014

die Commerzbank wurde mit Milliarden Euro vom Steuerzahler gerettet. Auch wenn die Bank einen Großteil davon zurückzahlte, bleibt für den Staat eine Lücke von fast zwei Milliarden Euro.[224]

Die Bank hat so neue finanzielle Möglichkeiten, schenkt neuen Kunden je 100 Euro, zahlt für eine Werbekampagne mit der deutschen Fußball-Nationalmannschaft 20−25 Millionen Euro und hat damit neue Kunden gewonnen.[225]

Hier zeigt sich der ganze Widerspruch, wenn Menschen überhastet mit Steuergeld handeln: Ein Unternehmen wird mit Milliarden an Steuergeldern gerettet, verschenkt Geld, finanziert teure Werbekampagnen und gewinnt so Kunden von gesunden Unternehmen. Denen geht es dadurch möglicherweise schlechter und sie müssen Mitarbeiter entlassen, deren Unterstützung erneut Staatsgelder kosten würde. Das soll richtig sein? Wie es anders gehen kann, folgt nach diesem Exkurs.

Exkurs zur Griechenland-Krise

Anhand der Griechenland-Krise sehen wir gut, wie Krisen eben nicht genutzt wurden, um Probleme dauerhaft zu lösen, sondern durch Schulden über Jahre vertagt wurden.

Die Krise begann quasi mit der Euro-Einführung und erreichte in den Jahren 2014−2015 mehrere Höhepunkte. Es gibt gegenseitige Schuldzuweisungen, mit den sogenannten Rettungsprogrammen wurden u. a. der Staat und Banken gerettet. Den Menschen selbst wurde mit diesen Programmen kaum geholfen; ihnen geht es zum Teil sogar schlechter: „Natürlich kann man den Griechen vorhalten, dass sie bei ihrem Eintritt in den Euro getrickst haben. Dass der Rest Europas dabei weggeschaut hat, aber

---

224 http://www.spiegel.de/wirtschaft/unternehmen/commerzbank-nach-rueckzahlung-der-staatshilfen-bleibt-ein-verlust-a-888695.html) vom 13. März 2013
225 Frankfurter Allgemeiner Zeitung, 17. Juli 2014, Seite 18

nicht. … Natürlich gibt es noch immer einen großen Reformbedarf in der hellenischen Verwaltung, sind die Investitionsbedingungen zu schlecht für ausländisches Kapital, muss der Haushalt dringend weiter saniert werden. Das Problem ist, dass dabei die normalen griechischen Bürger auf der Strecke bleiben. Viele von ihnen sind schon verarmt. Weiteren droht dieses Schicksal. … Es ist kein Wunder, dass sich viele Griechen fragen, wieso für Banken und Staaten Rettungspakete in Milliardenhöhe geschnürt werden, bei ihnen aber nur Durchhalteappelle ankommen."[226]

Griechische Bürger empfanden diese Politik zunehmend als demütigend. Daher war der Wahlsieg der Linkspartei Syriza mit Alexis Tsipras als Griechenlands neuen Regierungschef im Januar 2015 nachvollziehbar.

Auch mit der Politik dieser griechischen Regierung ging es den Menschen ging nicht besser. In Deutschland, das bekanntlich für einen großen Anteil der Rettungspakete bürgt, sehen so manche diese Rettungsmaßnahmen kritisch, wie auch die Rettungspolitik der Notenbanken. Es folgt ein Exkurs zur Rettungspolitik der Europäischen Zentralbank (EZB), dann folgen Vorschläge zum künftigen Vorgehen bei solchen Krisen.

Exkurs zur Rettungspolitik der EZB

Die Europäische Zentralbank (EZB) senkt seit Jahren die Zinsen auf historische Tiefststände und kauft Staatsanleihen der Krisenstaaten auf. Dies sehen vor allem deutsche Experten kritisch:

„Der frühere Bundesverfassungsrichter Udo Di Fabio sieht die Gefahr, dass die Notenbank mit dem Kauf bestimmter Kreditverbriefungen ihr Mandat überschreiten könnte … Das geldpolitische Mandat könnte überschritten werden, wenn das Programm darauf ziele, die Banken zu entschulden und von Risiken zu befreien."[227]

226 Hamburger Abendblatt, 5. Januar 2014, Seite 2
227 Frankfurter Allgemeine Zeitung, 25. September 2014, Seite 15

Im Beitrag „Sparkassen warnen vor neuer Krise" ist zu lesen: „Sparkassen-Präsident Georg Fahrenschon hat vor neuen Verwerfungen auf den Finanzmärkten gewarnt. ‚Viele Probleme sind nicht gelöst, sondern mit zu viel billigem Geld zugedeckt worden', sagte Fahrenschon … am Rande der Jahrestagung des Internationalen Währungsfonds (IWF). Die globalen Ungleichgewichte nähmen zu …"[228]

Selbst Experten aus südeuropäischen Krisenstaaten bewerten die Niedrigzinspolitik skeptisch, wie der Spanier Jaime Caruana von der Bank für Internationalen Zahlungsverkehr (BIZ) in Basel:

„Wir sehen, dass die niedrigen Zinsen zwar die Risikobereitschaft erhöht haben. Aber die Anleger investieren nicht in die Realwirtschaft, sondern wetten auf den Finanzmärkten. Dieser Renditehunger hat zu den Übertreibungen geführt. Umso wichtiger ist es, dass die Geldpolitik schnell zur Normalität zurückkehrt. … Auf den Finanzmärkten wird es etwas unruhiger zugehen, aber deshalb sollten wir den Ausstieg aus der lockeren Geldpolitik nicht weiter hinauszögern."[229]

Statt aus dieser Entwicklung zu lernen, geht es seitens der EZB weiter, wie Lüder Gerken (Vorsitzender der Stiftung Ordnungspolitik und des Centrums für Europäische Politik in Freiburg im Breisgau) beschreibt:

„Für faule Kredite zahlt am Ende der Steuerzahler … Am Finanzmarkt … steht ABS für ‚Asset Backed Security', zu Deutsch ‚forderungsbesichertes Wertpapier'. Das Grundprinzip ist einfach: Banken dürfen nicht unbegrenzt Kredite vergeben … Das lässt sich aber umgehen … Eigens dafür gegründete ‚Zweckgesellschaften' kaufen den Banken Kredite – gute wie schlechte – ab. Die Kredite werden zusammengeworfen und zu einem Paket geschnürt, im großen Stil … Diese nennt man ABS: an der Börse gehandelte Wertpapiere … Leidtragende waren die naiven Käufer, ganz vorne unsere Landesbanken. ABS haben 2007 die Welt-

228 Handelsblatt, 13. Oktober 2014, Seite 36
229 Handelsblatt, 30. Juni 2014, Seite 28–29

finanzkrise ausgelöst: Banken in den USA hatten fortwährend zuhauf Kredite vergeben, gleich wieder verkauft, neue vergeben, verkauft, neue vergeben usw … Die Europäische Zentralbank (EZB) hat beschlossen, sie den EU-Banken abzukaufen. Außerdem hat sie die Banken aufgefordert, ihre alten Kredite zu neuen ABS zu bündeln, die sie ebenfalls kaufen will. Warum? Sie behauptet, die Banken säßen auf so vielen Altkrediten, dass sie keine neuen vergeben könnten. Ohne neue Kredite, so die EZB-Logik, keine Investitionen, damit kein Wachstum und damit kein Ende der Euro-Krise … Die EZB verkommt immer mehr zu einer ‚Bad Bank‘."[230]

Matthias Iken beschreibt diese Anleihe-Ankäufe der EZB sowie ein Urteil des Europäischen Gerichtshofs in seinem Beitrag „Wie Draghi Europa in ein Italien verwandelt":

„In der vergangenen Woche hat der Generalanwalt am Gerichtshof der Europäischen Union deutlich gemacht, die Europäische Zentralbank dürfe im großen Stil Anleihen kaufen … Eine bittere Botschaft bleibt für den Steuerzahler in Europa – er wird eines Tages die Zeche zahlen müssen. Denn das Risiko landet erst bei der EZB und damit schlussendlich bei den Staaten und ihren Bürgern … Mario Draghi verwandelt die ganze Euro-Zone – mit ihren mickrigen Wachstumsraten, ihrem Reformstau und ihrer Investitionsschwäche wird längst ein Schuh draus – in ein großes Italien … Draghi ist ein Kind der Finanzmärkte. 2004 bis 2005 war er sogar Vice-Präsident bei Goldman Sachs. Das ist die Investmentbank, die einst tatkräftig mithalf, Griechenland mit komplizierten Währungsgeschäften zum Schaden Europas in den Euro zu schummeln. Also genau die US-Bank, die in Europa trotz dieser Geschäfte bislang ohne einen Cent Strafe weiterspekulieren darf, während in den USA zur Aufarbeitung der Finanzkrise kein Institut ungeschoren bleibt. Man muss nicht an Verschwörungstheorien glauben, aber wundern darf man sich."[231]

---

230 Hamburger Abendblatt, 6. November 2014, Seite 2
231 Hamburger Abendblatt, 19. Januar 2015, Seite 2

Marc Friedrich und Matthias Weik haben über die Finanzpolitik das Buch „Der größte Raubzug der Geschichte" geschrieben:

„,Am laufenden Band', schreiben sie, ,wurden Gesetze gebrochen, um das System am Leben zu erhalten.' Die Finanzbranche sei die einzige Branche, die außerhalb von Recht und Gesetz stehe, klagen sie. Und die Notenbanken sind für sie Brandstifter, die sich als Feuerwehr aufspielen."[232]

Dieser Beitrag beschreibt diesen Weg ebenso kritisch und kündigt ein hartes Ende an: „Überall das gleiche Bild: Trotz Hyperaktivität der Notenbanken schrammt die Wirtschaft an der Inflationsnulllinie entlang oder unterschreitet sie sogar. Daraus zu schließen, jetzt müsse noch mehr Bares verteilt werden, ist nicht unbedingt einleuchtend. Denn die Notenbanken sind mit deflationären Faktoren konfrontiert, die sie weder mit Geld noch mit guten Worten beeinflussen können:

* Überkapazitäten: Die Güterpreise fallen, weil die weltweiten Produktionsmöglichkeiten durch die Globalisierung (China!) im vorigen Jahrzehnt extrem ausgeweitet worden sind.

* Digitalisierung: Immer mehr Produkte wechseln aus der physischen Sphäre in die virtuelle. Meist ist ein massiver Preisverfall die Folge.

* Schuldenüberhang: Der Boom der 2000er Jahre hat überall auf der Welt Schulden in Rekordhöhe hinterlassen, die jetzt die finanziellen Spielräume der Bürger, Firmen und Staaten einengen. In einem solchen Umfeld zusätzliche Investitionen und Konsumausgaben mit einer superexpansiven Geldpolitik herauszukitzeln, ist schwierig, womöglich sogar falsch: Wer hohe Schulden hat, braucht nicht unbedingt noch weitere Kredite. Solange sich Regierungen und Banken um einen geordneten Schuldenabbau − mittels Insolvenzen und Abschreibungen − herumdrücken, wird sich an dieser Lage wenig ändern.

---

232 Der Spiegel Nr. 7 vom 7. Februar 2015, Seite 64

Die EZB übernimmt also letztlich Verantwortung für etwas, das sie nicht selbst beeinflussen kann … Dazu kommt ein weiteres Risiko: Die EZB gewöhnt die Finanzmärkte an immer weiter steigende Dosen von Aufputschmitteln."[233]

Das bisherige Fazit dieser Politik der Notenbanken wie der EZB: Die Schulden sind trotz aller Maßnahmen nicht weniger geworden, ganz im Gegenteil:

„Der weltweite Schuldenberg im öffentlichen und privaten Sektor ist in den vergangenen sieben Jahren schnell gewachsen. Alle großen Volkswirtschaften seien heute stärker verschuldet als zu Beginn der letzten Finanzkrise im Jahr 2007 – und hätten zumeist die Chance zum Schuldenabbau verpasst. Das ist das Ergebnis einer Untersuchung der Beratungsfirma McKinsey. Im zweiten Quartal 2014 standen Staaten, Unternehmen, Finanzsektor und Privatleute weltweit mit insgesamt 199 Billionen Dollar – umgerechnet 175 Billionen Euro – in der Kreide. Das waren 57 Billionen Dollar mehr als beim Ausbruch der Finanzkrise 2007, rechnet McKinsey vor. Im Jahr 2000 lag die globale Schuldensumme noch bei 87 Billionen Dollar."[234]

Was für ein Irrsinn.

Dabei gab und gibt es einfache Regeln: Spare in guten Zeiten und sorge für schlechte Zeiten vor. Bei Finanzanlagen galt, dass höhere Renditen auch höhere Risiken bedeuteten. Diese Grundsätze hatten Menschen seit jeher aus Erfahrungen gelernt und an künftige Generationen weitergegeben. Wer sich nicht daran hielt und riskant spekulierte, tat dies auf eigenes Risiko und konnte dabei gewinnen oder eben auch verlieren.

Mit der Niedrigzinspolitik der Notenbanken wird weiter Geld auf die Märkte gepumpt. Die Banken nutzen das aber nicht wie gedacht, um die Wirtschaft mit Krediten zu versorgen, und die Sparer leiden unter den niedrigen Sparzinsen. Das Traurige hieran

233 http://www.spiegel.de/wirtschaft/unternehmen/ezb-programm-draghi-verspricht-zuviel-a-1021087.html vom 1. März 2015
234 Hamburger Abendblatt, 6. Februar 2015, Seite 19

ist, dass diese Politik nicht nur Milliarden an Steuergeldern kostet, sondern die oben genannten alten Grundsätze bei den Menschen verändert: Die Tugend des Sparens wird bei manchem zu: „Wieso soll ich sparen? Dann doch besser Schulden machen."

Manch ein Investmentbanker mag jetzt wohl denken, dass er weiter risikoreich spekulieren könne, nach dem Motto: „Wenn es gut geht, mache ich hohe Gewinne, wenn es schlecht geht, springt der Steuerzahler ein."

Prof. Ulrich Reinhardt von der BAT-Stiftung für Zukunftsfragen beschreibt die Folgen dieser Rettungspolitik:

„Eine für mich entscheidende Frage lautet in diesem Zusammenhang: Sind wir gewillt, aus Krisen zu lernen und Situationen zu verändern? Nehmen wir als Beispiel die Bankenkrise: Als die ersten Geldinstitute Pleite zu gehen drohten, wurde von zahlreichen Wissenschaftlern, Politikern und Medienvertretern ein radikales Umdenken gefordert. Der Kapitalismus stand zur Disposition und alternative Konzepte wurden intensiv diskutiert. Dann jedoch stellten wir fest, dass alles gar nicht so schlimm wurde wie erwartet, und kehrten zurück zum Daily Business (beispielsweise wurden im letzten Jahr 2013 allein an der Wall Street 165 Millionen Dollar an Boni ausgezahlt, 2008 waren es ‚nur' 100 Millionen). So gesehen mag die staatliche Rettung von Banken zwar ökonomisch richtig gewesen sein, pädagogisch erachte ich sie jedoch als falsch, denn etwas gelernt oder verändert wurde nicht. Die logische Folge: Wir werden auch in Zukunft wieder vergleichbare Situationen haben."[235]

Die Ursachen der Krise wurden nicht gelöst, sondern mit diesen Schuldenprogrammen in die Zukunft vertagt und dadurch, wie die steigenden Schulden zeigen, noch schwerwiegender. Auch hier wären ohne neue Schulden und Rettungsprogramme alle Beteiligten gezwungen gewesen, bereits frühzeitiger die eigentlichen Ursachen der Krise zu lösen.

---

235 Hamburger Abendblatt, 11. August 2014, Seite 10

Finanzkrise. Unsere Lektionen

Was lernen wir daraus mit Blick auf mögliche künftige Krisen? Bei der Einigung zur Einführung der Gemeinschaftswährung Euro hofften die teilnehmenden Länder darauf, dass der Euro die Stärke und Stabilität der Deutschen Mark (D-Mark) bekäme. Warum haben sich die Staaten nicht daran orientiert, wie Deutschland seine D-Mark jahrelang stabil gehalten hat? Dabei ist es im Grunde so einfach: Warum sollten für einen Staatshaushalt andere Prinzipien gelten als für einen Privathaushalt? Jede Finanzierung sollte so angelegt werden, dass sie passend zur Investition zurückgezahlt werden kann. Laufende Ausgaben sollten ausschließlich durch laufende Einnahmen und nicht über Kredite gedeckt werden.

Bankenkrisen. Unsere Lösung

Damit der Steuerzahler künftig nicht mehr bei einer Bankenpleite einspringen muss, sollen in Zukunft zunächst die Eigentümer und Gläubiger der betroffenen Bank haften, dann die Banken alle füreinander durch einen neuen europäischen Abwicklungsfonds.

Was sich zunächst sinnvoll anhört, ist es eben nicht: Macht es Sinn, wenn alle Bürger der EU untereinander haften, der Sparsame für den Schuldenmacher, die sich nicht einmal kennen? So wie Menschen unterschiedlich sind, so haben Banken bekanntlich unterschiedliche Geschäftsmodelle. Diese verschiedenen Bankengruppen haften in Deutschland über eigene Sicherungssysteme. Eine Sparkasse würde also vom Haftungsverbund der Sparkassen gerettet werden. Denn warum soll eine lokale deutsche Volksbank oder Sparkasse künftig dafür zahlen, wenn eine Investmentbank aus London insolvent ginge? Der bayerische Finanzminister Röder betont dies:

„Der wirtschaftliche Erfolg Deutschlands basiert nicht auf den Großbanken, sondern auf den vielen kleinen und mittleren

Banken. Die finanzieren den Mittelstand und haben Deutschland in der Krise am Leben gehalten. Systemische Risiken gehen von ihnen nicht aus. Deswegen müssen wir diese Institute auch schützen."[236]

Dennoch sollen, wie dort weiter beschrieben, die Finanzmarktregulierungspläne der EU nicht nur für Großbanken, sondern auch für die kleineren Sparkassen gelten, während es in den USA Ausnahmen für regionale Banken gibt: So fallen die rund 6 000 ‚community banks', die ein regionales Geschäft wie Sparkassen betreiben, nicht unter die harten Baseler Eigenkapital-Vorgaben."

Auch die Volksbanken sind betroffen und deren Vertreter können es nicht nachvollziehen: „Die Volksbanken wehren sich dagegen, den für die Abwicklung von gescheiterten Banken dienenden Fonds überproportional finanzieren zu müssen."[237]

Wenige Tage später bekräftigt dies Gerhard Hofmann, Vorstandsmitglied des Bundesverbandes der Volks- und Raiffeisenbanken: „Man könnte aufgrund der Vorschläge den Eindruck gewinnen, dass die eigentliche Gefahr für das Finanzsystem angeblich von Instituten wie etwa der Ostfriesischen Volksbank eG oder einer kleinen Genossenschaftsbank in Italien ausgeht."[238]

Zudem schaffen wir durch diesen Fonds neben neuer Bürokratie falsche Anreize. Wenn eine Bank spekuliert und Gewinne macht, profitiert sie davon. Macht sie Verluste und gerät in Schieflage, gibt es ja mit dem Abwicklungsfonds ein Netz, das die Bank nach den Eigentümern und Gläubigern auffängt. Dieser Fonds wird von allen Banken gefüllt; damit zahlen auch die Kunden der soliden Banken. Zudem muss er verwaltet werden, was sicher viele Menschen beschäftigt und daher mal wieder auch unser Steuergeld kostet.

Auch in allen Banken, Volksbanken und Sparkassen müssen sich Leute damit beschäftigen, die dem Kunden Geld kosten.

---

236 Handelsblatt, 22. Juli 2014, Seite 28
237 Frankfurter Allgemeine Zeitung, 17. Juli 2014, Seite 17
238 Frankfurter Allgemeinen Zeitung, 22. Juli 2014, Seite 17

Wenn sich dann viele Banken auf diesen Abwicklungsfonds verlassen, risikoreich handeln, Verluste machen und der Fonds sich zu Ende neigt, wer ist dann an der Reihe? Dann wohl wieder wir Bürger als Steuerzahler. Was ist nicht alles seitens der Politik und Institutionen wie der EZB gemacht worden, mit Unsummen an Steuergeld? Wäre es nicht an der Zeit und sinnvoller, endlich die Ursachen zu lösen?

Erinnern wir uns an die bereits genannten drei Gründe für die Systemrelevanz von Banken: Das sind die Größe der Bank sowie die Interbankbeziehungen und Verflechtungen untereinander. Sorgen wir also einfach für Regeln, dass künftig keine Bank mehr diese Gründe erfüllen kann, somit nicht systemrelevant werden kann und gerettet werden müsste. Die nationalen sowie internationalen Aufsichtsbehörden könnten dafür sorgen und die Größe von Banken beschränken. Für Interbankbeziehungen und Verflechtungen könnten sie vorgeben, dass die Banken untereinander nur in begrenzter Form miteinander verflochten sind und ebenso begrenzte Interbankbeziehungen haben sowie Schutzmechanismen aufbauen, damit in einer Krisensituation Kettenreaktionen ausblieben. Sollten sich die dafür Verantwortlichen in den Behörden nicht besser darum kümmern als um immer neue Rettungs- und Abwicklungsmechanismen?

Sollte es dennoch zu einer Bankpleite kommen, sicherten wir künftig die wichtigen Funktionen der Bank über andere Banken und schützten jeden Kunden bis zu einer gewissen Summe wie beispielsweise 100 000 Euro. Jeder würde daraus lernen, der Markt sich regulieren, die finanziellen Rettungsmaßnahmen kämen direkt bei den betroffenen Menschen an und wären klar kalkulierbar.

Es gibt also auch bei Banken Möglichkeiten, die Krisen zu bewältigen bzw. künftige zu verhindern, wenn wir die eigentlichen Ursachen lösen. Nach den ganzen Erfahrungen und Kosten der Finanzkrise sollte von uns als Bürger und Steuerzahler doch das unser Wille und Auftrag an die Politik sein, oder?

Staatsschulden. Unsere Hilfen

Wie helfen wir künftig verschuldeten Staaten wie Griechenland?

Zum einen sollten diese nicht wie bisher Hilfsgelder mit Auflagen zu deren Rückzahlungen erhalten, da die Auflagen von den Bürgern wieder als Strafen empfunden würden. Zum anderen sollten wir die unterschiedlichen Mentalitäten berücksichtigen. Viele von uns Deutschen mögen doch die leichtere und lockere Lebensart in den südeuropäischen Ländern und reisen wohl gerade deshalb gerne dorthin in den Urlaub. Eine Siesta am Mittag macht bei einem wärmeren und sonnigeren Klima auch Sinn. Wir können den Griechen wohl kaum unsere Lebensweise auferlegen. Von daher waren die Verträge von Maastricht zur Einführung des Euro auch ideal angelegt: Die Ziele wie die begrenzte Staatsverschuldung waren für alle Staaten gleich und kein Staat sollte für die Schulden des anderen einstehen. Jeder Staat ist für sich verantwortlich, dies zu gestalten, je nach Mentalität. Dann gehen wir künftig bei drohenden Staatspleiten einfach genauso vor:

Die Staaten lösten künftig selbstständig die Ursachen und entwickelten eigene Lösungen, damit diese Ziele und Maßnahmen auch von den eigenen Bürgern mitgetragen werden. Dabei erhielte der verschuldete Staat, wenn er dies möchte, natürlich Unterstützung anderer Staaten, beispielsweise für den Aufbau eines funktionierenden Steuersystems.

Wir sollten hier die im Kapitel „Geld und Materielles" beschriebenen psychologischen Auswirkungen von Sparen und Schulden rückzahlen beachten: Zuerst müsste der verschuldete Staat seine Leistungen vollbringen, erst dann würde er mit Hilfsgeldern belohnt, nicht umgekehrt wie bisher. Die anderen Euro-Staaten legten dem verschuldeten Staat keine Auflagen auf, sondern belohnten ihn stattdessen für gelungene Reformschritte beispielsweise mit folgendem Angebot nach dem Prinzip eines Matching-Funds: Für jeden Euro an Steuereinnahmen, den der verschuldete Staat über seinen aktuellen Stand hinaus einnähme, gäbe es von den anderen Euro-Staaten einen Euro dazu, gedeckt bis zu einer gewissen Höhe. Mit diesem Zuschuss würden zur einen

Hälfte Schulden abgetragen, zur anderen wichtige Investitionen in Schulen und Infrastruktur ermöglicht. So würde der Ehrgeiz jedes einzelnen Bürgers des betroffenen Landes motiviert, selbst aktiv zu werden, Reformen umzusetzen, Steuern zu zahlen, und das Geld käme unmittelbar dort an, wo es gebraucht würde.

Es gibt also auch Wege, Staaten zu helfen zu helfen, wenn diese selbst die Ursachen der Krise lösen und die Bürger des Landes dann mehrheitlich hinter den beschlossenen Maßnahmen stehen.

Schulden. Unsere Altlasten

Wie geht man mit den alten Schulden um, deren Zinszahlungen die öffentlichen Haushalte belasten? Sie sollten auf keinen Fall, wie oft gesagt, auf die nächsten Generationen verschoben werden. Das wäre nicht nur unmoralisch, sondern es zeichnet sich auch ab, dass dies aufgrund der demografischen Entwicklung und der endenden Wachstumsphase die nächsten Generationen überfordern würde.

Ein Vorschlag: Die alten Schulden werden gesondert im Haushalt eingestellt. Jede Institution, ob Bund, Land oder Kommune, bleibt Schuldner, denn ein anonymer Altschulden-Gesamttopf birgt die Gefahr, dass schnell vergessen wird, wer welche Schulden verursacht hat. Hier sollte niemand aus der Verantwortung genommen werden.

Dann beginnen wir wie als Privatpersonen, in regelmäßiger Form die Schulden zurückzuzahlen. Logik und Gerechtigkeitsempfinden legen nahe, dass jene Vermögen zum Schuldenabbau beitragen sollten, die durch diese Schulden ermöglicht wurden, und jene Menschen, die davon profitiert haben. Es sind ja in dieser Wachstumsphase der vergangenen Jahrzehnte nicht nur Schulden gemacht worden, sondern auch immense Vermögenswerte entstanden. In Deutschland besitzen private Haushalte 5,15 Billionen Euro.[239] Mit einer konzentrierten Aktion aller Staatsbürger könnten mit be-

---

239 laut Handelsblatt, 29. April 2014, S. 38

fristeten Sondermaßnahmen über einen begrenzten Zeitraum ein Großteil der Schulden abgetragen werden. Die Vermögens- und Erbschaftssteuer könnten wieder eingeführt bzw. erhöht werden. Hohe Pensionen und Renten könnten ebenfalls einen Beitrag leisten, dazu etwas höhere Abgaben auf Alkohol, Tabak und Einsparungen. Das Ganze über einen befristeten überschaubaren Zeitraum, zum Beispiel fünf Jahre. Ergänzend können wir, wie bereits beschrieben, konsequent Subventionen abbauen, die zum Teil widersinnig wirken.

Die Einnahmen aus allen diesen Maßnahmen nutzten wir befristet ausschließlich zum Abbau der Schulden. Natürlich würden wieder Forderungen kommen, das Geld für Bildung etc. zu nutzen. Natürlich sind Investitionen in Bildung wichtig. Aber sind die Schulden erst mal abgebaut, müssen wir künftig nicht mehr einen großen Teil des Haushaltes für Zinsen zahlen, sondern sind frei und können diese Mittel für Wichtigeres wie eben Bildung einsetzen. Mit sinkender Schuldenlast reduzierten sich auch die Ausgaben für Zinsen, sodass auch rasch ein Erfolg eines solchen mittelfristig organisierten Schuldenabbaus spürbar wäre, was einen enormen Schub für die Wirtschaft, die Gesellschaft und das Gemeinschaftsgefühl bewirkte. Die junge Generation würde spürbar entlastet.

Auch wohlhabende ältere Menschen erklären sich bereits bereit, mehr leisten zu wollen. Ein Beispiel ist der Hamburger Reeder Peter Krämer, der sich sozial engagiert und für höhere Steuern für Reiche eintritt.[240] Der französische Wirtschaftswissenschaftler Thomas Pickethy schlägt eine weltweit abgestimmte höhere Besteuerung des Kapitals vor, um einer Kapitalflucht vorzubeugen.[241]

Es gibt Wege, diese alten Schuldenlasten und damit auch das alte Denken abzubauen, wenn wir es nur mehrheitlich wollen.

Machen wir künftig keine neuen Schulden mehr bzw. ausschließlich für klar definierte Investitionen, ohne Sonderetats.

240 http://www.sueddeutsche.de/geld/reden-wir-ueber-geld-peter-kraemer-ich-will-etwas-bewegen-1.978518 vom 23. Juli 2010
241 vergl. Interview mit Thomas Pickethy in Der Spiegel, Nr. 19 vom 5. Mai 2014, Seite 65 ff.

Der Staat setzt sich noch stärker für definierte Kernaufgaben ein. In einer Gesamtstrategie sollten Themen wie Bildung/Erziehung, Wissenschaft/Forschung, Infrastruktur, Klimaschutz/Energie sowie innere und äußere Sicherheit die größte Bedeutung besitzen. Das Ganze nachhaltig ökonomisch und ökologisch angelegt aus dem laufenden Haushalt. Eben das verteilen, was da ist, denn das ist immer noch eine ganze Menge. Eigentlich ganz einfach! So sieht es auch der Redakteur Egbert Niessler:

„Und wie wäre es … mit ganz normalen ehrlichen Etats, die ohne euphemistisch Sondervermögen genannte Altschulden, Extrafonds und versteckte Kredite auskommen? In denen die Kassenwarte bei Bund und Ländern einmal ehrlich kalkulieren, was die Einnahmen hergeben und welche Ausgaben leistbar sind und welche nicht, statt ständig über die nächsten Wahlgeschenke und dann erforderliche Zusatzeinnahmen zu grübeln? Jeder private Haushalt muss mit dem auskommen, was er einnimmt. Das sollte auch für professionelle Finanzpolitiker und verantwortungsbewusste Volksvertreter keine Unmöglichkeit darstellen.“ [242]

Handeln wir bei den Finanzen so nachhaltig wie möglich. Bringen wir unseren Kindern weiter das Sparen bei und achten in unserer privaten Lebensführung und in unseren Kommunen auf vernünftige Finanzen.

Konten für alle. Unsere gute Idee für die Welt

Mit dem Argument „too big to fail“, also „zu groß um zu scheitern“, wurden wie geschildert in der Finanzkrise Großbanken mit Milliarden Steuergeldern gerettet. Wie beschrieben wäre eine andere Rettungspolitik möglich. Wenn Finanzdienstleistungen

---

242 Hamburger Abendblatt, 10. September 2014, Seite 2

für die Menschen und die Wirtschaft so wichtig sind, sollten wir doch allen Menschen den Zugang zu diesen Dienstleistungen ermöglichen. Dazu haben wir Europäer, vor allem wir Deutschen, während einer anderen Krise vor gut 200 Jahren etwas erfunden, was genau das ermöglicht und für stabile Finanzen für alle sorgt.

Der Gründer der Grameen-Bank, Muhammad Yunus, erlangte weltweite Bekanntheit, als er für seine Idee des Mikrokredits 2006 den Friedensnobelpreis verliehen bekam. Diese Bank vergibt Mikrokredite an arme Menschen, die damit ihre eigene Existenz aufbauen, wie bereits beschrieben. In Deutschland gibt es eine ähnliche Idee bereits seit dem 19. Jahrhundert. Wie es aber so ist mit etablierten Ideen: Sie werden als gewöhnlich und längst nicht mehr so positiv empfunden, da die ursprüngliche Not, aus der heraus sie etabliert wurden, erfolgreich bekämpft wurde. Es handelt sich um die Idee der Sparkassen.

Banken sind meist private Wirtschaftsunternehmen und hatten früher wie heute als vorrangiges Ziel, Gewinne für ihre Eigentümer zu erwirtschaften, ob mit vielen oder wenigen Kunden. In früheren Zeiten hatten viele sogenannte einfache Menschen weder die Möglichkeit zu sparen noch Kredite zu bekommen. Eine Vermögensbildung blieb vielen verwehrt; nicht nur aus diesem Grunde herrschte eine verbreitete Armut. „In England war die Idee, die Lage der ärmsten Bevölkerungskreise durch Weckung des Sparsinns zu fördern, der Anlass, seit dem Jahre 1798 mehrere sparkassenähnliche Institute zu errichten."[243]

In Deutschland sah es ähnlich aus. Vor dem Hintergrund dieser gesellschaftlichen Krise mit verbreiteter Armut wurden in vielen Regionen Deutschlands Sparkassen gegründet. Die erste Sparkasse entstand 1778 in Hamburg als sogenannte Ersparungsklasse und wurde von der Hamburger Gesellschaft zur Beförderung der Künste und nützlichen Gewerbe, der Patriotischen Gesellschaft,

---

243 Mura, Jürgen: Entwicklungslinien der deutschen Sparkassengeschichte, 1994, Deutscher Sparkassenverlag Stuttgart, Seite 25

ins Leben gerufen. Der Zweck wurde im § 94 der Anordnung wie folgt beschrieben:

„Die Ersparungsklasse dieser Versorgungsanstalt ist zum Nutzen geringer fleißiger Personen beiderlei Geschlechts, als Dienstboten, Tagelöhner, Handarbeiter, Seeleute errichtet, um ihnen Gelegenheit zu geben, auch bei Kleinigkeiten etwas zurückzulegen und ihren sauer erworbenen Not- und Brautpfennig sicher zu einigen Zinsen belegen zu können …"[244]

Diese erste Sparkasse fiel den napoleonischen Kriegen zum Opfer. Nach Ende dieser Kriege entstanden in vielen deutschen Städten kommunale Sparkassen oder vereinzelt, wie in Hamburg im Jahr 1827, eine von Bürgern errichtete freie Sparkasse. Alle diese Sparkassen ermöglichten die Ersparnisbildung und so die finanzielle Vorsorge für alle Menschen, darunter viele, denen das vorher eben nicht möglich gewesen war. Mit dem eingesammelten Kapital wurden Kredite ebenso für alle grundsätzlich zugänglich. Ähnlich wie es heute Yunus schafft, ermöglichten Sparkassen allen Menschen Finanzdienstleistungen. Auch durch die Gründung der Sparkassen wurden die damaligen Ursachen der Armut dauerhaft gelöst. Ein gutes Beispiel, wie aus einer Krise heraus eine dauerhafte Lösung entstanden ist.

Die Grundausrichtung der Sparkassenidee zeigt, wie ideal diese Idee heute noch und gerade wieder ist. In den Satzungen der Sparkassen ist festgelegt, dass sie den Spargedanken fördern und der örtlichen Wirtschaft Kredite bereitstellen sollen. Sparkassen sind mit der Region verbunden, bieten Finanzprodukte für alle, sichern so einen Wettbewerb im Finanzgewerbe, sind großer Arbeitgeber, Ausbilder und Steuerzahler vor Ort. Die Institute der Sparkassenorganisation zahlten in Deutschland im Jahr 2011 rund 3,5 Milliarden Euro Steuern, die Deutsche Bank zum Vergleich eine Milliarde.[245] Sparkassen sind dauerhafte Partner

---

244 Mura, Jürgen: Entwicklungslinien der deutschen Sparkassengeschichte, 1994, Deutscher Sparkassenverlag Stuttgart, Seite 26
245 siehe Handelsblatt, 3. August 2012, Beilage 1, Seite 54

der Bürger, der mittelständischen Wirtschaft und für Existenz-gründer, die wiederum selbst Arbeitsplätze schaffen. Die Spar-kassen-Mitarbeiter leben in der Region, zahlen Steuern und ge-stalten oft das Gemeindeleben mit.

Darüber hinaus engagieren sich Sparkassen mit Spenden und mit den von ihnen errichteten Stiftungen für viele gemeinnützige Zwecke, ob für Bildung, Sport, Soziales oder Kultur. Auch dabei beziehen sie die Menschen vor Ort ein, wie beispielsweise die Sparkasse Lüneburg mit ihrer Aktion „Das tut gut!", bei der deren Kunden über die Vergabe von jährlich 160 000 Euro an ge-meinnützige Einrichtungen aus der Region entscheiden.[246] Über das gesamte Engagement aller deutschen Sparkassen informiert die Internetseite des Deutschen Sparkassen- und Giroverbandes (DSGV) www.gut-fuer-deutschland.de.

Die Sparkassen sind durch ihre Satzung mit der Region ver-bunden, sodass sich die Menschen auf sie verlassen können. Gerade in Zeiten der Globalisierung ist es für Regionen wichtig, Unter-nehmen und Banken mit Entscheidungsträgern vor Ort zu haben, die die jeweilige Situation sowie die Menschen vor Ort am besten kennen, Arbeitsplätze bieten und Steuern zahlen. Sparkassen bieten ein verbreitetes Filialnetz für Beratung, Dienstleistungen sowie technischen Geräten wie Geldautomaten, und das flächen-deckend im Land auch in kleineren Orten. Bei besonderen Er-eignissen wie der Einführung des Euros informierten sie die Bürger und die vielen Filialen sicherten die Bargeldumstellung.

Auch in Zeiten zunehmender Digitalisierung von Finanz-dienstleistungen wird wohl der persönliche Kontakt nicht an Be-deutung verlieren, vielleicht sogar wieder gewinnen, denn wer steht Menschen bei finanziellen Fragen und Herausforderungen im persönlichen Gespräch zur Seite? Gerade in ländlichen Regionen sind Sparkassen neben den Volksbanken häufig die einzigen Banken

---

246 https://www.sparkasse-lueneburg.de/module/index.php?n=%2Fmo-dule%2FStiftungenHomepage%2FBuergerbeteiligungsmodell%2F vom 14. Februar 2015

mit einer Filiale vor Ort. Mit diesem breiten Angebot für jeden Menschen bieten Sparkassen das, was zunehmend in unserer Gesellschaft verloren geht: eine Teilhabe für alle, ob jung oder alt, gleich welcher sozialen Herkunft, und das für alle leicht erreichbar. Die Grundstruktur ist so wie in den Eingangskriterien beschrieben nahezu ideal, was die genannten Vorteile für viele Menschen und unsere Gesellschaft mit sich bringt. Auch von der Mentalität passt das System Sparkasse zu Deutschland als föderal strukturierter Staat mit seinen Bundesländern und Regionen. Jede Sparkasse folgt den gleichen Werten, ist für sich aber selbstständig und wird vor Ort geleitet.

Auch dank der Stabilität der Sparkassen und Volksbanken ist Deutschland gut durch die Finanz- und Schuldenkrise gekommen, wie Bundeskanzlerin Angela Merkel meint: „Die Geschäftsmodelle der Sparkassen und Genossenschaftsbanken haben sich bewährt." Im gleichen Beitrag wird geschildert, wie im Ausland das Sparkassensystem als nachahmenswert erkannt wird: „Das System, auf regionaler Basis Einlagen zu sammeln und in Form von Krediten an Kunden auszureichen, gilt als krisenresistent.

Höchste Anerkennung kam von Robert Shiller. Der US-Wirtschaftsnobelpreisträger lobte die Institute und warb für eine Renaissance der Sparkassen-Bewegung des 19. Jahrhunderts." Auch andere erkennen dies zunehmend: Staaten wie Griechenland und Großbritannien planen Neugründungen von Sparkassen nach deutschem Vorbild.[247]

Weiteres Lob aus dem Ausland kommt von Karl Deeter von der irischen Zeitung „Irish Sun on Sunday". Er vergleicht in seinem Artikel im Juli 2014 nach dem 7:1-Erfolg der deutschen Fußballnationalmannschaft bei der Weltmeisterschaft über Gastgeber Brasilien das System der Nationalmannschaft mit dem der Sparkassen. Der Artikel beginnt:

„Der Sieg der deutschen Fußballnationalmannschaft über Brasilien war ein Beispiel dafür, wie man Dinge richtig machen

---

247 Handelsblatt, 31. März 2014, Seite 28

kann – wenn das Team im Zusammenspiel größer ist als die Summe seiner Einzelakteure. Ein anderer Bereich, in dem die Deutschen die Nase vorn haben, ist der Finanzsektor – konkret: die Sparkassen-Finanzgruppe."

Dann zählt Deeter die wesentlichen Vorteile der Sparkassen auf und endet mit dem Satz: „Es wäre schön, wenn wir so Fußball spielen könnten wie die Deutschen – aber noch schöner, wenn wir in der Lage wären, lokale Banken wie sie zu gründen."

Diese Grundidee der Sparkassen ist aufgrund der genannten Vorteile für mich eine der besten Ideen der Welt, und auch für manch andere.

Das Handelsblatt widmet am 3. August 2012 eine ganze Beilage mit dem Titel „Deutschland, deine Sparkassen. Eine Liebeserklärung." diesen Besonderheiten.

Ideal wären auch in anderen Branchen Unternehmen wie Sparkassen. Statt große Unternehmen mit Steuergeldern zu retten, nutzen wir Unternehmen und Menschen in allen Branchen, die Finanzdienstleistungen und andere Dienstleistungen sowie Zugang zu notwendigen Produkten allen Menschen vor Ort ermöglichen und so für gesunde Strukturen sorgen. So vermeiden wir, dass es auch in anderen Branchen zu „too big to fail"-Unternehmen kommen kann, die im Krisenfall gerettet werden müssen.

Relationen. Unsere Vermögen und Einkommen

Zu hohe Unterschiede bei Einkommen und Vermögen sind nicht gut für die Gesellschaft. Die Armen müssen unterstützt werden, leben in eigenen Straßenzügen und Stadtvierteln, manchmal gar Gettos, und sind beschämt vom Wohlstand der Reichen. Diese leben wiederum, aus Angst vor Einbrüchen und Entführung abgeschirmt, ebenso in eigenen Wohnvierteln. Wenn wir diese Unterschiede verringern, geht es allen besser.

Es gibt immer mehr Arme und (Neu-)Reiche, die Mittelschicht schwindet, wie der Artikel „Kluft zwischen Arm und Reich wächst immer schneller" beschreibt:

„Gerade noch hat Papst Franziskus auf den Philippinen ‚eine skandalöse soziale Ungleichheit' angeprangert. Am Montag untermauerte eine Studie der britischen Hilfsorganisation Oxfam mit konkreten Zahlen, dass die Kluft zwischen Arm und Reich weltweit immer größer wird. Die Rede ist von einer Explosion der Ungleichheit. Schon im nächsten Jahr werde das reichste Prozent der Weltbevölkerung mehr Vermögen angehäuft haben als die restlichen 99 Prozent zusammen, heißt es in der Studie, die sich auf Daten des global tätigen Finanzdienstleistungsunternehmens Credit Suisse und des jährlich veröffentlichten Milliardärs-Rankings des US-Wirtschaftsunternehmens Forbes beruft. Entfiel 2009 mit 44 Prozent noch deutlich weniger als die Hälfte des weltweiten Wohlstands auf ein Prozent der Weltbevölkerung, lag dieser Anteil 2014 schon bei 48 Prozent. 2016 dürfte er auf mehr als 52 Prozent steigen. ‚Das Ausmaß der globalen Ungleichheit ist erschütternd', kommentierte Oxfam-Direktorin Winnie Byanyima die Zahlen. Gleichzeitig habe einer von neun Menschen auf der Erde nicht genug zu essen, eine Milliarde Menschen müssten mit weniger als 1,25 US-Dollar pro Tag zurechtkommen. Und während die Vermögen der Reichen auch in Zeiten der Finanzkrise sprunghaft anstiegen, lief die ärmere Hälfte der Weltbevölkerung seit 2010 ins Minus. Zugleich seien es die einfachen Leute gewesen, die als Steuerzahler in der Wirtschaftskrise die Banken und Versicherungen vor dem Kollaps bewahrt hätten, so Oxfam."[248]

Solche Unterschiede sind für beide Seiten nicht gut, denn das beeinträchtigt das Glücksgefühl einer Gesellschaft, wie Klein beschreibt:

„Wo der Spalt zwischen Habenden und Habenichtsen weiter auseinander klafft, wie in Brasilien, sterben die Menschen früher … In Ländern, wo die Einkommensunterschiede am geringsten sind,

---

248 Hamburger Abendblatt, 20. Januar 2015, Seite 5

wie in Skandinavien oder den Niederlanden, sind die Menschen am zufriedensten."[249]

Vor allem in Osteuropa zeigen sich nicht nur starke Einkommens- und Vermögensunterschiede, sondern auch deren Auswirkungen: „Am bittersten sind die Zahlen aus Russland und Litauen; dort ist die Sterblichkeit seit 1989 um ein Drittel gestiegen … In Ungarn, das den Übergang zum Kapitalismus vorweggenommen hat, kletterte die Sterblichkeit von 1979 bis 1990 um ein Fünftel. Dabei wurde Ungarn in dieser Zeit keineswegs ärmer: Das Nationaleinkommen verdreifachte sich in diesen Jahren! Aber der Wohlstand kam nur wenigen zugute, während die Mehrheit der Ungarn heute so viel wie 1970 besitzt."[250]

Neben diesen gesundheitlichen Auswirkungen gibt es eine Gettoisierung in den Städten dieser Länder, in denen eben nicht nur die Armen in eigenen Vierteln leben, sondern auch die Reichen, abgeschottet aus Angst vor Entführung oder Einbrüchen. Die Botschaft ist also eindeutig: „Nehmen die Gegensätze in einer Gesellschaft zu, verlieren alle – die Reichen wie die Armen."[251] Es ist eben nicht nur das gesamte Volkseinkommen wichtig, sondern auch dessen Verteilung. Der bereits genannte französische Wirtschaftswissenschaftler Thomas Pickethy warnt mit Blick auf die Konzentration des Kapitals auf immer weniger Menschen auch vor den Folgen für die Demokratie. Er fordert, wie bereits beschrieben, eine stärkere Besteuerung des Kapitals, idealerweise weltweit abgestimmt, um Kapitalflucht vorzubeugen.[252]

Auch in Deutschland wird die Ungleichheit zunehmend thematisiert, wie die Streiks der Gewerkschaften der Bahnmitarbeiter und Erzieher im Jahr 2014 zeigten. Im Beitrag „Die Gerechtigkeitsillusion" wird beschrieben, wie Unternehmen zunehmend Angestellte und Arbeiter für die gleiche Tätigkeit

---

249 Klein 2005, Seite 264
250 Klein 2002, Seite 265
251 Klein 2002, Seite 265
252 vergl. Interview mit Thomas Pickethy in Der Spiegel, Nr. 19 vom 5. Mai 2014, Seite 65 ff.

unterschiedlich bezahlen, indem neue Mitarbeiter zu schlechteren Bedingungen eingestellt werden als die vorhandenen.[253] Diese wachsende Ungleichheit sehen nicht nur Gewerkschaften kritisch, wie im gleichen Beitrag zu lesen ist:

„Der Internationale Währungsfonds (IWF) gilt nicht als Sperrspitze des Klassenkampfes. Doch seine Ökonomen glauben, dass die weltweit wachsende Einkommensschere zu einer großen Herausforderung der Weltwirtschaft wird. Ungleichheit wird eine Wachstumsbremse."[254]

Nun sind in einer freien Marktwirtschaft unterschiedliche Einkommen bekanntlich auch ein Antrieb, den man daher auch nicht verbieten kann und sollte. Was wir als Gesellschaft aber machen können, ist eine Relation zwischen den unteren Einkommen und den oberen festzulegen, sei es in einer Branche, in einem Betrieb oder eben auch in einer Gesellschaft.

In der Schweiz gab es im Jahr 2013 ein Referendum der 1:12-Initiative, die das Ziel verfolgte, eine Begrenzung von Managergehältern auf höchstens des Zwölffachen eines einfachen Lohns zu erreichen: „Das Referendum zur Begrenzung der Managergehälter in der Schweiz ist gescheitert. Damit dürfen die Gehälter weiterhin über dem Zwölffachen eines Arbeiterlohns liegen."[255]

Die Initiative ist zwar gescheitert, der Gedanke aber interessant und richtig. Setzen wir ihn einfach um:

Die deutschen Tarifparteien sollten nach dem Schweizer 1:12-Vorbild künftig Relationen einführen. Im Moment ist es ja so, dass von einer 3%igen Gehaltserhöhung das hohe Einkommen absolut stärker steigt als das untere und die Kluft über die Jahre dadurch immer größer wird.

Sehen wir höhere Einkommen weiterhin als Antrieb, aber verringern wir zu hohe Unterschiede bei Einkommen und Vermögen, dann geht es uns allen besser.

---

253 Der Spiegel, Ausgabe 27/2015 vom 27. Juni 2015, Seite 62.ff
254 Der Spiegel, Ausgabe 27/2015 vom 27. Juni 2015, Seite 65
255 http://www.zeit.de/politik/ausland/2013-11/schweiz-volksentscheid-managergehaelter vom 24. November 2013

Steuern. Unsere Verteilung

Steuern und Abgaben zahlen wir als Bürgerinnen und Bürger sowie als Unternehmer und Firmen. Deutschland ist einerseits ein reiches Land, hat andererseits aber Schulden, Zusagen für Pensionen und andere mögliche Zahlungsverpflichtungen wie Bürgschaften in Höhe von mehreren Billionen Euro. Damit wir alle weiterhin oder wieder gern unsere Beiträge zahlen und um die Steuerehrlichkeit zu erhöhen, sollten wir mit diesen Geldern noch verantwortungsvoller umgehen und sie möglichst effektiv einsetzen. Durch klare Regeln und Transparenz ist es künftig für alle noch nachvollziehbarer, was mit den Steuern geschieht, denn wir sind alle als Steuerzahler Auftraggeber für die Menschen, die daraus bezahlt werden.

Das deutsche Steuersystem ist bekannt für seine Komplexität mit vielen Ausnahmen und Regeln, die häufig nur noch Experten verstehen. Sicher war auch hier alles einmal gut gemeint. Nichts ist jedoch schlimmer, als wenn Geldzahlungen einer Gemeinschaft nicht für alle nachvollziehbar sind und die Steuerzahler das Vertrauen verlieren. Die Meldungen über Steuerhinterziehungen von Prominenten, Steuerverschwendung und zum Ausmaß an Schwarzarbeit lassen bei manchem das Gefühl aufkommen: „Der Ehrliche ist der Dumme." Warum gestalten wir nicht unsere Steuern nach dem Prinzip, dass sie übersichtlich, nachvollziehbar, gerecht und transparent sind?

Der Vorschlag des Heidelberger Professors Paul Kirchhoff für eine drastische Vereinfachung des Steuersystems hat im Wahlkampf 2005 für großes Aufsehen gesorgt und wäre eine Basis für eine Diskussion zur Vereinfachung.[256] Dazu können wir die Anregungen des Bundes der Steuerzahler stärker umsetzen, der

---

256 http://www.sueddeutsche.de/wirtschaft/konzept-zur-steuerreform-so-
    radikal-stutzt-der-professor-das-steuerrecht-1.1113185 vom 28. Juni 2011

im sogenannten Schwarzbuch jährlich Beispiele für Steuerverschwendung aufzeigt und Anregungen für Subventionsabbau nennt. Beides zusammen mit weiteren nachhaltigen Ideen würden sicher viele Menschen begrüßen.

Schauen wir auf Großprojekte. Die Diskussionen um prestigeträchtige und umstrittene Großprojekte wie die Hamburger Elbphilharmonie, der Umbau des Stuttgarter Hauptbahnhofs „Stuttgart 21" sowie der Bau des neuen Flughafens Berlin-Brandenburg zeigen, wie umstritten diese in der Bevölkerung sind. Auch da können wir überschuldete Haushalte als Chance sehen, durch eine gezielte Zusammenarbeit Steuern zu sparen und langfristige Lösungen zu finden.

In Hamburg wird seit Jahren über eine erneute Vertiefung der Elbe mit Kosten in dreistelliger Millionenhöhe diskutiert. Der Hafen hat für Hamburg und auch für Deutschland sicher eine enorme Bedeutung. Die Befürworter sehen die Vertiefung als notwendig, damit die immer größer werdenden Containerschiffe den Hafen im Landesinnern weiter erreichen. Die Kritiker sehen Umweltprobleme durch die hohen Abgasmengen der großen Schiffe und befürchten, dass Landflächen wie das Alte Land, das große Obstanbaugebiet an der Elbe, künftig von Sturmfluten betroffen sein könnten:

„Der massive Eingriff für rund 700 Millionen Euro aus Steuergeldern könnte den Fluss endgültig ökologisch ‚plattmachen': Durch die Ausbaggerung ändern sich die Strömungsverhältnisse, mehr Schlick und weniger Sauerstoff sind die Folgen."[257]

Auch die Luftverschmutzung ist ein Thema: „Die Hansestadt verletzt bei den Stickoxiden seit Jahren die von der EU festgelegten Grenzwerte – wie allerdings viele andere Metropolen auch. Rund 220 000 Hamburger sind laut BUND einer Stickoxidbelastung ausgesetzt, die als gesundheitsgefährdend gilt. Hauptquellen der Belastung sind der Kraftfahrzeugverkehr und die Abgase von Schiffen."[258]

---

257 WWF-Magazin, Ausgabe 3 aus 2014, Seite 4
258 Hamburger Abendblatt, 2. Juli 2014, Seite 8

Wie geteilt die Stimmung in der Hamburger Bevölkerung ist, zeigt eine Umfrage der Tageszeitung Hamburger Abendblatt: „Viele Hamburger wünschen sich mehr Macht für die Umweltverbände", ist auf der Titelseite des Abendblatts vom 14. November 2014 zu lesen, und weiter: „40 Prozent der Bürger geht der Einfluss nicht weit genug. BUND kündigt weitere Aktionen an. 29 Prozent der Befragten meint, dass Umweltverbände zu viel Macht haben."

Die ebenso im Raum stehende Befürchtung, dass die Kosten bei diesem Großprojekt noch stärker steigen könnten, bestätigt ein Bericht in der gleichen Zeitung mit der Überschrift „Elbvertiefung teurer als geplant."[259] Wie teuer auch immer, bei solchen Summen an Steuergeldern ist es angebracht, Alternativen zu prüfen.

In Wilhelmshaven gibt es mit dem Jade Weser Port seit Jahren einen Tiefseehafen direkt am Meer, den die größeren Schiffe anlaufen können, der aber kaum genutzt wird. In der Stadt stehen Wohnungen und Geschäfte leer: „Oberbürgermeister Andreas Wagner, 46, … lächelt gegen das Negativimage seiner Stadt an … Mit 12,4 Prozent ist die Arbeitslosenquote in der kreisfreien Stadt (75 800 Einwohner) doppelt so hoch wie im niedersächsischen Landesschnitt. Vor allem die jungen Leute gehen in Scharen … Es ist schwierig, Ärzte oder Lehrer in die Stadt zu holen. Wagner sagt: ‚Wir arbeiten dran … Da wäre ein prosperierender Jade-Weser-Port eine schöne Sache … Der Hafen, sagt er, sei eben für die Zukunft gebaut, vorausschauend mit ‚Vorratscharakter' …, wo aber nach der letzten Zählung im Mai 2011 fast 3000 Wohnungen leer stehen … Einst bürgerliche Viertel verelenden. Knapp ein Drittel der 160 Ladengeschäfte steht leer."[260]

In Hamburg dagegen fehlen 90 000 Wohnungen, wie das Handelsblatt berichtet.[261] Natürlich stehen auch Städte in einem

---

259 Hamburger Abendblatt, 3. Juli 2014, Seite 13

260 http://www.abendblatt.de/politik/deutschland/article128818563/ Wilhelmshaven-ein-hoffnungsloser-Fall.html vom 7. Juni 2014.

261 Siehe Handelsblatt, 18. Juni 2014, Seite 38

Wettbewerb, aber hier müssen wir in beiden Städten mit Steuergeldern Entwicklungen korrigieren, die sich durch eine ebenso mit Steuergeldern finanzierte Elbvertiefung weiter verstärkten. Wäre es nicht sinnvoll, dass sich die norddeutschen Bundesländer auf eine kooperative Zusammenarbeit der deutschen Seehäfen in einem gemeinsamen Management einigten, wie es die Naturschutzverbände fordern?[262] Das könnte dafür sorgen, dass jeder Hafen die Schiffe bekäme, für die er ausgelegt ist, und kostendeckend betrieben würde. Das wäre gut für den Steuerzahler und ein starkes Argument in Richtung der großen Reedereien, sich künftig weiter für diese norddeutschen Häfen zu entscheiden. Dazu sollte der Ausbau der Verkehrsanbindung für den Weitertransport, der entweder marode oder nicht vorhanden ist, ebenso koordiniert werden. So würde sich der Steuerzahler die Kosten dieser und womöglich weiterer Elbvertiefungen sparen, die Häfen rüsteten sich für die Zukunft, wappneten sich gemeinsam gegen europäische Wettbewerber, und auch die Menschen direkt an der Elbe wie die Obstbauern im Alten Land atmeten auf. Zudem würden Wilhelmshaven belebt, Arbeitsplätze geschaffen und vorhandener Wohnraum genutzt werden. In Hamburg müssten nicht so viele Grünflächen mit neuen Wohnungen verdichtet werden und Steuern sparten wir auch an allen Stellen. Hamburg könnte stärker in andere Bereiche wie die Wissenschaft investieren, um so weitere wirtschaftliche Stärken aufzubauen.

Im Beitrag „In Sorge um Hamburg" ist dies als Appell dreier Politiker beschrieben: „Ein ehemaliger Bürgermeister und zwei Ex-Senatoren von drei unterschiedlichen Parteien – aber ein gemeinsames Ziel: Klaus von Dohnanyi, Wolfgang Peiner und Willfried Maier wollen mit ihrem Appell dafür sorgen, dass Hamburg zu einem führenden Standort für Wissenschaft und Forschung ausgebaut wird … Auf die bisherigen Stärken Hafen, maritime Cluster, Logistik, Finanzdienstleistungen, Luftfahrt und Medien zu setzen, sei angesichts der zunehmenden Konkurrenz

---

262 siehe Hamburger Abendblatt, 13. Juni 2014, Seite 6

unter den Metropolen, der Verlagerung von Schiffbau nach Asien und Nordeuropa, der Abwanderung von Medienunternehmen und der Probleme bei der Elbvertiefung riskant."[263]

Wer weiß, vielleicht ist auch diese Krise eine Chance und viele Hamburger sind in einigen Jahren dankbar für eine solche Entwicklung. Der niedersächsische Umweltminister Stefan Wenzel (Bündnis 90/Grüne) fasst die Argumente in einem Interview zusammen:

„Hamburg wird seine Bedeutung als große Hafenstadt nicht verlieren, wenn das Bundesverwaltungsgericht klare Grenzen setzt. Es gibt mit Wilhelmshaven einen Tiefwasserhafen, der alle Schiffe abfertigen kann, die unterwegs sind und absehbar gebaut werden. Es liegt im wohlverstandenen Interesse von Hamburg, hier eine noch bessere Kooperation mit den Nachbarländern zu suchen mit dem Ziel eines Hafens Deutsche Bucht. Aus der Ferne betrachtet wird die gesamte Hafen-Infrastruktur in Hamburg, Bremerhaven und Niedersachsen schon heute als ein System wahrgenommen. Nur so lassen sich ökonomische und ökologische Gesichtspunkte unter einen Hut bringen. Auch die Kosten der gewaltigen in Hamburg geplanten Baumaßnahmen stehen in keinem vernünftigen Verhältnis mehr. Man kann nicht einfach davon ausgehen, dass der Bund und der Steuerzahler ohne Rücksicht auf vernünftige Alternativen diese Summen weiter aufbringen."[264]

Einige Umweltverbände hatten gegen die Vertiefung geklagt, am 2. Oktober 2014 gab es die Entscheidung des Bundesverwaltungsgerichtes. Das vertagte seine Entscheidung mit Hinweis auf ein bevorstehendes Urteil des Europäischen Gerichtshofes in einem ähnlichen Fall.[265] Es wäre doch weise, wenn nicht die Gerichte entscheiden müssten, sondern alle Beteiligten einen dauerhaften Kompromiss fänden.

---

263 http://www.abendblatt.de/hamburg/article126595074/In-Sorge-um-Hamburg.html vom 5.April 2014
264 Hamburger Abendblatt, 5. August 2014, Seite 12
265 http://www.spiegel.de/wirtschaft/soziales/elbvertiefung-in-hamburg-verwaltungsgericht-vertagt-entscheidung-a-994981.html vom 2. Oktober 2014

Wie in diesem Beispiel gibt es Chancen, wenn Städte und Länder noch stärker kooperierten, gerade wenn Steuergelder im Spiel sind. Als Ergänzung zum Länderfinanzausgleich können wir durch wohl überlegte Maßnahmen ähnliche Lebensverhältnisse schaffen, zum Beispiel bei der Verteilung der Hochschulen im Lande.

Lüneburg hatte bis zur politischen Wende 1989 fünf Kasernen, von denen nach der Wiedervereinigung vier geschlossen wurden. In eine ehemalige Kaserne zog die damalige pädagogische Hochschule mit einigen hundert Studenten und wurde zur Universität mit rund 7 350 Studenten ausgebaut.[266] Diese Umstrukturierung belebte die Stadt mit dem historischen Stadtkern. Nach diesem Muster können wir kleineren strukturschwachen Städten zu neuem Leben verhelfen, gerade wenn es in den Großstädten zu eng wird und an Wohnungen mangelt. So könnte beispielsweise eine Hochschule aus einer Großstadt einen Studiengang oder eine Hochschule komplett in eine benachbarte kleinere Stadt verlegen, was der einen Stadt nicht sehr schmerzte, der Kleinstadt aber spürbare Impulse brächte. Wir sollten einfach mehr miteinander kooperieren und Steuergelder gezielter einsetzen.

Wie sieht es bei Gehaltszahlungen beim Staat, den Ländern und Kommunen aus, also überall dort, wo Menschen aus unseren Steuergeldern bezahlt werden und zumeist sichere Arbeitsplätze haben? Das Hamburger Abendblatt stellte im April 2014 die Gehaltsliste der Manager der Stadt Hamburg vor. So war zu lesen, dass diverse leitende Angestellte von öffentlichen Unternehmen eine Grundvergütung von 150 000 bis 465 000 Euro erhielten, durch Boni und geldwerte Vorteile teilweise mehr als 700 000 Euro verdienten, während das Jahreseinkommen des Ersten Bürgermeisters der Hansestadt, Olaf Scholz, mit 177 577 Euro angegeben wurde.[267] Viele Angestellte der Stadt bekommen also deutlich mehr

---

266 http://www.leuphana.de/ueber-uns/profil/geschichte.html vom 18. August 2014
267 Hamburger Abendblatt, 29. April 2014, Titelseite und Seite 8

als deren oberster Dienstherr, bezahlt wohl zumeist aus unseren Steuern, und sie sind eben abgesicherter als Angestellte in der freien Wirtschaft. Kennt man dann noch das Gehalt der Bundeskanzlerin mit rund 250 000 Euro jährlich, fragt man sich: Ist das mit Blick auf überschuldete öffentliche Haushalte angemessen?

Ein einfacher Weg wäre, gerade bei den aus Steuergeldern gezahlten Gehältern die angesprochenen Relationen einzuführen. Neben einer gesunden Relation der Gehälter des untersten zum obersten sollten die unteren Einkommen profitieren, damit auch diese Menschen von ihren Einkommen gut leben könnten. In Gesamtheit sollten die Ausgaben an Steuergeldern mit Blick auf die immense Staatsverschuldung nicht steigen, sondern durch die angesprochenen Einsparungen und Umstrukturierungen finanziert werden. Wenn man das Beispiel Hamburg nimmt und allein dort die Gehälter der leitenden Angestellten auf 80 % auf das des Bürgermeisters begrenzte, also auf 142 000 Euro, sieht man die enormen Einsparpotentiale und erkennt, dass auch dieses Salär noch sehr gut ist. Jedem, dem das zu wenig wäre, steht es bekanntlich frei, sein Glück als Selbstständiger oder in der freien Wirtschaft zu versuchen. Mit Blick auf eine ganzheitliche Reform und Transparenz stünde der Großteil der Steuerzahler als Geldgeber und damit Auftraggeber dieser aller Menschen sicher dahinter. Viele Empfänger der unteren Gehaltsstufen wie Erzieher, Lehrer, Arbeiter der Müllabfuhr und Polizisten bekämen mehr und lebten besser davon, alles ohne neue Schulden.

Wenn wir nicht immer wieder Streiks haben wollen, können wir für bestimmte Bereiche eine gesellschaftliche Debatte führen und uns auf gewisse Relationen einigen. Gerade bei öffentlichen Einrichtungen werden wie beschrieben die dort arbeitenden Menschen aus Steuergeldern bezahlt. Nehmen wir den Bereich Bildung: Erzieher verdienen bekanntlich relativ wenig, Lehrer an Schulen bekommen mehr, Hochschullehrer und -professoren erhalten noch mehr. Wie im Kapitel „Bildung" beschrieben, wissen wir, wie bedeutend die frühkindliche Entwicklung und die Grundlagen in der Schule sind. Damit einhergehend sind die Aufgaben und Anforderungen an Erzieher sowie Lehrer gestiegen. Warum gleichen wir dann die Einkommen dieser Berufsgruppen nicht an? Wie viel sollen Hochschullehrer künftig mehr verdienen als Lehrer und Erzieher? Sollte es überhaupt mehr sein, und falls ja, warum und wie viel? Es wäre doch denkbar, dass bald Erzieher, Lehrer an Schulen und Hochschulen ähnlich viel verdienten, natürlich auch hier ohne neue Schulden. Wir hätten eine nachhaltige und dauerhafte Lösung, und Berufe wie der des Erziehers würden aufgewertet.

Es wäre auch für andere Berufsgruppen im öffentlichen Dienst ein Modell und vielleicht eine Inspiration für die freie Wirtschaft, freiwillig Relationen in Branchen oder Betrieben einzuführen. Unternehmen wie Mitarbeiter können erkennen, welche Motivation es bei den Mitarbeitern auslösen würde, die für ein Unternehmen tätig sind, das freiwillig gerechte Relationen einrichtete.

Das hätte einen weiteren positiven Nebeneffekt: Ich denke, so mancher entscheidet bei der Berufswahl nicht nur nach dem, was er eigentlich gerne machen möchte, sondern eben auch nach dem Verdienst sowie dem gesellschaftlichen Status des Berufs. Wenn die Einkommen nicht mehr so unterschiedlich wären, würden mehr Menschen sich für den Beruf entscheiden, den sie wirklich ausüben möchten. Manch junger Mann, der gern im Bereich Bildung mit Kindern und Jugendlichen arbeiten will, würde dann womöglich Erzieher statt Hochschullehrer werden.

Lassen wir uns künftig noch stärker schauen, wo wir regional kooperieren können, Steuermittel so effektiv wie möglich einsetzen und Vorhandenes nutzen, statt neu zu bauen. Leben wir nicht auf Kosten künftiger Generationen, sondern nutzen die vorhandenen Steuern. Sollten diese trotz Einsparungen und Umstrukturierungen nicht ausreichen, debattieren wir über die Einnahmen. Sorgen wir für klarere Regeln, mehr Gerechtigkeit und Transparenz, dann leisten sicher die meisten von uns gerne ihren Beitrag für die Gemeinschaft.

Sozialleistungen. Unsere Solidarität

Auch beim Thema Sozialleistungen gibt es Diskussionen. Für die einen kann es nicht genug geben, die anderen wollen sie radikal kürzen. Die Lösung liegt darin, Bedürftige angemessen zu fördern und Transparenz zu schaffen. Dies schaffen wir mit klareren Regeln, weniger Ausnahmen und transparenten Abläufen. So haben Geber und Empfänger einen Überblick, die Bürokratie verringert und die Akzeptanz erhöht sich.

In Deutschland gibt es Sozialleistungen, die von den verschiedenen Behörden bei den Kommunen, Ländern und dem Bund verwaltet werden. Jede soziale Maßnahme hat für sich sicher ihren Sinn, sei es zur Unterstützung Arbeitsloser, sozial Schwacher oder Eltern bzw. zur Förderung von Kindern. Nun gibt es so viele Förderungen mit entsprechend umfangreichen Antragsstellungen, dass es kaum noch jemand überblickt. Allein zur Förderung von Kindern und Eltern gibt es über 160 Maßnahmen, wie im Kapitel „Erziehung" beschrieben.

Die daraus entstehenden Folgen sind folgende: zum einen eine große Bürokratie, die an sich Geld kostet, aber nicht den Betroffenen zu Gute kommt. Zum anderen muss sich jeder, der Unterstützung haben möchte, damit beschäftigen. Je mehr er sich mit den verschiedenen Sachen beschäftigt, desto mehr gestaltet das sein Denken, wie wir dank der Gehirnforschung wissen. Da der Antragsteller immer wieder Unterstützung beantragen muss, erreicht man bei solchen Menschen vor allem eins: Man erzieht sie zu Bittstellern bzw. zum Klagen über ihre Lage und belohnt sie dafür. Kein Wunder, dass es Familien gibt, die generationsübergreifend im wahrsten Sinne des Wortes gelernt haben, von der Unterstützung des Staates zu leben. Das mag materiell noch funktionieren, emotional und psychologisch ist das aber ein großes Problem, denn wir geben diesen Menschen damit ein permanentes Abhängigkeitsgefühl. Dies lässt ihre Lebenszufriedenheit sinken, wie anhand von Langzeitarbeitslosen festgestellt wurde:

„Ihre (Anmerkung des Autors: die der Langzeitarbeitslosen) Lebenszufriedenheit ist sehr viel niedriger als die von beschäftigten Menschen, wie ein knappes Dutzend Sozialstudien übereinstimmend zeige … Wer ohne Arbeit ist, fällt mit größerer Wahrscheinlichkeit psychischen Krankheiten und mit Stress zusammenhängenden Leiden wie Herzinfarkt zum Opfer und hat eine geringere Lebenserwartung."[268]

Die bedürftigen Bürger, die sich nicht permanent mit den vielen Sozialleistungen beschäftigen wollen, haben die Ungewissheit, ob sie auch alle ihnen zustehenden Leistungen erhalten. Deswegen hilft es bedürftigen Menschen dauerhaft nicht, immer neue Sozialleistungen zu schaffen, sondern Teilhabe an Arbeit, Fortbildung und der Gesellschaft sollte im Vordergrund stehen.

Wie verhelfen wir Arbeitslosen zu Arbeit? Ein Arbeitsloser sollte sich natürlich um freie Stellen bewerben. Aber er muss als Nachweis seiner Bemühungen meines Wissens möglichst viele Bewerbungen schreiben. Daher bewirbt er sich womöglich auch für freie Stellen, für die er nicht ideal geeignet ist bzw. für die er sich kaum interessiert. Die Folge sind dann wohl Absagen, die den angeschriebenen Firmen Arbeit machen und den Arbeitslosen frustrieren. Ist das der richtige Weg, Menschen dauerhaft beruflich zu integrieren?

Warum ermöglichen wir nicht jedem Arbeitslosen nach kurzer Zeit der Arbeitslosigkeit ein Coaching, das ihm seine Stärken deutlich macht, Selbstbewusstsein vermittelt und ihm zum idealen Beruf verhilft? Wenn Arbeitslose viel mehr um ihre Stärken wüssten, würden sie sich gezielter bewerben und bei Bewerbungsgesprächen selbstbewusster auftreten. Durch das Bewusstwerden ihrer Stärken und Talente erkennten sie auch andere Chancen wie die der Selbstständigkeit, wie diese Beispiele prominenter Kinderbuchautorinnen zeigen:

Die „Harry-Potter-Autorin" Joanne K. Rowling hat einige Krisen durchstanden und von Sozialhilfe gelebt, als sie das erste

---

268 Klein 2005, Seite 272

ihrer „Harry Potter"-Bücher verfasste. Die Bücher verkauften sich millionenfach weltweit und wurden verfilmt. Rowling wurde auf diese Weise erfolgreich und weltweit bekannt.[269] Die Hamburgerin Kirsten Boie musste nach der Adoption eines Kindes aus formellen Gründen ihren Beruf als Lehrerin aufgeben. Sie begann zu schreiben und wurde eine der erfolgreichsten deutschen Kinderbuchautorinnen.[270]

Beides sind beste Beispiele dafür, was Menschen aus sich machen können, wenn sie sich in Krisen ihrer Stärken und Fähigkeiten bewusst werden, statt sich überwiegend mit der Beantragung von Sozialleistungen zu beschäftigen. Neben solch prominenten Beispielen gibt es viele weitere, sicher auch in Ihrem Umfeld, die uns ebenso inspirieren können.

Zudem liefert das System falsche Anreize: Wie in den vorangegangenen Kapiteln beschrieben waren Familien immer auch Wirtschaftsgemeinschaften. Man lebte zusammen, alle übernahmen Aufgaben und allen ging es dadurch besser, wirtschaftlich wie sozial. Heute ist es meines Wissens doch so, dass in unserem modernen Sozialstaat zwei sogenannte Hartz IV-Empfänger, die in zwei Wohnungen leben, mehr staatliche Förderung erhalten, als wenn sie zusammen lebten. Das bedeutet, man „belohnt" Menschen materiell geradezu dafür, dass sie getrennt wohnen, und bestraft sie, wenn sie zusammen leben. Was sicherlich auch vom Ansatz her gut gemeint war, erreicht das Gegenteil. Gerade bei unverheirateten Paaren, die als sogenannte eheähnliche Bedarfsgemeinschaften leben, wird dies deutlich, denn sie lernen: Wenn wir getrennt leben und unsere Partnerschaft verschweigen, bekommen wir mehr Geld. Beide müssen je eine Wohnung ausstatten und alleine für Miete und Nebenkosten aufkommen. Das verleitet nicht nur zu Trickserei, sondern bedeutet mehr Kosten für

269 http://www.harry-potter-buecher.de/jkrowling.php vom 17. Januar 2015
270 http://www.kirsten-boie.de/kirsten-boie-biografie.php?sprache=de vom 17. Januar 2015

das Paar und den Steuerzahler, verbunden mit weiteren praktischen und emotionalen Nachteilen, die das Allein-Leben mit sich bringt. Falls es mit dem Partner nun gar nicht mehr klappt, sollte man überlegen, sich mit anderen zusammenzutun und sich so gegenseitig zu unterstützen, wie im Kapitel „Wohnen" beschrieben. Sei es mit den Eltern, Bekannten oder Freunden.

Jeder Empfänger sollte im täglichen Leben das können bzw. wieder lernen, was jeder andere auch muss: mit dem Geld selbstständig zu haushalten, auch das bereitet ihn auf das Leben nach der Arbeitslosigkeit vor. Daher sollte jeder sogenannte Hartz IV-Empfänger eine feste Summe für das Leben und Wohnen bekommen, unabhängig davon, ob er allein oder mit jemandem gemeinsam wohnt und wie groß seine Wohnung ist. Der Geldbetrag der Unterstützung sollte gleich bleiben, so dass der Empfänger mehr Geld in der Tasche hätte und damit belohnt würde, wenn er mit anderen zusammen wohnte und so Miete sowie diverse Anschaffungen sparte.

Eine solche klarere Regelung vereinfacht auch die Bürokratie und würde uns allen Kosten sparen. Dafür streichen wir Ausnahmen, denn viele reichen mit Blick auf die Ausnahmen Klagen ein. Das Hamburger Abendblatt beschreibt dies in einem Artikel mit der Überschrift „Vereinfacht die Regeln für Hartz IV!" treffend:

„Angesichts zahlreicher Klagen vor den Sozialgerichten dringen Kommunen auf eine Vereinfachung von Hartz-IV-Bestimmungen. ‚Der Deutsche Städte- und Gemeindebund fordert den Gesetzgeber auf, die Hartz-IV-Regelungen deutlich zu vereinfachen und überflüssige Bürokratie abzuschaffen', sagte Gerd Landsberg, Hauptgeschäftsführer des Deutschen Städte- und Gemeindebundes. ‚Nach wie vor sind die Regelungen sowohl für die Betroffenen als auch die Mitarbeiterinnen und Mitarbeiter in den Jobcentern zu kompliziert und bürokratisch.'"[271]

---

271 Hamburger Abendblatt, 18. Juni 2014, Seite 5

Konzentrieren wir die bestehenden Sozialleistungen auf eine überschaubare Anzahl mit klareren Regeln. Jeder Bürger soll wissen, welche Leistungen wem zustehen, schließlich geht es dabei um unser Steuergeld und um unsere Ansprüche an den Staat. Nach klaren Kriterien gibt es Förderungen in überschaubarer Anzahl, die möglichst nur an einer Stelle zu beantragen sind.

Altersversorgung. Unsere Wertschätzung

Gleichen wir die staatliche Altersversorgung an, schaffen gleiche Leistungen für alle, arbeiten wir länger, geht es uns besser.

Die deutsche Altersversorgung ist ein historisch gewachsenes Thema mit Renten, Pensionen und unterschiedlichen Versorgungssystemen für Freiberufler wie beispielsweise für Apotheker und Steuerberater. Warum gibt es diese Unterschiede, und machen diese heute noch Sinn? Neben der staatlichen Rentenversicherung gibt es weitere vom Staat geförderte Zusatzrenten wie die sogenannte Riester- und die Rürup-Rente. Alle diese unterschiedlichen Systeme müssen verwaltet und vom Bürger beantragt werden, sorgen so für Bürokratie und eine Ungleichheit bei den Empfängern.

Dazu gibt es Fehlentwicklungen, wie bereits im Kapital „Zusammenhänge" beschrieben: Die Mutter, die drei Kinder großzieht und wenig in die Rentenversicherung einzahlt, hat weniger Rentenanspruch als die kinderlose Frau, die ihr ganzes Berufsleben einzahlt. Die drei Kinder zahlen später also die Rente der eigenen Mutter sowie die höhere Rente der Kinderlosen, vollkommen widersprüchlich. Der Gedanke, eine eigene Familie mit Kindern zu gründen, wird so unbewusst ins Gegenteil verkehrt und ersetzt durch: „Ich muss erst finanziell für meine Altersvorsorge sparen und kann mir daher keine Kinder leisten."

Beamte sind beim Staat angestellt und bekommen im Ruhestand statt einer Rente eine Pension, für die sie nichts einbezahlen müssen. So spart die einzelne Verwaltung zunächst Kosten, denn auch die Verwaltung muss keine Beiträge für die Renten- und Arbeitslosenversicherung einzahlen. Der Steuerzahler zahlt die späteren Pensionen der Beamten, und die sind bekanntlich relativ hoch, was sich vor allem aufgrund unterschiedlicher Berechnungsgrundlagen ergibt: Für eine Rente gilt das lebenslange Durchschnittseinkommen als Berechnungsgrundlage, während bei der Pension die Gehaltsstufe der letzten drei Berufsjahren entscheidend sind. Bekanntlich bekommen viele dann das höchste Gehalt. Warum gibt es diese Unterschiede, und sind sie gerecht?

Rücklagen wurden oft nicht gebildet; gerade bei den Pensionen sind die Zahlen dramatisch:

„Länder brechen unter Beamten-Pensionen zusammen. Die Bundesländer müssen hohe Kosten für Altersversorgung tragen. Experten fordern eine dringende Reform, denn insgesamt fließen 32,5 Milliarden Euro im Jahr in die Vorsorge der Beamten … Nach Berechnungen des Freiburger Finanzwissenschaftlers Bernd Raffelhüschen gibt der Staat schon heute rund 23 Milliarden Euro im Jahr für die Ruhestandsgehälter aus. Hinzu kommen gut fünf Milliarden Euro an Beihilfen, denn der Dienstherr beteiligt sich in der Regel mit 70 Prozent an den Krankheits- und Pflegekosten der Pensionäre. Zusammen mit der Hinterbliebenenversorgung belaufen sich die Gesamtversorgungsausgaben auf 32,5 Milliarden Euro. Innerhalb der nächsten zehn Jahre schnellt diesen Posten auf 52 Milliarden Euro in die Höhe, rechnet Raffelhüschen vor. Der rasante Anstieg ist eine Folge der Einstellungswelle in den 70er Jahren, denn ein Großteil der damals verbeamteten Polizisten, Lehrer oder Soldaten steht kurz vor der Pensionierung. ‚Der demografische Wandel schlägt bei den Pensionen zehn Jahre früher zu Buche als bei den Renten, wo erst 2035 die Spitze erreicht wird‘, sagt der Finanzexperte. Um den Kostendruck zumindest abzumildern, fordert Raffelhüschen, dass ‚sämtliche Rentenreformen der vergangenen Jahre wirkungsgleich auf die

Pensionen übertragen werden – hier gibt es noch erheblichen Nachholbedarf ... "[272]

Warum wurden die Rentenreformen bisher nicht auch auf die Pensionen angewendet? Dann holen wir das doch nach. Bei einer privaten Firma, die insolvent geht, sind die Angestellten betroffen und müssen einen Beitrag leisten. Ein überschuldeter Staat, der für seine Zusagen keine Rücklagen gebildet hat, sollte auch bei den Pensionen etwas einsparen oder diese besteuern, vor allem die höheren, um den sozialen Frieden und eine intergenerationelle Gerechtigkeit zu sichern. Dass dieses bekannte Problem seit Jahren nicht angegangen wird, ist traurig genug. Hier sollten die Beteiligten endlich eine tragfähige Lösung finden, dies auch mit Blick auf die Versorgung der Berufspolitiker. So könnten sie ihren Teil dazu beitragen, den Staatshaushalt dauerhaft zu sanieren.

Künftig vereinfachen wir das einfach. Wär es nicht sinnvoll, das System neu aufzustellen, ohne Trennung nach Versorgungswerken für Selbstständige, Rente oder Pension? Nach dänischem Vorbild können wir eine Grundversorgung aus Steuergeldern mit rund 1 400 Euro einführen, die jedem Bürger nach festzulegenden Kriterien zustehen und deren Finanzierung klar definiert ist:

„Im dänischen Volksrentensystem ist jeder versichert, der in Dänemark wohnt. Die Mitgliedschaft im Volksrentensystem hängt nicht davon ab, ob man eine Beschäftigung oder Tätigkeit ausübt. Auch Hausfrauen können Rentenansprüche erwerben. Das Volksrentensystem ist ein Grundsicherungssystem, das bei Invalidität oder im Alter eine ausreichende Grundversorgung des Einzelnen sicherstellen soll ... Das System wird in erster Linie aus Steuermitteln finanziert. Arbeitnehmer, Selbstständige und Arbeitgeber sind daher nur indirekt an der Finanzierung beteiligt. Sie sind verpflichtet, einen Pauschalbeitrag zum sogenannten Arbeitsmarktfonds zu zahlen. Aus dem Fonds wird dann ein Teil der

---

272 http://www.welt.de/politik/deutschland/article119799429/Laender-brechen-unter-Beamten-Pensionen-zusammen.html vom 7. September 2013

Leistungen finanziert. Als Pauschalbeitrag zahlen Arbeitnehmer und Selbstständige einen Betrag in Höhe von acht Prozent ihres Arbeitsverdienstes beziehungsweise Gewinns."[273]

Das klingt doch recht unkompliziert. Gestalten wir unser System einfach nach diesem Muster um: eine gemeinsame Rentenversicherung für alle. Die staatlich geförderten Zusatzrenten fielen weg. Mütter und Väter bekämen für ihre Kinder einen Bonus. Nicht mir höheren Zusagen, denn die Rente sollte für alle gleich sein, sondern indem sie weniger Beiträge bzw. Steuern zahlten und dadurch unmittelbar während der Erziehungszeit der Kinder davon profitierten. Das alles koordinierte nur noch eine staatliche Verwaltung. Jeder könnte darüber hinaus frei entscheiden, ob und wie er zusätzlich vorsorgt, sei es durch eigene Kinder, gemeinsames Wohnen, Geld (Sparverträge, Aktien, private Rentenversicherungen, etc.) oder Sachwerte wie Immobilien.

Bei den Arbeitsverhältnissen steht im Jahr 2014 die Rente mit 63 oder 67 zur Diskussion, auch mit Blick auf den demografischen Wandel. Wie war das in früheren Zeiten? Erst unter Reichskanzler Otto von Bismarck wurde 1889 die gesetzliche deutsche Rentenversicherung eingeführt. Vorher war, wie beschrieben, vor allem die eigene Familie die Altersversorgung; es gab lange einfach keinen Ruhestand. Bis heute soll es Kulturen geben, in denen es diesen Begriff gar nicht gibt. Früher hat jeder seinen Beitrag geleistet, wie er eben konnte, und Aufgaben halten bekanntlich fit.

Knüpfen wir doch stärker wieder an diese Tradition an, wie im Kapitel „Wohnen" bereits angedeutet. Nun kann der ältere Dachdecker sicher irgendwann nicht mehr auf das Dach klettern. Warum schulen wir diesen nicht mit einem Pädagogik-Kurs um und lassen ihn die letzten Berufsjahre als Hausmeister in einer Kita oder Schule arbeiten? Dort verrichtet er nicht nur Reparaturen, sondern baut mit den Kindern mal etwas wie ein Holzhaus. Oder

---

273 https://www.vile-netzwerk.de/daenemark/articles/das-daenische-volksrentensystem.html vom 2. Oktober 2014

er bildet in der Berufsschule Lehrlinge aus und gibt neben Fachwissen auch seine Erfahrung weiter. Die ältere kaufmännische Angestellte kann ebenso umgeschult als Unterstützung der Erzieher in Kitas Kindern vorlesen oder mit ihnen singen. Das fänden sicher alle Seiten toll. Das alles mit abnehmender Arbeitszeit, je nachdem, wie es für den älteren Menschen möglich ist.

Nutzen wir die Krisen der staatlichen Sicherungssysteme zu solchen Veränderungen. Vereinfachen wir die Altersversorgung und ermöglichen allen Menschen, sich so lange einzubringen, wie es eben geht, profitieren wir alle davon. Nicht nur die Wirtschaft und die Gesellschaft, auch die Senioren bleiben dadurch fit.

Gesundheit. Unsere Basis

Bei der Diagnose von einem Arzt zu hören, „Sie wissen, dass Sie sterben werden", ist erschütternd. Dabei ist seit dem Tag unserer Geburt keine Tatsache so selbstverständlich wie die, dass wir alle einmal sterben werden. Diese anzunehmen und damit weise umzugehen rät uns schon die Bibel: „Lehre uns bedenken, dass wir sterben müssen, auf dass wir klug werden."[274]

Das Thema Tod ist gesellschaftlich immer noch ein gewisses Tabu. Nehmen wir diese Tatsache einfach an und gestalten unser Leben bis dahin so gut es geht, denn das können wir sehr wohl. Ein Ziel dürfte für jeden von uns sein, seine Gesundheit bestmöglich zu erhalten, denn diese hat für unser Wohlbefinden eine große Bedeutung, wie es der Philosoph Arthur Schopenhauer in einem Satz ausdrückt: „Gesundheit ist nicht alles, aber ohne Gesundheit ist alles nichts."

Bekanntlich kommen wir nicht alle gesund zur Welt, sondern manche Menschen bereits mit einer schweren Krankheit oder einer Behinderung. Andere bekommen diese im Laufe ihres Lebens. Auch diese Menschen können sich Gutes tun und die bestmögliche medizinische, persönliche und gesellschaftliche Unterstützung erhalten. Auf diese Weise können sie ein selbstbestimmtes, erfülltes Leben führen und selbst andere motivieren, wie bereits im Kapitel „Leben und Arbeiten" anhand von Sabriye Tenberken beschrieben, die sich nach ihrer Erblindung auf ihre verbliebenen Fähigkeiten konzentrierte und Bemerkenswertes geschaffen hat.

Denn bei Einschränkungen ist die Sichtweise wichtiger als viele wohl denken, wie Klein beschreibt: „Grundsätzlich neigt das Gehirn dazu, die Folgen positiver wie negativer Entwicklungen

---

274 Die Bibel, Psalm 90, Vers 12

maßlos zu überschätzen."[275] Er belegt dies anhand einer Studie, bei der Menschen mit extrem positiven wie negativen Erlebnissen dauerhaft verglichen wurden:

„Diese Studie gilt inzwischen als Klassiker der Sozialforschung. Sie demonstriert, wie anpassungsfähig Menschen sind, im Guten wie im Schlechten: Ein Millionengewinn hebt das Wohlbefinden nicht auf Dauer, und durch eine Querschnittslähmung sinkt die Lebenszufriedenheit viel weniger, als man es erwarten würde. … Ob Unfallopfer oder Lottogewinner – wer vorher mit seinem Leben einverstanden war, ist es jetzt auch. Und die Nörgler bleiben Nörgler. Umso mehr trifft das bei weniger krassen Veränderungen zu. Wir … wechseln den Job, weil wir glauben, die neue Arbeit würde uns mehr Freude bereiten; ziehen in eine andere Stadt, in der Hoffnung, wir würden uns dort wohler fühlen. Und stellen fest, dass unser Leben dahinplätschert wie gehabt. Nicht dass Veränderungen unwichtig wären. Nur überschätzen wir oft, welche Wirkung sie auf unsere Zufriedenheit haben werden."[276]

Es ist doch ermutigend, wie sehr wir mit unserer Sichtweise unser Leben beeinflussen können, denn unser Denken ist, wie bereits beschrieben, durchaus formbar.

Früher lebten ältere und kranke Menschen meist bis zu ihrem Lebensende in der Familie. Heute kommen ältere Menschen häufig ins Altenheim und sterbenskranke in ein Hospiz. Da sind wichtige Einrichtungen mit engagierten Menschen. Dennoch kommen auch hier Menschen aus der Mitte der Familien und der Gesellschaft heraus in spezielle Einrichtungen. Dabei möchten wahrscheinlich die meisten von uns am liebsten in der Familie alt werden. Warum ändern wir das nicht?

Wenn wir, wie bereits beschrieben, wieder mehr miteinander lebten, könnten wir uns gegenseitig betreuen, sei es im Krankheitsfall oder beim Älterwerden. Je größer die Gemeinschaft, desto besser könnten sich die Menschen diese Aufgaben teilen.

---

275 Klein 2005, Seite 221
276 Klein 2005, Seite 221 ff.

Die älteren Menschen lebten länger in der Familie oder einer anderen Wohngemeinschaft. Die Angehörigen oder Mitbewohner werden bei Bedarf von einem ambulanten Pflegedienst unterstützt. Auch bei der Betreuung sterbenskranker Menschen gibt es neben stationären Hospizen ambulante Dienste wie den Kinderhospizdienst Familienhafen e.V. aus Hamburg. Dieser unterstützt die Familien der kranken Menschen im Alltag und ermöglicht es allen, so lange wie möglich miteinander zu leben, wie auf der Internetseite www.familienhafen.de beschrieben ist.

Das Altenheim oder ein Hospiz sollten die letzte Option sein, wenn die Angehörigen oder Mitbewohner die Betreuung gar nicht mehr leisten können. So lebte der Mensch idealerweise bis zu seinem Tod im vertrauten Umfeld und auch die Angehörigen lernten daraus, wie anhand der Kinder im Generationenhaus Wilhelmsburg beschrieben.

Ich habe erlebt, wie in einem Mehrgenerationenhaushalt der Urenkel am Rollator der Uroma laufen lernte, zur Freude der beiden und aller weiterer Familienmitglieder. Kleine Kinder und ältere Menschen haben oft im wahrsten Sinne des Wortes ein gemeinsames Tempo mit unterschiedlichen, aber sich ergänzenden Sichtweisen auf diese Welt: die einen mit großer Neugier, die anderen mit großer Erfahrung. Sie können sich gegenseitig viel geben und voneinander lernen, wenn wir das Miteinander wieder mehr ermöglichen. Durch Aufgaben bleiben Menschen länger fit, auch im Kopf, wie bereits an den Menschen im Generationenhaus Wilhelmsburg beschrieben.

Älter werden und der Tod gehören nun einmal zu unserm Leben dazu. Schieben wir diese Tatsache nicht von uns, sondern behalten sie aktiv in unsere Mitte.

Es gibt viele Errungenschaften, die wir mit unseren modernen Sozial- und Gesundheitssystemen erreicht haben. Durch die gesetzliche Krankenversicherung kommen viele Bevölkerungsteile in den Genuss des medizinischen Fortschritts. Die Lebenserwartung steigt seit Jahrzehnten stetig. Gerade für Menschen, die Krankheiten bekommen, da sie erblich vorbelastet oder durch einen Schicksalsschlag wie einen Unfall betroffen sind, ist unser modernes Gesundheitssystem ein Segen. Es ist aber bekanntlich auch mit hohen Kosten verbunden. Nicht nur aus diesem Grunde, sondern auch für uns selbst können wir aktiv einiges für unsere Gesundheit tun und Krankheiten vorbeugen.

Das ganz normale Leben zeigt, dass viele von uns dies nicht tun und sich ungesund ernähren, zu wenig bewegen und zu viel Alkohol trinken. Bewusst wird uns das erst, wenn es zu spät ist: Die Diagnose einer schweren Krankheit, dann sind wir schockiert.

Dabei hat uns die Natur eine pädagogische Hilfe mit auf den Weg gegeben, denn krank und verletzt sein tut im wahrsten Sinne immer ein wenig weh. So werden wir auf ein Fehlverhalten hingewiesen, welches wir ändern sollten. Wenn wir zu viel Alkohol getrunken haben und uns am nächsten Tag Übelkeit und Kopfschmerzen plagen, hat das seinen Sinn. Der Körper baut die Gifte ab und will uns signalisieren: „Mach das nicht zu oft, das ist nicht gut für dich." Daran können wir uns als Mensch und als Gesellschaft einfach noch mehr orientieren. Eckhart von Hirschhausen drückt dies in seiner ihm eigenen Art so aus:

„Der größte Trick, sein Leben zu verlängern, ist tatsächlich kein großes Geheimnis, sondern erschreckend banal: Lass einfach alles weg, was das Leben nachweislich verkürzt. Wer nicht raucht, nicht zu viel säuft und frisst und Spaß mit sich und anderen hat, lebt 14 Jahre länger als einer, der lieber Risikofaktoren sammelt und alles daran setzt, seine Sammlung auch zu vervollständigen."[277]

Da wir als Gesellschaft immer älter werden, sollten wir auch hier das Ziel haben, dass alle Menschen am medizinischen Fortschritt teilhaben können, indem wir Strukturen verschlankten und so Kosten senkten. In Dörfern, kleinen Städten und Stadtteilen großer Städte könnten mehr Gemeinschaftspraxen oder Gesundheitszentren entstehen, in denen sich die Ärzte den Empfangsbereich sowie die teuren medizinischen Geräte teilten und die Wege für die Menschen verkürzten: nur ein Weg zu mehreren oder gar allen Ärzten.

---

277 Von Hirschhausen 2009, Seite 31

Nicht nur die Schulmedizin hilft uns, alternative Heilmethoden und Hausmittel finden zunehmend ihre Anerkennung. Warum nutzen wir nicht häufiger alles gemeinsam? Die Ernährung kann viel bewirken, die Natur stellt uns dafür einiges zur Seite. Der Mediziner, Neurowissenschaftler und Autor David Servan-Schreiber beschreibt die Wirkung von gesunder Ernährung gegen Krebs in seinem „Anti-Krebs-Buch" beispielsweise anhand von Kurkuma mit diesen Kernaussagen:

„Kurkuma wird in medizinischen Texten aus Indien, China, Tibet und dem Mittleren Osten seit über 2.000 Jahren erwähnt. … Man kann Kurkuma auch mit Sojaprodukten kombinieren … Trinken Sie dazu eine Tasse grünen Tee und stellen Sie sich vor, wie mächtig dieser Cocktail auf drei der wichtigsten Mechanismen des Tumorwachstums einwirkt, und das ganz ohne Nebenwirkungen."[278]

Er rät zu weniger Fleischkonsum: „Die Antikrebs-Ernährung besteht vor allem aus Gemüse und Hülsenfrüchten und dazu Olivenöl …, Knoblauch, Kräuter und Gewürze. Fleisch und Eier stehen nicht im Mittelpunkt, sondern kommen nur gelegentlich als Beilage des Geschmacks wegen auf den Tisch. Ein solches Essen ist genau das Gegenteil der typisch westlichen Mahlzeit …"[279]

Das ist doch eine leckere Prävention bzw. Medizin, aber natürlich bietet auch unsere westliche Ernährung viele gesunde Lebensmittel. In einer Zusammenfassung bietet Servan-Schreiber Anregungen: „Bestimmte Lebensmittel in unserer Ernährung dienen als Dünger für Tumoren, andere hingegen enthalten wertvolle krebshemmende Moleküle."[280]

Er nennt viele Beispiele für eine „Anti-Krebs-Ernährung", die leicht in den Alltag einzubauen sind: Grüner Tee, Beeren wie Heidelbeeren, Gemüse wie Brokkoli, Spinat, Spargel und Tomaten, dazu Fisch und weniger Fleisch. Diese gesunde, natür-

278 Servan-Schreiber 2010, Seite 168–170
279 Servan-Schreiber 2010, Seite 190
280 Servan-Schreiber 2010, Seite 161

liche und leckere Ernährung kann jeder einfach im Alltag übernehmen. Es scheint, dass wir auch hier mit den uns von der Natur mitgegebenen Mitteln bestens und gesund leben können.

Bei schweren Verletzungen und Krankheiten sollte natürlich jeder weiter die benötigte Hilfe erhalten. Wir sollten uns keine unbegründeten Schuldgefühle einreden, ob eine Krankheit eine Strafe ist oder wir sogar schuld daran seien, denn Krankheiten sind zum Teil erblich bedingt oder durch Zufälle oder Schicksalsschläge verursacht. Dies belegen Statistiken amerikanische Forscher, die die Ursachen von Krebs untersucht haben:

„Bert Vogelstein, einer der bekanntesten Krebsforscher weltweit, hat zusammen mit dem Onkologen Cristian Tomasetti ein statistisches Modell erstellt … Die Forscher von der Johns Hopkins University in Baltimore, Maryland, haben es im Magazin Science veröffentlicht … ‚Jede Art von Krebs entsteht durch ein Zusammenspiel aus Pech, Umwelteinflüssen und erblicher Veranlagung‘, sagte Vogelstein. Das mag banal klingen, doch für jeden Krebspatienten ist die Frage nach dem Warum von enormer Bedeutung. Wer Krebs bekommt, will wissen: Konnte ich etwas dafür? Oder war es womöglich nur Zufall, dass es mich erwischt hat?

Nach Ansicht der Forscher (Tomasetti & Vogelstein, 2015) sind Mutationen in den Stammzellen für etwa zwei Drittel der Unterschiede in der Häufigkeit von Krebsarten verantwortlich … Es ist vor allem Pech, wenn in einem Organ ein Tumor wächst. Denn die zufälligen Defekte bei der Vervielfältigung der Stammzell-DNA sind der Hauptgrund dafür, warum Menschen an bestimmten Krebsarten häufiger erkranken. Die neuen Erkenntnisse stellen nicht infrage, dass etwa Rauchen das Risiko, an Lungenkrebs zu erkranken, massiv erhöht, oder dass HPV-Viren Gebärmutterhalskrebs auslösen können. Vererbte Gendefekte können bestimmte Formen von Brustkrebs auslösen – all das gilt weiterhin. Aber die Statistik zeigt, dass Tumore ihren Ursprung im Teilungsprozess von Stammzellen haben und die Häufigkeit der Teilungen massiv beeinflusst, ob ein Gewebe zu Tumoren neigt oder nicht. Auch macht sie klar, dass es selbst bei

Ausschluss aller Risikofaktoren immer Krebserkrankungen geben wird – die, wie die Forscher schreiben, dann einfach Pech sind.“[281]

Es kann also Zufall sein, gleichwohl wissen wir von Risiken für Krankheiten wie das genannte Rauchen und können diese vermeiden:

„Jedes Jahr sterben in Deutschland immer noch 110 000 Menschen an den Folgen des Rauchens …

* Zwischen 16 und 20 Millionen Deutsche rauchen (täglich werden bundesweit 386 Millionen Zigaretten geraucht).
* Tabakkonsum ist verantwortlich für etwa ein Drittel aller Krebs-Neuerkrankungen.
* Über 90 Prozent aller Lungenkrebs-Fälle sind durch das Rauchen verursacht.
* Auch die Betroffenen von Rachen- oder Kehlkopfkrebs sind überwiegend Raucher.
* Pro Jahr erliegen 3 300 Nichtraucher in Deutschland den Erkrankungen, die durch das Passivrauchen hervorgerufen werden.“[282]

Damit diese Kosten nicht nur durch die Krankenversicherten getragen werden, der Gedanke: Warum lösen wir nicht die Ursachen, beteiligen die nachgewiesenen Risikoträger von Krankheiten noch stärker an den Folgekosten, und legen diese auf einen der vermeintlichen Verursacher kostenmäßig durch Steuern um? Es passiert bereits einiges, wenn wir die bestehenden Steuern auf Zigaretten, das Nichtraucherschutzgesetz und die Warnhinweise auf den Zigarettenschachteln betrachten; es ginge aber noch konsequenter. Warum ist es beispielsweise in unserer Gesellschaft möglich, rund um die Uhr an Automaten Zigaretten zu kaufen? Am Ende liegt es auch hier an uns selbst, Raucher zu werden

---

281 http://www.zeit.de/wissen/gesundheit/2015-01/tumore-krebs-zufall-mutation-pech vom 2. Januar 2015
282 http://www.krebshilfe.de/wir-informieren/ueber-praevention-frueherk/rauchen-und-krebs.html vom 2. Januar 2015

oder es sein zu lassen. Rauchen hat offensichtlich Reize, die bis heute durch die Werbung sowie Medien verbreitet werden. Wenn wir uns bewusst werden, was wir damit verbinden, können wir es selbst bestimmen. Informieren wir die Menschen noch besser und zeigen die unmittelbaren Folgen auf. Der Hinweis „Rauchen kann tödlich sein" ist für einen 16-Jährigen viel zu abstrakt. Er weiß, dass er irgendwann einmal sterben wird. Ob dann durch Rauchen oder andere Gründe, dürfte ihm mit 16 Jahren egal sein. Wäre es nicht sinnvoller, wenn alle jugendlichen Schüler Besuch von Ärzten und anderen Experten im Unterricht bekämen, die die jungen Menschen ganz sachlich über eine gesunde Lebenswiese aufklärten und die möglichen sowie erwiesenen gesundheitlichen Folgen von Alkohol, Tabak und Drogen aufzeigten, auch die von neuen Moden?

Der Artikel „Ärzte: E-Shisha-Verbot für Jugendliche" schildert die Risiken dieser neuen Mode: „Elektrische Zigaretten und elektrische Wasserpfeifen sollen nach dem Willen von Bundesernährungsminister Christian Schmidt (CSU) für Minderjährige verboten werden. ,E-Zigaretten und E-Shishas haben in Kinder- und Jugendhänden nichts zu suchen', sagte er der *Rheinischen Post*. Bereits Ende Mai sprach sich der Deutsche Ärztetag dafür aus, den Verkauf von E-Zigaretten an Minderjährige zu verbieten. Es gebe zunehmend Hinweise darauf, dass E-Zigaretten nicht unbedingt anstelle tabakhaltiger Zigaretten konsumiert würden, sondern zusätzlich. Damit werde das Suchtverhalten stabilisiert, was besonders bei Jugendlichen nicht ungefährlich sei. Forscher warnen auch, die Langzeitfolgen des Konsums von E-Zigaretten seien noch unbekannt."[283]

Auch hier ist das bessere Lebensgefühl als Erfolgsaussicht eine gute Motivation, das Rauchen zu beenden bzw. gar nicht anzufangen. Dazu können Sie als Raucher Rituale ändern, die Sie an der Sucht festhalten. Wenn Sie beispielsweise gern einige Male

---

283 http://www.zeit.de/wissen/gesundheit/2014-06/schmidt-e-zigaretten-
verbot vom 30. Juni 2014

am Tag bei der Arbeit mit netten Kollegen zum Rauchen vor die Tür gehen und sich dabei unterhalten, nehmen Sie statt einer Zigarette Obst wie einen Apfel mit. Halten Sie das einige Wochen durch, dann hat sich Ihr Körper an das neue Ritual gewöhnt. Die Kollegen, die sich vielleicht zunächst über Sie amüsieren, werden Ihnen dann möglicherweise rasch nacheifern.

Beim Alkohol sind einige Gläser Wein oder Bier anregend, mehr machen eher müde oder manche Menschen aggressiv. Was ein deutlich höherer Konsum, vor allem verbunden mit Schnaps in allen Varianten, für Auswirkungen hat, kennen viele und ist jedes Wochenende auf den Partymeilen der Nation und den großen Volksfesten zu beobachten. Wie viel einfacher und gesünder wäre es für jeden von uns, wenn wir uns aus freien Stücken heraus auf ein gesundes Maß konzentrierten! Wobei selbst dabei die positiven Auswirkungen von Forschern bezweifelt werden, wie dieser Artikel zeigt: „Forscher: Mäßiger Alkoholkonsum hat kaum positive Wirkung":

„Ein Gläschen in Ehren kann niemand verwehren – wer sich nach diesem Motto hin und wieder ein Bier oder etwas Rotwein genehmigte, tat dies womöglich in dem Glauben, damit sogar seine Gesundheit zu fördern. Hatte es doch in Studien immer wieder geheißen, eine geringe Menge Alkohol jeden Tag schütze das Herz und verlängere das Leben. Zweifel an dieser These wecken nun britische Forscher. Dass geringe Mengen Alkohol als lebensverlängernd gelten, sei auf statistische Unsauberkeiten in Studien zurückzuführen, berichten die Wissenschaftler um Craig Knott vom University College London im ‚British Medical Journal' ... Die Forscher glauben, dass methodische Ungenauigkeiten Alkohol gut dastehen lassen. Sie konnten nicht belegen, dass es der Alkohol ist, der sich positiv auf die Gesundheit moderater Trinker auswirkt."[284]

Aber wir Menschen konsumieren Alkohol und andere Drogen bekanntlich auch wegen des Rausches, den diese auslösen. Daher

---

284 Hamburger Abendblatt, 12. Februar 2015, Seite 14

sollten wir dafür sorgen, dass gar nicht das Bedürfnis entsteht, durch einen durch Drogen produzierten Rausch sein Leben aufzupeppen. Wenn wir Menschen aller Altersgruppen noch mehr ermöglichten, solche Momente des erfüllten Rausches beim Sport, Tanzen, Singen oder gemeinschaftlichen Musizieren zu erleben, sänke der Konsum sicher von ganz alleine und wir genössen lediglich das anregende Maß beim Trinken.

Bedenken wir, dass wir sterblich sind, und lernen einen weisen Umgang mit dem Leben und dessen Ende. Wir können uns selbst viel Gutes tun, um gesund zu leben, und lernen, mit unseren Einschränkungen bewusster und mit dem Ende unseres Lebens weiser umzugehen. Sorgen wir als Gesellschaft dafür, ein für alle bezahlbares Gesundheitssystem zu erhalten. Tragen wir aus freien Stücken mit einer gesunden Lebensweise dazu bei, unsere Gesundheit und damit eins unserer höchsten Güter zu bewahren. Dazu hilft uns eine ausgewogene Ernährung, und die ist meist einfach und sehr lecker.

Ernährung. Unser Essen

Die Ernährung ist ein guter Bereich, der zeigt, wie wir durch bewusstes Handeln nicht nur uns selbst Gutes tun, sondern auch unserem Geldbeutel, unserer Umwelt, den Tieren sowie den Beschäftigten in der Lebensmittelproduktion. Gerade die Lebensmittelskandale bieten Chancen, gesünder, bewusster und sparsamer zu leben, sowohl als Einzelner als auch als ganze Gesellschaft. Eine gesunde Ernährung ist einfacher, als manche denken. Orientieren wir uns einfach mehr an dem, was uns die Natur mit auf dem Weg gegeben hat.

Im Grunde wissen die meisten Menschen, dass uns eine ausgewogene gesunde Ernährung guttut. Grundsätzlich stellt sich die Frage, warum wir unsere **Lebens**-mittel, also im wahrsten Sinne des Wortes die täglichen Mittel, die wir zum Leben benötigen, und deren Produzenten so wenig würdigen? Viele schauen beim Einkauf auf jeden Cent, es muss vor allem billig sein und wird dann häufig ebenso produziert, mit Verlierern auf allen Seiten: Menschen ernähren sich ungesund, die Produzenten verdienen zu wenig und Lebensmittelskandale wiederholen sich, wie dieser Beitrag aus dem Januar 2011 beschreibt:

„In kaum einem europäischen Land sind Lebensmittel so günstig wie in Deutschland. Gerade einmal elf Prozent der Konsumausgaben eines deutschen Haushalts entfallen auf den Kauf von Nahrungsmitteln. Zum Vergleich: In wirtschaftlich deutlich schwächeren Ländern wie Griechenland oder Polen sind es 33 beziehungsweise 20 Prozent. Vor dreißig Jahren waren auch noch hierzulande Nahrungsmittel mit 21 Prozent der größte Ausgabenblock privater Haushalte. Inzwischen verdient sich ein durchschnittlicher Arbeitnehmer den Jahresverbrauch an Eiern in einer Stunde. Die Deutschen profitieren beim Einkauf seit vielen Jahren vom gnadenlosen Preiskampf im Einzelhandel. Die großen Discounter geben die Richtung vor, der gesamte Handel muss folgen. ‚Der deutsche Kunde ist so erzogen, dass jeder Preis, der teurer ist als der Aldi-Preis, zu teuer ist‘, analysiert Matthias Queck vom Beratungsunternehmen Planet Retail die Situation. ‚Frische und Auswahl zum unschlagbar günstigen Preis‘ – so und ähnlich lauten die Versprechen der großen Handelsketten. Ihrem Lockruf folgen die Verbraucher nur zu gern. Im Lebensmittel-handel erwirtschaften inzwischen fünf große Ketten etwa 90 Prozent des Umsatzes. Ihre Marktmacht ist entsprechend. Dass aber ‚unschlagbar günstige‘ Lebensmittel ihren Preis haben, zeigt der aktuelle Skandal um dioxinverseuchtes Futtermittel für Hühner und Schweine. Die Arbeitsgemeinschaft bäuerliche Landwirt-schaft sieht einen eindeutigen Zusammenhang zwischen den aktuellen Giftfunden und der Zwangslage der Erzeuger: ‚Bei steigenden Rohstoffpreisen führt Kostendruck zu Missständen wie Dioxinpanscherei.‘

Auch der Jenaer Ernährungswissenschaftler Gerhard Jahreis gibt dem Billigwahn eine Mitschuld: Deshalb geschähen immer wieder Dinge am Rande der Legalität. Damit zum Beispiel ein Hähnchen beim Discounter tatsächlich nur 2,99 Euro kosten kann – und nicht 12 bis 15 Euro wie auf einem Erzeugermarkt –, muss es extrem günstig ‚hergestellt‘ werden. Was soll sonst nach Ab-zug der Gewinnspanne des Handels, Mehrwertsteuer, Transport-kosten, Kühlung, Schlachtung, Betrieb der Ställe und Nahrung für das Tier noch für den Produzenten – bei Fleisch- und Fleisch-produkten erhält er etwa 20 Prozent des Verkaufspreises – übrig bleiben? … Futterkosten machen etwa in der Schweinmast 45 Pro-zent der Gesamtkosten aus. Pro Kilo Gewichtszunahme frisst ein Tier knapp drei Kilo Futtermittel. Kein Wunder, dass Betriebe versuchen, vor allem hier zu sparen, und dass gerade Panscherei mit Tierfutter regelmäßig im Zentrum von Lebensmittelskandalen steht … Möglichst billig und gleichzeitig gute Qualität schließen sich aus. Das soll nicht heißen, dass Bio unbedingt und immer besser ist. Wer aber dort einkauft, wo Qualität nachprüfbar ist, kann zumindest sein persönliches Risiko verringern und – auch das ist nicht zu unterschätzen – einen Gewinn an Genuss verbuchen. Italiener und Franzosen, deren Esskultur die Deutschen durchaus schätzen, gönnen sich ja auch deutlich teurere Lebensmittel."[285]

Warum handeln wir so? In wohl kaum einem Bereich unseres Lebens tragen wir die durch unsere Sozialisation und Erfahrungen geprägten Gedankenmuster so stark in uns wie in der Ernährung. Wer seine schönen Kindergeburtstage mit vielen Süßigkeiten, Limonaden, Kuchen, Würstchen und Pommes in Erinnerung hat, verbindet dies natürlich mit diesem Essen. Wer als Belohnung Schokoriegel bekam, wird sich bei schlechter Laune ebenso belohnen. Diese Muster im Kopf wie auch die daraus folgenden Handlungen und Rituale können wir wie bereits beschrieben erkennen und ändern.

Dass der in diesen Produkten enthaltene Zucker nicht nur krank, sondern geradezu süchtig machen kann, ist kein Geheimnis mehr, vor allem in größeren Mengen. Zudem wirbt die Industrie für ihre Produkte mit einem kinder- und familienfreundlichen Image, obwohl diese nicht immer so gesund sind, wie Kritiker meinen. Das Nachrichtenmagazin „Der Spiegel" fasst die Erkenntnisse dazu in der Titelstory „Die süße Droge" zusammen, hier Auszüge und Zitate daraus: „Übergewicht wird zur größten Gesundheitsgefahr der Moderne. Doch warum essen sich die Menschen so dick? Forscher haben ein Genussmittel im Verdacht: den Zucker. Ist er so gefährlich wie Alkohol oder Nikotin? … Robert Lustig, 55, ist Professor für klinische Pädiatrie an der University of California in San Francisco, Experte für Hormonstörungen und Übergewicht bei Kindern … Er tritt in Universitäten auf, in Altersheimen und im Fernsehen, um seine ‚bittere Wahrheit' zu verkünden – die Wahrheit nämlich, dass Zucker ein Gift sei, eine Droge, die wie Alkohol die Leber schädige und den Stoffwechsel aus dem Gleichgewicht bringe … Weil Essen ohne Fett allerdings oft wie Pappe schmeckt, hat die Nahrungsmittel-

---

285 http://www.focus.de/magazin/debatte/focus-leserdebatte-legen-wir-zu-viel-wert-auf-billige-lebensmittel_aid_588046.html vom 20. Januar 2011

industrie den einen kalorienreichen Geschmacksträger durch einen anderen ersetzt – einen Stoff, der schon Babys ein Lächeln aufs Gesicht zaubert: Zucker. Er verbirgt sich vielerorts – und längst nicht nur dort, wo man ihn vermutet, sondern auch in Wurst, Brot, Frischkäse, geräuchertem Lachs, panierten Schnitzeln, Salatsaucen, Pizzen, Frühstücksflocken oder Salzstangen … In den Entwicklungs- und Schwellenländern kurbelt der zunehmende Wohlstand den Verzehr von Zucker besonders an. Parallel dazu verbreiten sich dort westliche Zivilisationskrankheiten wie Fettleibigkeit, Diabetes und Herz-Kreislauf-Störungen."[286]

Weiter wird in dem Beitrag beschrieben, wie in den USA die Politik seit den 1970er Jahren die künstliche Zuckerproduktion aus Mais und den Absatz von Zucker gefördert habe, sowie diese Erkenntnisse aus Tierexperimenten:

„In seiner reinen Form, als weißes Pulver, löst der süße Stoff bei diesen wenig Begeisterung aus. Wird Zucker jedoch zu einer wässrigen Lösung oder zu einem Gel angerührt oder, besser noch, in Form handelsüblicher Softdrinks, Marshmallows oder Frühstücksflocken angeboten, kennen die Versuchstierchen kein Halten mehr: Sie fressen und saufen, bis sie dick werden. Ihr normales Futter lassen sie links liegen. ‚Etwa nach einer Woche beobachten wir eine signifikante Gewichtszunahme', sagt Sclafani, Professor der Psychologie am Brooklyn College in New York. ‚Unsere Experimente deuten darauf hin', sagt Sclafani, ‚dass Zucker bei der Entstehung von Übergewicht eine entscheidende Rolle spielt. … Zucker erzeugt im Gehirn die gleichen Aktivitätsmuster wie süchtig machende Drogen.'"

Es ist also nachvollziehbar, dass wir uns und vor allem unsere Kinder sich so schwer tun, diesen Verlockungen und den Werbeversprechen der Hersteller zu widerstehen. Daher folgt in dem Artikel der Appell, Werbung für ungesunde Lebensmittel zu verbieten, vor allem für jene, die sich an Kinder wenden. Ähnlich sieht es Thilo Bode, Chef der Verbraucherschutzorganisation Foodwatch:

---

286 Der Spiegel, Ausgabe 36 vom 3. September 2012, Titelstory „Droge Zucker"

„Täuschung ist im Supermarkt eher die Regel als die Ausnahme. …
Dazu kommt die Gesundheitslüge: Sobald in einem Produkt beispielsweise Vitamine oder Mineralstoffe enthalten sind, dürfen selbst
Süßigkeiten, Softdrinks, Junkfood oder eben überzuckerte Frühstücksflocken mit Gesundheit werben. Begriffe wie ‚Fitness‘ oder
‚Wellness‘ sind ebenfalls nicht geschützt. Irreführend ist auch die
Werbung mit den Angaben ‚ohne künstliches Aroma‘ oder ‚ohne
künstliche Farbstoffe‘. Sie suggerieren Naturbelassenheit. Trotzdem darf in diesem Produkt zum Beispiel Aroma aus Schimmel-
pilzen oder Farbstoff aus Schildläusen enthalten sein … Alle diese
Tricks sind legal – dadurch haben Hersteller, die ehrlich werben,
einen Wettbewerbsnachteil. Die Unternehmen haben insbesondere
mit hohen Zuckergehalten für eine Süßprägung schon von kleinen
Kindern gesorgt. Zucker ist eine billige Zutat und ein Geschmacks-
verstärker. Aber die Zuckermengen in den Produkten sind oft un-
verantwortlich hoch … Eine ganze Reihe von Babyprodukten enthält unnötig Zucker, entgegen den ärztlichen Empfehlungen.“[287]

Wenn wir um diese Zusammenhänge wissen, warum ernähren
wir uns und unsere Kinder dann nicht weniger oder gar nicht
mehr mit solchen Produkten? Genießen wir einfach die süßen
Dinge, die uns die Natur in Form von Obst und Beerenfrüchten
in reiner Form schenkt. Wie wir auch als Erwachsene noch unsere
Ernährung umstellen können, wird später beschrieben.

Wir essen nicht nur ungesund, sondern oft auch hastig und
nebenbei; wir meinen ja, keine Zeit zu haben. In regelmäßigen
Abständen regen wir uns als betroffene Bürger über Lebensmittelskandale auf und zeigen auf Schuldige wie die Produzenten. Aber
bekanntlich stehen am Ende der sprichwörtlichen Nahrungs-
kette wir als Konsumenten, die mit unseren täglichen Kaufentscheidungen den Markt dazu bringen, so zu handeln. Wenn an
jeder Ecke billiges Fleisch angeboten und auch konsumiert wird,
muss dieses auch in Mengen günstig hergestellt werden. Wenn
wir das nicht wollen, können wir unser Verhalten ändern.

---

287 Hamburger Abendblatt, 15. Januar 2015, Seite 24

Wie kam es zu dieser Entwicklung? Mit Blick in unsere Geschichte haben noch vor wenigen Jahrzehnten viele Menschen im direkten Bezug zur Landwirtschaft gelebt, selbst Tiere gehalten und Gemüse angebaut. Traditionell sorgten vor allem Frauen für das Zubereiten der Mahlzeiten; das Wissen über Ernährung wurde über Generationen weitergegeben. Mit den gesellschaftlichen Veränderungen änderte sich das. Viele Menschen haben keine eigenen Nutztiere mehr, in vielen Stadtteilen gibt es kaum Gartenflächen und die meisten Menschen arbeiten nicht mehr in der Landwirtschaft. Zudem gehen viele Frauen einer Erwerbsarbeit nach und können so mittags nicht für ihre Familie kochen. Nun war dieser Wandel gesellschaftlich gewollt und ist natürlich nicht den Frauen anzulasten. Nur wurde vergessen, als Gesellschaft darauf zu reagieren, was langsam erfolgt. Dazu später mehr.

Hier zeigt sich wieder, wie Marktwirtschaft funktioniert, denn Menschen und Unternehmen haben rasch erfolgreich Lösungen für den neuen Bedarf entwickelt: Das Angebot an Snacks und Fertigprodukten in Supermärkten, die Zahl der Schnellimbisse sowie Fast-Food-Filialen sind in den letzten Jahrzehnten sichtbar gestiegen. Viele Menschen nutzen diese Angebote; das Wissen über die Zubereitung von gesundem Essen ging dadurch bei einigen verloren.

Damit wir Verbraucher, Erwachsene, aber auch Kinder und Jugendliche, besser darüber informiert sind und bewusster Kaufentscheidungen treffen können, sollte das Thema Ernährung, wie bereits im Kapitel „Gesundheit" beschrieben, noch stärker in den Unterricht von Kitas und Schulen einfließen. Wenn viele Kinder gerne Würstchen und die sogenannten „Nuggets" aus Hähnchenfleisch essen, was ist dann moralisch der richtige Weg: Unseren Kindern nicht zu zeigen, wie diese Produkte entstehen, oder sollten wir sie ab einem gewissen Alter darüber informieren?

Jeder Schüler sollte lernen, wie Lebensmittel produziert werden, ob Gemüse, Obst, Backwaren, Süßigkeiten, Fisch oder Fleisch. Das könnte in der Schule durch Projekte mit Ernährungsexperten und Aufklärungsfilmen erfolgen, die beispielsweise den Weg eines Tieres von der Aufzucht bis zur Schlachtung sowie die unterschiedlichen Haltungsmethoden in der Massentierhaltung und in Bio-Betrieben zeigen. Diese Filme könnten auch abends im öffentlich-rechtlichen Fernsehen gezeigt werden. Dazu später mehr im Kapitel „Medien".

Gesundes Essen in Schulkantinen, Kindergärten und Betrieben ist wichtig, aber noch in zu wenigen Kantinen vorhanden, wie diese Studie belegt:

„Die Deutsche Gesellschaft für Ernährung (DGE) allerdings hat andere Vorstellungen von einem vernünftigen Schulessen: täglich Gemüse und Salat, häufig Obst, einmal pro Woche Seefisch, Fleisch dagegen höchstens zweimal pro Woche. Eine aktuelle Studie der Hamburger Hochschule für Angewandte Wissenschaften im Auftrag des Bundesministeriums für Ernährung und Landwirtschaft zeigt nun allerdings, dass die meisten Schulen von den DGE-Standards für Schulverpflegung weit entfernt sind: Nur 6,5 Prozent der Speisepläne sind von der DGE zertifiziert. Zu fleischlastig und zu wenig Gemüse, lautet das Urteil der bundesweit größten Studie zum Schulessen."

Eindeutige Empfehlungen, die jede Familie, Schule oder Kita selbst umsetzen oder mit ihrem Cateringunternehmen abstimmen kann.

Das EU-Schulobstprogramm liefert hier einen guten Beitrag:

„Mit dem europäischen Schulobst- und -gemüseprogramm haben Schulen die Möglichkeit, ihren Schülerinnen und Schülern eine Extraportion Vitamine und Mineralstoffe anzubieten und ein positives Ernährungsverhalten im Schulalltag zu fördern. Begleitende pädagogische Maßnahmen im Rahmen einer modernen Ernährungs- und Verbraucherbildung im Unterricht können diesen Effekt noch verstärken. Aus diesem Grund bietet das Land Niedersachsen gemeinsam mit der Europäischen Union ab dem Schuljahr 2014/2015 Schulen die Chance, sich an dem EU-Schulobst- und -Gemüseprogramm zu beteiligen … Die Kinder lernen die bunte Vielfalt der Obst- und Gemüsesorten kennen und erfahren dabei, wo ihr Essen herkommt und wie es angebaut wird. Durch die regelmäßige Extraportion Obst und Gemüse möchten wir Kenntnisse und Kompetenz der Kinder entwickeln sowie das

Ausprobieren anregen und somit einen wichtigen Beitrag für die Entwicklung eines gesundheitsfördernden Ernährungsverhaltens leisten. Unser Schulobstprogramm mit seiner kostenlosen Lieferung von Obst und Gemüse steht den niedersächsischen Schulen an drei Tagen pro Woche mit einem geringen Verwaltungsaufwand zur Verfügung."[288]

Eine tolle Sache, aber es sollte doch selbstverständlich sein, dass Schulen und Kitas frisches und saisonales Gemüse und Obst von Bauern aus der Region beziehen, nicht nur, wenn es gefördert wird.

Wir können mehr Menschen bei der Zubereitung des Essens in der Mensa mit einbeziehen, um so die Qualität zu steigern. Das könnten neben den Eltern der Kinder auch Rentner aus dem Umfeld der Schule oder Kita sein, die freiwillig gemeinsam mit den Kindern das Essen zubereiteten und so auch ihr Wissen darüber weiterreichten. Sie hätten eine erfüllende Aufgabe und könnten als Belohnung einfach gemeinsam mit den Kindern in der Mensa essen.

Fleisch. Unser Weniger wäre so viel mehr

Essen wir weniger Fleisch – und das bewusster –, geht es uns besser.

Menschen, die gerne und häufig Fleisch essen, begründen das oft damit, dass es Teil unserer Natur sei. In früheren Zeiten erlegten Menschen Tiere durch die Jagd, züchteten Nutztiere in kleinbäuerlicher Landwirtschaft und schlachteten sie selbst. Da dies wohl nicht täglich geschah, Fleisch nicht lange aufbewahrt werden konnte und die Menschen daher nicht täglich Fleisch aßen, wäre dies eine historische und evolutionäre Erklärung für

---

288 http://www.schulobst.niedersachsen.de vom 7. Februar 2015

die von der DGE bereits genannte Empfehlung, maximal zweimal Fleisch pro Woche zu essen.

Warum essen wir heute mehr als empfohlen? Manche Menschen haben die beiden Weltkriege und die karge Nachkriegszeit mit Hunger sowie harter körperlicher Arbeit nur durch das Essen und restlose Verwerten der eigenen Nutztiere wie Schweine und Kühe durchgestanden. Bei ihnen ist der Fleischkonsum daher positiv besetzt und wurde an die nächsten Generationen weitergegeben. Aber wie sieht das heute aus?

Heute arbeiten viele von uns körperlich nicht mehr so hart, verbrauchen weniger Kalorien, und es besitzt außer Landwirten kaum noch jemand eigene Nutztiere. Wir kaufen Fleisch beim Schlachter oder im Supermarkt, das Schlachten geschieht oft in großen Schlachthöfen. Das mag kaum einer sehen und auch nicht davon hören, dass der hohe Fleischkonsum heute durch Massentierhaltung ermöglicht wird, deren Folgen weltweite Auswirkungen hat. Dieses Beispiel zeigt, dass Ernährungsgewohnheiten zu einer Zeit sicher ihre Berechtigung hatten, sich durch die veränderten Umstände aber geändert haben. Der Beitrag „Deutsche Fleisch-Fabriken werden immer größer" beschreibt die Auswirkungen der Massentierhaltung:

„Es sind Bilder, der jeden erschaudern lassen, der sie einmal gesehen hat: Hühner, die im Millisekunden-Takt von Maschinen getötet werden. Küken, die geschreddert werden, weil sie männlich sind, und sich darum ihre Mast nicht lohnt. Schweine, denen die Ringelschwänzchen abgeschnitten werden, weil sie sich die sonst unter dem Stress der Massentierhaltung gegenseitig abknabbern würden. Derartige Zustände sind in Deutschland Realität und eine Folge der Massentierhaltung. Und von diesen Betrieben gibt es in Deutschland immer mehr, wie eine Studie nun zeigt … Ihre Zahlen liegen Süddeutsche.de jetzt vor – und die Steigerungsraten sind enorm."[289]

---

289 http://www.sueddeutsche.de/wirtschaft/massentierhaltung-deutsche-fleisch-fabriken-werden-immer-groesser-1.1575786 vom 17. Januar 2013.

Ein weiterer Beitrag – „Deutschland – die Billigfleisch-Weltmacht" – beschreibt das Ausmaß:

„Die Geflügelwurst auf der Frühstückssemmel hat eine Geschichte. Sie war einmal ein Huhn und lebte mit rund 40 000 Artgenossen dicht gedrängt unter einem Dach ... Große Schlachthöfe töten bis zu 27 000 Tiere pro Stunde. Hühnerfleisch ist weltweit besonders beliebt, weil es billig ist ... Die Deutschen mögen am liebsten das Filet, dafür bezahlen sie auch mehr als für andere Geflügelteile. Deswegen wird der Rest meistens zerhackt und billig exportiert, etwa ins westafrikanische Ghana. ‚Wir stellen fest, dass Deutschland auf dem Weg ist, der größte Fleischexporteur der Welt zu werden‘, sagt Hubert Weiger, Vorsitzender des BUND. Die Umweltschutzorganisation hat in Zusammenarbeit mit der grünen Heinrich-Böll-Stiftung und der Zeitung Le Monde Diplomatique den Fleischatlas 2013 erarbeitet. ... Ihm zufolge kommen nicht nur Hühner meist aus Deutschland, sondern auch Schweine und Rinder. Allein im Jahr 2011 wurden hierzulande 5,6 Millionen Tonnen Schweinefleisch produziert. Dadurch entsteht laut BUND ein gewaltiges Umweltproblem. Zum einen führe die massive Züchtung zu einer Überdüngung des Bodens und das Trinkwasser werde mit giftigen Abfallstoffen belastet. ‚Das Fleisch geht in den Export, die Gülle bleibt‘, sagt Weiger. Zum andern entstünden immer öfter antibiotikaresistente Bakterien, weil Mastbetriebe das Medikament in die Nahrung der Tiere mischen. ... Laut BUND sterben EU-weit jährlich 25 000 Menschen an resistenten Keimen. Fleischproduzenten nennen häufig die Gesundheit des Tieres als Grund für das Verabreichen von Antibiotika. BUND-Vorstand Weiger hat aber eine andere Erklärung: ‚Es geht nie um die Gesundheit des Tieres. Es geht darum, möglichst viel Vieh auf möglichst engem Raum zu konzentrieren, ohne dass die Seuchengefahr steigt.‘ Die Massentierhaltung hat aber noch weitere Auswirkungen: Sie macht Europa zum zweitgrößten Importeur von Soja. Nur China kauft mehr Soja vom Weltmarkt. Die Mastbetriebe stellen daraus Futtermittel her. ‚Wegen der großen Nachfrage entstehen vor allem in Brasilien und Argentinien riesige Monokulturen. Das hat massive ökologische Konsequenzen', sagt Barbara Unmüßig vom Vorstand der Heinrich-Böll-Stiftung. Nicht nur würden große Konzerne in diesen Ländern immer mehr Kleinbauern die Lebensgrundlage entziehen, auch drängten die riesigen Anbaufelder den Regenwald immer weiter zurück. Flugzeuge versprühen Unkrautvernichter, die Menschen und Umwelt vergiften. Dem Verbraucher bleiben die Probleme der Massentierhaltung oft verborgen."[290]

Neben der historisch veränderten Situation ist auch hier ist die mangelnde Kenntnis über die Produktion wohl die wesentliche Ursache für unser Verhalten: Züchteten und schlachteten wir noch selbst Tiere, hätten wir wohl mehr Achtung vor dem Geschöpf. Wir wüssten, wie viel Arbeit hinter dem Schnitzel sowie dem Gemüse steckt und wären sicher bereit, mehr dafür zu zahlen. Nun müssen wir nicht wieder selbst Tiere halten und schlachten. Wir sollten aber sowohl uns selbst als auch unsere Kinder wie beschrieben besser über die Produktion unserer Lebensmittel informieren, sodass jeder von sich aus bewusster konsumierte, mit Blick darauf, was er seinem Körper zuführen möchte.

Natürlich machen sich bereits viele Menschen Gedanken und ändern etwas. Manche essen weniger oder ausschließlich Bio-Fleisch, andere ernähren sich aufgrund dieser Erkenntnisse vegetarisch oder vegan. Vegan bedeutet bekanntlich, nicht nur auf Fleisch, sondern auf alle tierischen Produkte wie Milch, Eier und selbst Honig zu verzichten. Dies ist mit Gemüse, Obst, Nüssen und Getreide eine sehr ursprüngliche, natürliche und gesunde Ernährungsweise, denn in vielen Ernährungsratgebern wird eine ausgewogene Ernährung mit Gemüse, Obst und Vollkornprodukten empfohlen. Fleisch, wie von der DGE genannt, eher seltener. Ob dazu noch Milchprodukte oder Fisch mag jeder für sich selbst entscheiden. Aber dass eine gute Ernährung nicht nur gesund hält, sondern aktiv bei der Heilung von Krankheiten

---

290 http://www.sueddeutsche.de/wirtschaft/fleischkonsum-international-die-welt-isst-deutsches-billigfleisch-1.1569718 vom 10. Januar 2013

hilft, glauben mittlerweile viele Menschen, wie bereits im Kapitel „Gesundheit" vom Mediziner David Servan-Schreiber beschrieben.

Die Kinder der Kita Quellmoor aus Hamburg wissen, wie sie sich gesund ernähren, und das ging so: Die Kinder wussten nicht, woher ihre Milch und das Fleisch kommen, das sie essen. Die Erzieherin Andrea Sulewski vermittelte den Kindern zunächst spielerisch, wie sich Massentierhaltung anfühlt:

„Sie drängeln sich dicht bei dicht. Vier, fünf, sechs Kinder auf einem handtuchgroßen Teppich. Es wird eng, immer enger, bedrohlich eng. Dann springen einzelne ab, bis nur noch ein Kind auf dem Teppich steht – und die Bewegungsfreiheit spüren kann. ,Nun wisst ihr, was Massentierhaltung ist', sagt Erzieherin Andrea Sulewski. ,So fühlen sich viele Kühe in deutschen Ställen.'

Die 50 Kinder der Kita Quellmoor haben das Thema selbst gewählt: die Kuh. Ein Jahr lang schon dreht sich alles um das Tier, an dem sich so vieles anschaulich lernen lässt. Angefangen hatte alles bei einem Besuch in der Großküche. Unmengen Milch wurde verarbeitet. Die Kinder fragten, woher sie käme. ,Von Aldi', sagt ein Kind. ,Aus der Tüte', sagte ein anderes. ,Von der Kuh', wusste ein drittes. ,Aber Kühe geben doch keine Tüten', konterte ein viertes. Die Frage ließ die Kinder nicht los.

Da wusste Frau Sulewski, dass eine Kindergartenkuh her muss. ,Rosi' heißt das gute Tier, ein lebensgroßes Vieh aus Pappmaché, mit Euter und großen braunen Augen. Rosi aber steht auch für eine glückliche Kuh, nach der die Kinder Monate lang gesucht haben. Sie haben den Biobauernhof Gut Wulfsdorf besucht, Tiere gefüttert und erlebt, wie ein Kalb von seiner Mutter getrennt wurde. Das jämmerliche Klagen des Muttertieres kommentierte die Bäuerin nur mit den Worten: ,Das geht jetzt ein paar Wochen so weiter.' Die Kinder waren entsetzt. Nein, eine glückliche Kuh fanden sie hier nicht. Sie wollten wissen, warum die Kuh nicht auf die Weide, warum sie nicht mit anderen Kühen spielen darf. Und Andrea Sulewski machte sich mit den Kindern weiter auf die Suche nach Rosi, der glücklichen Kuh.

Sie lasen Bücher, bastelten Kühe in allen Variationen, sangen Lieder von der Kuh, sie machten Joghurt, Frischkäse und Pudding aus frischer Milch, taten einen Biohof in Dollern auf, der direkt vom Hof lieferte, und fanden schließlich in Kirchwerder ihre glückliche Kuh. Sie gingen mit der Bäuerin auf die Weiden, streichelten die Tiere, halfen beim Melken. Höhepunkt des Projekts war eine Reise auf einen Bauernhof in der Lüneburger Heide, drei Tage lang, mit allen Beteiligten. Die jüngste Mitreisende war gerade ein Jahr alt.

Inzwischen haben die Kinder eine neue Frage gestellt. Sie wollen wissen, woher das Fleisch kommt, das sie essen. ‚Von Rewe‘, sagt ein Kind. ‚Aus der Kühltruhe‘, sagt ein zweites. ‚Von der Kuh‘, sagt ein drittes. ‚Von Rosi?‘, fragen die anderen.

Andrea Sulewski hätte das Thema vom Tisch wischen können. Sie entschied anders. Stück für Stück lernen die Kinder nun, woher das Essen kommt, das täglich in unseren Supermärkten landet. Gemeinsam haben sie entschieden, dass in der Kita nur noch vegetarisch gegessen wird. Den Kindern schmeckt es. Und sie können am Abend guten Gewissens einschlafen – und von Rosi träumen.

Andrea Sulewski weiß, dass sie mit ihrer Arbeit Dinge nur im Kleinen anstoßen kann. Doch darüber ist sie glücklich. ‚Wir können die Welt nicht retten‘, sagt sie. ‚Aber wir können einen Beitrag leisten, sie ein kleines Stück besser zu machen.‘"[291]

Ein tolles Projekt, das zeigt, wie wir durch Information bewusster konsumieren, und das mit dem Hamburger Bildungspreis 2013 gewürdigt wurde.

Also starten wir bundesweit das Projekt „Lernen auf dem Bauernhof": Ermöglichten wir allen Kindern während ihrer Zeit in der Kita oder Grundschule einen mehrtägigen Aufenthalt auf einem Biobauernhof in ihrem Umland. Dort könnten sie eigene Erfahrungen sammeln, denn selbst Erlebtes prägt bekanntlich am meisten. Als Nebeneffekt profitierte der ländliche Tourismus und der Biobauer hätte eine weitere Einnahmequelle.

---

291 http://www.abendblatt.de/hamburg/article122534264/Was-macht-die-Kuh-im-Kindergarten.html am 4. Dezember 2013

Durch Information und Bildung ernähren sich Menschen bewusster und achtsamer. Kalkulieren wir sämtliche Herstellungs- und Folgekosten der Fleischproduktion in den Preis mit ein. Wenn die Menschen, die weiter Fleisch essen möchten, die bereits genannte Empfehlung, maximal zwei Portionen Fleisch pro Woche zu essen, ab sofort umsetzten, dazu noch auf biologisch, regional und artgerecht produziertes Fleisch achteten, gäbe es bald keine Massentierhaltung mehr. Ist das nicht eine großartige Perspektive?

Regional und natürlich. Unser Obst und Gemüse

Kaufen wir einfach das Obst und Gemüse möglichst direkt beim Produzenten auf dem Wochenmarkt oder beim (Bio-)Bauern im Hofladen und bevorzugen regionale und saisonale Produkte. Auf diese Weise ernähren wir uns von ganz alleine günstig und gesund, wenn es beispielsweise im Frühjahr frischen Salat gibt, im Sommer Tomaten und Beerenfrüchte sowie im Herbst Kohl und Birnen.

Für mich ist der wöchentliche Besuch des Wochenmarktes die ideale Win-Win-Situation:

- Wir kaufen frisches Obst und Gemüse aus der Region und ernähren uns natürlich, gesund und relativ günstig.
- Dadurch sichern wir die Existenz der Landwirte, Obstbauern sowie der anderen Beschäftigten und schaffen Arbeitsplätze vor Ort.
- Ein Wochenmarkt ist eine Bereicherung für jeden Ort. Der Bummel über den lebendigen Markt ist für Einheimische und Touristen ein schönes Erlebnis.
- Nicht nur durch Geld, auch durch persönliche Gespräche geben wir Dank und Wertschätzung. Neben netten Gesprächen bekommen wir Tipps zu saisonalem Gemüse und Obst sowie deren Zubereitung. Dazu schenken wir den Produzenten mehr Wertschätzung.

Ich hatte einmal ein schönes Gespräch auf dem Wochenmarkt mit einer Marktfrau: Ich sollte für mein Gemüse 2,40 Euro zahlen, gab ihr drei Euro und sagte „Das stimmt so." Sie lehnte ab und sagte: „Das müssen Sie doch nicht." Darauf sagte ich: „Was steckt nicht alles an Arbeit in dem Gemüse? Sie sind heute früh sicher bereits um vier Uhr aufgestanden, um fünf Uhr zum Markt gefahren, haben Ihren Stand aufgebaut, mich freundlich bedient und Tipps für die Zubereitung gegeben. Sie haben das Gemüse gesät, gewässert, Unkraut gejätet und geerntet. Und für das alles soll ich Ihnen nur 2,40 Euro geben? Selbst die drei Euro sind noch viel zu wenig." Die Marktfrau hatte Tränen in den Augen, schluchzte gerührt und meinte: „Sie haben ja so recht, aber das macht doch keiner." Nach diesem schönen Erlebnis habe ich solche Gespräche immer wieder mit Marktfrauen und -männern geführt, jeweils mit ähnlich schönem Verlauf. Das zeigt, wie sehr wir nicht nur durch angemessene Preise, sondern auch durch Wertschätzung etwas geben können.

Das ist nahezu überall möglich, denn in mittelgroßen Städten und Stadtteilen größerer Städte gibt es meist einen Wochenmarkt. Im kleineren Ort, in dem es keinen gibt, können wir direkt beim Landwirt kaufen.

Vielen von uns reicht das nicht, sie wollen genau wissen, woher ihr Essen kommt oder wieder selbst Gemüse produzieren. Selbst im begrenzten Platzangebot einer Großstadt ist eigener Gemüseanbau selten, wird aber immer beliebter. Ob Gärten auf dem Dach, in Innenhöfen, auf dem Balkon – immer mehr Menschen schaffen sich selbst ein kleines Gartenparadies. Nachfolgend einige Beispiele von Angeboten für Stadtbewohner:

Es gibt Äcker zu mieten, was zum Beispiel Jule und Henry Vickery in Appen und Fischbek bei Hamburg anbieten. Dort machen viele Menschen mit, von Menschen mit Behinderungen bis hin zum bekannten Fernsehkoch Tim Mälzer, wie auf der Internetseite der Anbieter zu lesen ist:

„Die Freizeit-Gemüsebauern haben seit der Aussaat im Frühjahr reichlich geerntet. Damit wurden die Pachtkosten von 150 Euro pro Parzelle mit Erträgen aus Naturalien wie Rotkohl, Wirsing,

Rote Bete, Wurzeln, Pastinake, Kartoffeln und diversen Kräutern mehrfach wettgemacht. Beim Anlegen des Feldes halfen die Partner vom Schäferhof und der Lebenshilfe-Kreisvereinigung, Rainer Adomat und Peter Schaumann. Für sie war die Erntezeit-Initiative eine ideale Ergänzung ihrer Arbeit mit nicht sesshaften und behinderten Menschen … Beim Jäten und Ernten fanden sich Menschen aller sozialen Schichten ein. ‚Das geht vom Hartz-IV-Empfänger bis zum Porsche-Fahrer', umriss Jule Vickery einmal den Personenkreis … Inzwischen hat sich auch der aus Pinneberg stammende TV-Koch Tim Mälzer drei Parzellen gepachtet. Die Ernte auf dem Schäferhof wird in eine seiner Kochsendungen eingebaut, um den frischen Weg vom Feld zum Herd zu dokumentieren." [292]

Die Firma Ackerhelden aus Essen bietet bundesweit Äcker zum Mieten nach folgendem Prinzip an:

„Als Ackerheld gehört dir für einen ganzen Sommer dein eigener, biozertifizierter Gemüseacker. Wir bereiten deinen Acker im Frühjahr professionell vor und bepflanzen ihn für dich mit über 20 verschiedenen Gemüsesorten. Von Mitte Mai bis Ende November bist du dann der Held auf deinem Acker und kannst knackfrisches Biogemüse ernten …" [293]

Es gibt Angebote von Obstbauern aus dem Alten Land bei Hamburg, bei denen Paten einen Baum mieten und eine garantierte Menge Äpfel dafür erhalten. Die Pflege übernimmt der Bauer, ernten kann der Pate selber, wenn er mag: „Der Baum wird für Sie mit dem Namen des Paten gekennzeichnet und Sie bekommen alle Früchte, die er im Jahr der Patenschaft trägt." [294]

Biohöfe wie der WeidenHof im südlichen Niedersachsen bieten das Prinzip der solidarischen Landwirtschaft und beschreiben dies auf ihrer Internetseite: „Die CSA ‚gemeinsam-wirtschaften' hat

---

292 http://gaertnernmachtgluecklich.de/?page_id=52 vom 10. Januar 2015
293 http://www.ackerhelden.de/so-funktioniert-das vom 20. Dezember 2014
294 http://www.apfelpatenhof.de/0200_apfelbaum_patenschaft.php vom 10. Januar 2015

sich Anfang 2013 auf dem WeidenHof gegründet. Die Wirtschafts-
gemeinschaft richtet sich nach den Grundsätzen der Community
Supported Agriculture (CSA) oder im deutschsprachigen Raum
‚solidarischen Landwirtschaft‘. Menschen aus den unterschiedlichsten Orten aus der Region haben sich mit dem WeidenHof
zusammengeschlossen, um gemeinsam mit uns als Landwirten
eine ‚andere Landwirtschaft‘ möglich zu machen. Gemeinsam
kümmern wir uns um die Belange des WeidenHofes und sorgen
für eine von allen getragene landwirtschaftliche Produktion und
Wirtschaftlichkeit des gesamten Hofes.“[295]

Die Regionalwert-AG will Erzeuger und Verbraucher in der
Landwirtschaft enger zusammenbringen:

„Die Regionalwert AG will zu unternehmerischem ökologischem Handeln mit regionalem Bezug anregen, zu einem
pluralen Wirtschaftsverständnis in lokaler Überschaubarkeit. Die
Zielmarke ist die wirtschaftlich profitable Ernährungssouveräni-
tät der Bevölkerung in überschaubaren regionalen Wirtschafts-
räumen.“[296]

Verabschieden wir uns von dem Idealbild, dass Ökobetriebe
ausschließlich in kleinen Strukturen möglich sind. Wenn sich
immer mehr Menschen nach biologischen Kriterien ernähren,
müssen dafür auch entsprechende Mengen produziert werden.
Auch bei Bio-Betrieben kann nicht nur aus diesem Grund eine
gewisse Unternehmensgröße sinnvoll sein, sondern auch, um
effizient wirtschaften zu können. Wichtig ist, dass der Betrieb
sich an die vorgegebenen Bio-Kriterien hält und regional ausgerichtet bleibt, auch was den Vertrieb seiner Produkte betrifft.

Ein solch mittelständischer Betrieb ist beispielsweise die
Bohlsener Mühle in Niedersachen, die jährlich mit einem Mühlenfest transparent über ihre Produktionsmethoden informiert
und ihren Aktionsradius regional begrenzt. Diese und weitere

---

295 http://www.weidenhof.de/index.php/unsere-csa.html vom 7. Dezem-
    ber 2014
296 http://www.regionalwert-ag.de/detail/unsere-ziele vom 10. Januar 2015

Informationen sowie die Termine zum Mühlenfest finden Sie auf deren Internetseite *www.bohlsener-muehle.de.*

Es gibt so viele vorbildliche Beispiele, bei denen die beteiligten Personen weit mehr als gesundes Nahrungsmittel bekommen. Sie lernen wieder Zusammenhänge aus der Natur kennen und bringen den Produzenten aus der Region größere Wertschätzung entgegen. Je mehr wir uns damit beschäftigen, desto mehr nehmen wir die bereits bestehenden guten Beispiele wahr, die es bestimmt auch in Ihrem Umfeld gibt. Falls es keine gibt, machen Sie einfach mit oder animieren den Bauern in Ihrem Umfeld: Die Internetseite http://www.oekolandbau.de des Bundesministeriums für Landwirtschaft und Ernährung informiert, wie wir einen Betrieb ökologisch umstellen können.

Wir können auch im Bereich der Landwirtschaft Subventionen sparen. Am 1. Juli 2014 um 20:15 Uhr zeigte der Fernsehsender Arte die Dokumentation „Zukunft pflanzen" der Französin Marie-Monique Robin. Robin zeigt darin anhand verschiedener Beispiele auf, welche negativen Auswirkungen Freihandelsabkommen, Subventionen sowie Pflanzenschutzmittel weltweit erzeugen können und dass es längst ökologischere und ertragreichere Anbaumethoden gibt. Am Beispiel eines mexikanischen Bauern wird geschildert, wie Mexiko lange selbstständig ausreichend günstigen Mais für den Heimatmarkt erzeugte. Der Bauer baut nach dem sogenannten Milpa-Prinzip zeitgleich Mais, Bohnen und Kürbisse an. Die Pflanzen unterstützen sich gegenseitig, indem die Bohnen Stickstoff für den Mais produzieren, die Kürbisblätter Schatten spenden und den Boden feucht halten. Das Unkraut wird vom Vieh gefressen, der Boden entwickelt neuen Humus und Schädlinge gibt es nahezu keine.

Diese Böden der Agrarökologie sind ertragreicher und klimafreundlicher als die der Massenlandwirtschaft. Der Bauer versorgt damit ohne Einsatz von Pestiziden und großen Maschinen die umliegenden Bewohner; ein gesundes und natürliches System ohne Pflanzenschutzmittel und Subventionen. Zusätzlich wird ein nordamerikanischer Großbauer porträtiert, der Mais unter Einsatz großer Maschinen und Pestizide produziert.

Anhand dieser beiden Protagonisten wird erläutert, wie mit dem vor 20 Jahren eingeführten nordamerikanischen Freihandelsabkommen NAFTA der USA, Kanada und Mexiko vor allem die mit Pestiziden arbeitenden und subventionierten landwirtschaftlichen Großbetriebe mit ihrem billigen Mais Länder wie Mexiko belieferten und geradezu überschwemmten. Dort mussten drei Millionen Kleinbauern aufgeben und flohen nach Mexico-City oder in die USA, wo sie nun als Arme zum Teil illegal leben und betteln.[297] Aus solchen Fehlentwicklungen können wir lernen.

Dr. Anita Idel ist Tierärztin, Lead-Autorin des Weltagrarberichts (IAASTD) sowie Lehrbeauftragte an den Universitäten Kassel sowie Lüneburg (seit 2011) und Münster (FH seit 2012) für Welternährung und Ressourcennutzung. Sie setzt sich für nachhaltige und regionale kleinbäuerliche Landwirtschaft ein und begründet das eindringlich in einem Interview: „Massenproduktion lohnt sich nur, weil die Verursacher für die Schäden nicht haften: Billig ist nur scheinbar billig, es zahlt die Allgemeinheit – und manchmal mit ihrem Leben! Nur weil uns die wahren Kosten der Zerstörung externalisiert werden, erscheinen uns Bio-Produkte im Vergleich teuer … Wirklich effizient sind Investitionen in agrarökologische Anbaumethoden für verbesserte Bodenfruchtbarkeit, weitgehende Vermeidung von synthetischen Düngemitteln, Pestiziden und schweren den Boden verdichtenden Ackergeräten."[298]

Sie plädiert bei der Nutzung für einen Wechsel von Beweidung und Ackerbau, um die Bodenfruchtbarkeit zu erhöhen und das Klima zu schützen:

„Die Wurzeln von heute bilden den Humus von morgen. So entlastet eine zusätzliche Tonne Humus die Atmosphäre um 1,8 Tonnen CO_2. Damit wird Bodenfruchtbarkeit eingespeichert. … Würden wir in den Boden blicken, könnten wir erkennen, dass unter dem Grasland bei nachhaltiger Beweidung die Bodenfruchtbarkeit wächst, während sie unter Mais in Monokultur schrumpft."

---

297 Fernsehsender Arte, 1. Juli 2014 um 20:15 Uhr
298 Landeszeitung Lüneburg, 17. Oktober 2014, Seite 20

Interessant, wie einfach und natürlich es gehen kann. Freie Märkte und hohe Subventionen bewirken offensichtlich nicht nur Gutes, manchmal sogar das Gegenteil, gerade in der Landwirtschaft.

Ist es nachhaltig, Lebensmittel durch die Republik oder die Welt zu schicken, die dort gar nicht fehlen? Wir sollten gerade in der Landwirtschaft den Sinn des freien Weltmarktes hinterfragen, denn es ist, wie beschrieben, viel natürlicher, ökologisch und auch meist ökonomisch sinnvoller, dass sich Menschen mit Lebensmitteln aus ihrer Region ernähren. Warum arbeiten wir nicht viel mehr daran, dass in allen Regionen weltweit ausreichend Lebensmittel produziert werden und nur bei Mangel Nahrung aus anderen Ländern geliefert wird? So schaffen und erhalten wir dauerhaft Arbeitsplätze vor Ort. Schauen wir bei Subventionen kritischer auf deren Auswirkungen.

Je regionaler wir gerade Lebensmittel erwerben, desto besser. Wir können direkt vor Ort kaufen und uns ein Bild von dem Betrieb machen. Da wir das kaum alle selbst machen können, eine Anregung an die regionalen Medien, dies noch mehr zu tun. Gerade Tageszeitungen verlieren immer mehr Leser und hätten hier Chancen, durch solche Serien über Biobetriebe neue Leser zu gewinnen. Zudem sollten wir gerade bei Bio-Produkten nicht nur die Herstellung berücksichtigen, sondern auch andere Aspekte, die die Nachhaltigkeit betreffen, beispielsweise ökonomische: Was verdienen die Menschen, die das produzieren, und unter welchen Bedingungen arbeiten sie? Welchen Transportweg legt das Produkt zurück? In seiner Gesamtheit sollte die Zertifizierung mit einem Bio-Label erfolgen. Wie biologisch und nachhaltig kann demnach ein Bio-Honig aus China sein, der in Deutschland zu kaufen ist?

Auch beim Restaurantbesuch können wir uns für ein Bio-Lokal entscheiden. Sollte es in dem Restaurant unserer Wahl noch kein Bio-Angebot geben können wir danach fragen, denn Nachfrage bestimmt bekanntlich das Angebot. Hier gibt es in so manchen Städten und Regionen bereits Bioläden, die neben Bioprodukten selbstgekochte Biogerichte anbieten, wie in Lüneburg beispielsweise das Godehus und der Naturkostladen Biologisch (mehr unter *www.biologisch-lueneburg.de*). Die Kontaktdaten dieser und weiterer Lokale gibt es in einem Einkaufsführer des BUND auf dessen Internetseite: *http://www.bund-lueneburg-harburg.de/uploads/media/oekologischer_einkaufsfuehrer.pdf*

Gesund, biologisch, bezahlbar und lecker essen, besser geht es wohl kaum.

Eine Anregung an die Bio-Bauern: Warum treten Sie nicht selbstbewusster auf, verlangen angemessene und damit höhere Preise? Stellen Sie doch die Vorteile Ihrer Produkte besser heraus, dann wären sicher mehr Verbraucher bereit, mehr dafür zu zahlen, wie im Artikel „Das Märchen vom Geiz" als Empfehlung von Marketingexperten beschrieben wird.[299]

Damit bereits die Jüngsten etwas über gesundes Essen lernen, bringen in Niedersachsen Landfrauen beim Projekt „Kochen mit Kindern" Schülern in Grundschulen gesundes Kochen mit regionalen Produkten bei.[300] Eines von sicher vielen weiteren Projekten, die belegen, welche tollen Ideen es in vielen Regionen gibt. Weitere Anregungen folgen später.

Bio und fair trade. Unser Beitrag für die Welt

Natürlich kommt nicht all unsere Nahrung direkt aus der Region; Produkte aus anderen Regionen bereichern unser Essen. Auch hier können wir verantwortlich handeln und die Produzenten würdigen sowie Umweltschäden vermeiden.

Bei exotischen Produkten aus fernen Ländern, zum Beispiel bei dem von vielen geliebten Kaffee, können wir Bio- und Fair-

---

299 Der Spiegel, 3. November 2014, Seite 70
300 siehe Landeszeitung Lüneburg vom 2. Mai 2014, Seite 8

Trade-Produkte kaufen, also Produkte, bei denen der Erzeuger nicht nur nach biologischen Kriterien produziert, sondern dafür auch fair entlohnt wird. Nicht nur in Bio- oder Eine-Welt-Läden, sondern auch in Supermärkten gibt es mittlerweile so manche Fair-Trade-Produkte. Ein Beispiel ist der Kaffee des Vereins Lünebohne aus Lüneburg, der ergänzend zu seinen Kaffee- und Schokolade-Produkten Schülerseminare anbietet, wie der Verein auf seiner Internetseite beschreibt:

„Spaß am fairen Handel zu vermitteln ist uns als Verein eine Herzensangelegenheit! Deswegen bieten wir Workshops zum Thema Fairer Handel und bewussten Konsum an. Unsere Schokoworkshops für Kinder, Jugendliche und Erwachsene laden ein auf eine besondere Reise – von den Plantagen in Ecuadors Regenwald bis zur selbst hergestellten und fair gehandelten Schokolade. Wie wächst Kakao, wie groß ist eine Kakaoschote, wie erntet man und was passiert danach? Beim Herstellen der selbst gemachten Schokolade werden diese Fragen spielerisch beantwortet und über die sozialen, ökologischen und wirtschaftlichen Probleme diskutiert, die mit der geliebten Süßigkeit einhergehen können. Dabei suchen wir im Workshop gemeinsam nach Lösungen und betrachten Konzepte, wie es auch anders gehen kann – fair für Mensch und Natur.[301] Fünf junge Mitglieder des Vereins betreiben ergänzend mit dem „Avenir" ein Café und Laden, in dem es die Produkte des Vereins sowie andere nachFair-Trade-Produkte gibt als Alternative zum Massenkonsum. Mehr auf der Internetseite des Cafés: a-venir.de.

Ähnlich funktioniert es mit den Getränken der bereits genannten Firma Lemonaid aus Hamburg, die zusätzlich aus den Erträgen gemeinnützige Projekte in den Anbauregionen fördert:

„Unsere Zutaten sind nicht nur zu 100 % biologisch angebaut, sondern stammen zudem aus fairem Handel. Wir fördern also nicht nur eine ökologisch, sondern auch sozial nachhaltige Landwirtschaft, bei der die Bauern gerecht für ihre Arbeit bezahlt werden. Außerdem unterstützen wir mit einem festen Betrag pro ver-

---

301 http://www.luenebohne.de/?page_id=26 vom 29. November 2014

kaufter Flasche den gemeinnützigen Lemonaid & ChariTea e.V., der Sozialprojekte in den Anbauregionen finanziert."[302]

Alles gute Beispiele, und meist sind es engagierte junge Menschen, die dahinterstehen. Das sind doch hervorragende Aussichten für eine gute Zukunft.

Gesund: Unser günstigeres und wertvolleres Leben

Manche meinen, sie hätten zu wenig Geld, um sich gesund mit frischen Lebensmitteln zu ernähren, und kaufen lieber Fertigprodukte. Sind es aber nicht eher die Bequemlichkeit oder die Unkenntnis, die so manchen davon abhalten, und ginge das nicht auch anders? Das haben sich zwei sogenannte Hartz IV-Empfänger aus der Nähe von Lüneburg gefragt und über ihre positiven Selbstversuche ein Kochbuch mit dem Titel „Das Sparkochbuch" sowie weitere Broschüren verfasst.[303]

Darin beschreiben sie, wie sie mit wenig finanziellem Aufwand gesund und günstig mit frischen regionalen Produkten kochen und geben Tipps. Diese sind natürlich auch für Menschen mit höherem Einkommen geeignet. Ihre Erfolgsgeschichte beschreiben sie auf ihrer Internetseite:

„Die Sparratgeber – das sind wir, Uwe Glinka und Kurt Meier aus der Region Lüneburg. Seit vielen Jahren zeigen wir tausenden von Menschen über TV-Auftritte, Bücher, Broschüren, unsere Website und einen SparClub, wie man günstig leben und kochen kann. Dabei geht es uns nicht nur ums Billige. Wir zeigen, wie man sich mit wenig Geld gesund und ausgewogen ernähren kann – selbst als Student oder auf Basis eines Hartz IV Satzes. Bekannt

---

302 http://www.lemon-aid.de/faq vom 29. November 2014
303 http://www.diesparratgeber.de/buch-broschuere vom 12. Dezember 2014.

wurden wir als Sparratgeber im November 2008 als Günther Jauch uns zu Stern TV holte. Diesem ersten Fernsehauftritt folgte eine große Vielzahl weiterer TV-Sendungen in fast allen Sendern. Und auch aktuell geben wir immer wieder einmal Tipps zum günstigen Ernähren, prüfen Discounter oder beraten Verbraucher in TV-Sendung. Unsere Bücher und Broschüren sind Bestseller. Inzwischen haben wir 10 verschiedene Bücher herausgegeben. Und alleine in 2014 sind schon 3 neue Broschüren erschienen."[304]

Was für eine schöne Geschichte für „Krisen sind Chancen"! Sollten wir daher nicht jedem Bedürftigen neben materieller und finanzieller Hilfe gemeinschaftliche Kochkurse anbieten, in denen dieser selbst solche positiven Erfahrungen sammeln könnte?

Bekanntlich wird in unserer Wohlstandsgesellschaft viel Essen weggeworfen, wie diese Studie der Umweltschutzorganisation World Wildlife Fund (WWF) bestätigt:

„Trotz jahrelanger Warnungen ist laut einer neuen WWF-Studie keine Trendwende zu erkennen. Das Hauptproblem ist der Verbraucher … Von den sieben Milliarden Menschen auf der Welt hungert täglich rund eine Milliarde. Gleichzeitig würde die globale Lebensmittelproduktion theoretisch ausreichen, um nicht nur sieben, sondern neun, zehn oder gar zwölf Milliarden Menschen satt zu machen. Als eine der wichtigsten Ursachen dieses Missverhältnisses gilt die Verschwendung von Nahrungsmitteln – und die hat, trotz aller Appelle der vergangenen Jahre, offenbar nicht abgenommen, wie eine neue Studie der Umweltstiftung WWF nahelegt.

Allein in Deutschland landen demnach jedes Jahr rund 18,4 Millionen Tonnen an Nahrung im Müll. Etwa zehn Millionen davon seien bereits heute vermeidbar – ohne den Einsatz neuer Technologien, sagte WWF-Referentin Tanja Dräger de Teran am Donnerstag in Berlin … Während Lebensmittel in ärmeren Ländern bereits bei der Ernte, bei Transport und Lagerung verloren gingen, sei in reichen Ländern eher der Endverbraucher das Problem. Knapp 40 Prozent des Mülls falle in Deutschland in

304 http://www.diesparratgeber.de/ueber-uns vom 12. Dezember 2014

Privathaushalten an, heißt es. Hinzu kämen unter anderem Verluste bei der Produktion sowie in der Gastronomie. Der größte Teil davon sei vermeidbar.

Würden Landwirtschaft, Handel und Verbraucher gemeinsam Abfälle vermeiden, ergebe sich ein ‚signifikanter Beitrag zum Ressourcen- und Klimaschutz‘, sagte Dräger de Teran. Denn etwa Treibhausgasemissionen durch Düngung, Transport und Kühlung fielen für die weggeworfenen Lebensmittel vergeblich an. Der verschwendete ‚riesige Essensberg‘ befeuere damit den Klimawandel … Gerade bei Kleinverbrauchern gelten viele Abfälle laut WWF als vermeidbar, vor allem bei Brot sowie Obst und Gemüse: ‚Bewusst einkaufen, frisch kochen und richtig lagern – so wirft man weniger weg‘, empfiehlt Fernsehkoch Christian Rach im Vorwort der Studie."[305]

Es gibt bereits Initiativen wie Foodsharing, die versuchen, so viel wie möglich zu retten, wie im Artikel „Foodsharing – Essen verschenken statt wegwerfen" beschrieben: „Jetzt werden in Köln, Berlin oder Hamburg fröhlich Lebensmittel an Fremde verteilt und verschenkt … Wer nun zu viel eingekauft oder gekocht hat oder vor dem Urlaub den Kühlschrank noch leer bekommen muss, der soll im Internet dank Foodsharing nun kostenlos Abnehmer in der eigenen Umgebung finden. Das Prinzip ist einfach: Im Netz erstellen Nutzer Körbe mit Lebensmitteln, die sie verschenken möchten."[306]

Sicher eine vorbildliche Initiative, die aber mehr die Folgen mildert als die Ursachen. Wie könnten wir diese ändern?

Im Mai 2014 wurde wieder darüber diskutiert, das Mindesthaltbarkeitsdatum (MHD) bei einigen Lebensmitteln abzuschaffen, da viele Lebensmittel über das MHD hinaus noch haltbar seien. Das Mindesthaltbarkeitsdatum bietet einen Anhaltspunkt, an den

305 http://www.welt.de/regionales/koeln/article111994751/Foodsharing-Essen-verschenken-statt-wegwerfen.html vom 13. Dezember 2012
306 http://www.welt.de/regionales/koeln/article111994751/Foodsharing-Essen-verschenken-statt-wegwerfen.html vom 13. Dezember 2012

wir uns orientieren können. Ich fürchte, durch eine Abschaffung des Mindesthaltbarkeitsdatums würde sich bei vielen Verbrauchern ohne eine solche Orientierung die Unsicherheit über die Haltbarkeit, gerade bei Milchprodukten, noch erhöhen. So könnte sich mancher fragen: „Ist das Weiß/Graue oben auf dem Joghurt Schimmel? Wann wurde der Joghurt eigentlich produziert, und wann habe ich den eigentlich gekauft?"

Ist das MHD wirklich die wesentliche Ursache, dass wir Lebensmittel wie Joghurt wegwerfen? Schauen wir uns beispielsweise Werbespots für Kinderjoghurt an, bei denen die vorbildlichen Eltern immer ausreichend Joghurt im Kühlschrank haben, falls ihr Kind spontan mit einer Schar Freunde nach Hause kommt, die dann mit Joghurt versorgt werden, woraufhin alle glücklich strahlen. Dieses Bild wollen viele doch gern leben und haben immer ausreichend Vorrat an Kinderjoghurt, das eben nicht lange haltbar ist. Wenn dann die Freunde der Kinder aber nicht vorbeikommen, wo landet das Joghurt dann? Auch hier können wir bewusst und geplant einkaufen sowie für spontane Besuche lieber haltbares Obst vorrätig haben, denn über einen leckeren Apfel freuen sich Kinder bekanntlich ebenso.

Bei größeren privaten Feiern wie runden Geburtstagen oder Hochzeiten sind reichhaltige Buffets der Standard. Festmahle sind seit jeher Teil vieler Kulturen. Gerade für Menschen der Kriegs- und Nachkriegsgenerationen, die wie beschrieben Hunger erleiden mussten und meist körperlich harte Arbeiten zu verrichten hatten, ist es ein großes Bedürfnis, beim Essen ja nicht zu wenig anzubieten. Aber da viele von uns heute nicht mehr körperlich hart arbeiten und wir uns in einer Überflussgesellschaft befinden, landen von den Festtagsessen am Ende immer wieder Reste im Abfall.

Eine Anregung, wie wir das bei privaten Feiern einfach ändern können: Statt eines großen Buffets stimmen wir anhand von einigen Menüvorschlägen vorab mit Versand der Einladung mit jedem Gast ab, was er essen möchte. Das bereiten wir zu bzw. bestellen das im Lokal, in dem die Feier stattfinden wird. Der Befürchtung, das könnte ja nicht reichen und jemand ginge hungrig nach Hause, können wir vorbeugen. Stellen wir nach dem

Essen neben Kaffee und Gebäck haltbares Obst wie Bananen oder Äpfel bereit, bei dem sich jeder bedienen kann, deren Reste aber eben nicht am nächsten Tag weggeworfen werden müssen. So werden Abfälle vermieden und Geld gespart. Ein solches Vorgehen können wir im Bekanntenkreis abstimmen, um Sprüche wie „Der ist ja geizig" vorzubeugen. Auch in Kantinen, gerade bei großen Firmen, gibt es meist eine Auswahl an Gerichten, bei der sich Mitarbeiter spontan bedienen und flexibel entscheiden können. Reste sind so vorprogrammiert und bleiben wohl täglich in vielen Kantinen und Mensen in Mengen über. Wäre es auch hier nicht sinnvoller, wir nutzten die modernen Medien und die Küchenchefs bieten das Mittagsangebot der nächsten Wochen an, aus dem die Mitarbeiter, Studenten, Schüler und Eltern von Kita-Kindern vorab bestellen könnten? Die Kantine könnte so wesentlich besser kalkulieren. Dazu ebenfalls Obst im Angebot, das sollte reichen, und alle profitierten, denn wer weniger Reste produziert, schont die Umwelt, spart Kosten und kann die Preise senken. Für Kantinen und Mensen gibt es mittlerweile tolle Projekte und Hilfen. Eine Gruppe von Klimaforschern und Studierenden der Universität Hamburg hat das Projekt KlimaTeller entwickelt. Dabei werden Kantinen und Großküchen beraten, den Einsatz klimaschädlicher Lebensmittel zu vermeiden. Partner wie Tchibo, die Otto-Group und das Studierendenwerk der Universität Hamburg machen mit, wie auf der Internetseite des Projektes zu lesen ist.[307]

Gerade junge Menschen sind idealistisch und kommen auf tolle Ideen. Ein Beispiel ist die Gemüseparty in der Schnippeldisco in Düsseldorf, bei der „krummes" Gemüse wie krumme Möhren gemeinsam zubereitet werden. Das Netzwerk Slow Food Youth will mit solchen Events ein Zeichen gegen die Verschwendung von Lebensmitteln setzen.[308]

---

307 http://www.klimateller.de/partner vom 10. Januar 2015
308 http://www.spiegel.de/panorama/gesellschaft/schnippeldisco-in-duesseldorf-kampf-gegen-lebensmittelverschwendung-a-968568.html vom 10. Mai 2014

Ein klasse Gedanke, vielleicht ja auch für die nächste private Geburtstagsfeier oder die der Kinder: statt Pommes mit Würstchen lustiges Gemüseschnippeln. So landet „krummes" Gemüse nicht im Abfall, die Kinder lernen, dass es ebenso gut schmeckt wie das gerade gewachsene, und der Bauer freut sich, dies verkaufen zu können.

Ein weiterer Gedanke: Früher schlossen die meisten Läden um 18 Uhr, heute haben Supermärkte und Bäcker häufig länger geöffnet. Aber müssen Bäcker ihre gesamte Auswahl an Brot sowie Supermärkte frisches Obst und Gemüse wirklich von frühmorgens bis zum Ladenschluss vorrätig halten, von denen dann einiges weggeworfen werden muss? Oder können wir uns als Gesellschaft darauf einigen, dass wir solche frischen Produkte nur in gewissen Zeitfenstern erwarten und auch kaufen? Das wäre doch mal zu diskutieren. Wie wäre es mit einem Zeitfenster von 9:00−19:00 Uhr? Natürlich mindert das unsere Flexibilität und erfordert eine bessere Planung, aber sollte es uns das nicht wert sein?

Versuchen wir es doch einfach auf freiwilliger Basis. Was wäre, wenn wir morgens um 7 Uhr noch kein frisch gebackenes Brötchen erwarteten, sondern ein Brötchen oder Brot vom Vortag äßen? Wenn die Bäcker die Backwaren erst später am Tag produzierten, wären diese am nächsten Tag auch länger frisch. Wir müssten also lediglich den Rhythmus verschieben. Für Bäcker und andere Unternehmer, die freiwillig auf diese Weise produzierten, könnte beispielsweise die Bäckerinnung ein „Fair Sleep"-Siegel in Anlehnung an das „Fair Trade"-Siegel entwerfen und dies nach festzulegenden Kriterien an Bäckereien vergeben. Das Brot wäre wahrscheinlich günstiger, denn die Arbeitskosten in der Nacht dürften höher sein und fielen weg. Der Bäcker könnte länger schlafen, die Arbeitszeit wäre für ihn gesünder, denn er lebte mehr im natürlichen Rhythmus, sodass wir auch als Gesellschaft Folgekosten sparten. Auf diese Weise wäre der Beruf des Bäckers attraktiver, dem es bekanntlich an Nachwuchs mangelt. Wer weiß, vielleicht fände ein solches Beispiel dann Nachahmer in anderen Branchen.

Falls wir uns nicht nur gesünder ernähren, sondern auch abnehmen möchten, sollten wir unsere Ernährung dauerhaft umstellen. Viele von uns haben sich an ungesunde Produkte gewöhnt, also entwöhnen wir uns wieder davon. Lassen wir uns von den bereits beschriebenen Kenntnissen der Hirnforschung motivieren, dass wir durch Wiederholung ständig lernen. Fangen wir langsam an, unsere Essgewohnheiten zu ändern, wie es zum Beispiel Mark Verstegen in seinem Buch „Das Core Programm" ab Seite 60 beschreibt. Der Amerikaner Verstegen wurde als Fitnesstrainer der deutschen Fußball-Nationalmannschaft 2006 unter Bundestrainer Jürgen Klinsmann bekannt. Ernähren wir uns wie von Experten empfohlen zunehmend gesund. Probieren wir die gesunden Lebensmittel aus und bleiben die denen, die uns schmecken. An einem Tag die Woche gönnen wir uns eine Auszeit, an dem wir essen können, was wir wollen. Das nimmt uns den psychologischen Druck und schützt vor Heißhungerattacken. Verstegen begründet das so:

„Es wäre unrealistisch zu glauben, dass Sie nur noch gesunde Lebensmittel essen. Nehmen Sie sich also den Sonntag frei. Selbst Spitzensportler schlemmen ab und zu. Seien Sie aber nicht überrascht, wenn viele Speisen, die Ihnen früher geschmeckt haben, Sie jetzt nicht mehr reizen und Ihnen nicht mehr gut tun, nicht einmal kurzfristig. Wenn es soweit ist, wenn Sie die Reaktionen Ihres Körpers spüren, haben Sie einen großen Fortschritt gemacht."[309]

Wir werden rasch merken, dass wir uns an dem freien Tag die Frage stellen, warum wir heute etwas Ungesundes essen sollten. Wir haben dann sozusagen umgelernt, unsere Gehirnstrukturen haben sich verändert. Etwas Vorbereitung und Ausdauer sind nötig, mehr nicht. Ist das nicht eine tolle Aussicht?

Was wäre, wenn wir für landwirtschaftliche Produkte, die nach klar definierten strengen biologischen Kriterien produziert werden, alle freiwillig angemessene Preise zahlten oder gar eine Gebühren-

---

309 Verstegen 2006, Seite 60

tabelle wie bei anderen freien Berufen wie Notaren oder Ärzten einführten? Dann stellen sicher mehr Landwirte ihren Betrieb zu einem Öko-Betrieb um.

Oder seien wir noch konsequenter: Wenn die meisten von uns sich eine Landwirtschaft wie in der Werbung beschrieben herbeisehnen, warum stellen wir nicht die gesamte Landwirtschaft möglichst EU- oder gar weltweit konsequent auf biologisch um? In einer Übergangfrist von rund 10–15 Jahren könnten sich die Betriebe darauf einstellen, ebenso andere Beteiligte wie die Chemieindustrie. Wir bauten die Agrarsubventionen entsprechend um und dann möglichst bald vollständig ab. Wir Verbraucher zahlten etwas mehr für die einzelnen Produkte, profitierten aber von gesünderen Lebensmitteln, einer besseren Umwelt, sparten als Steuerzahler für eingesparte Subventionen und deren Verwaltung sowie Folgekosten.

Wir können im Bereich Ernährung viel Gutes für uns erreichen, wenn wir uns sowie unsere Kinder über Lebensmittel und deren Herstellung besser informieren, wir bewusster konsumieren sowie geplanter einkaufen. Wenn wir sowohl als Gesellschaft als auch als Einzelner so leben, erreichen wir mit diesen Veränderungen die Trendwende zu einer biologischen Landwirtschaft. Wir verringern das Leid der Tiere und leisten einen Beitrag gegen den Klimawandel. Wir tun etwas für unsere Gesundheit, schonen unsere Geldbeutel sowie unsere Umwelt und ernähren uns natürlich lecker. Die Tiere führen ausschließlich wie in mancher Werbung beschrieben ein artgerechtes Leben und Phänomene wie die Massentierhaltung gehören der Vergangenheit an. Der Bauer bekommt ein angemessenes Einkommen, sodass sich der Beruf des Landwirts noch mehr zum ökologischen Lebensmittelproduzenten und Landschaftsgestalter entwickelt, der ohne Subventionen gut leben kann und den Jugendliche begeistert ausüben möchte.

Sport, Kultur und Nachrichten: Unsere Talente und Kommunikation

Sport. Unser(e) Kräfte messen

Körperliche Betätigung ist Teil unserer Natur. Nicht nur Bewegung im Alltag, auch Sport ist gut für uns, vor allem, wenn wir ihn selbst ausüben und nicht anderen dabei zusehen.

Sport hält fit und bringt Freude beim Entdecken der eigenen körperlichen Fähigkeiten und Talente. Was steckt in mir, wo habe ich Stärken? Ein gewisser Wettkampfgedanke ist Teil unserer Natur, wie wir auch anhand unserer Verwandten im Tierbereich sehen, daher sollten wir gerade jungen Menschen die Möglichkeit dazu beim Sport bieten. Denn so können sie sich in einem Rahmen mit klar definierten Regeln messen.

Sport leistet noch mehr: „Zum anderen wirkt Sport auch direkt auf das Gehirn. Bewegung fördert das Wachstum und sogar die Neubildung von Neuronen, wie der kalifornische Neurowissenschaftler Fred Gage festgestellt hat."[310]

Wenn wir um diese Bedeutung von körperlicher Betätigung für unsere Gesundheit und unser Wohlbefinden wissen, lassen wir diese einfach mehr in unseren Alltag einfließen. Sport ist natürlich gut, aber in einer Fernsehsendung sagte einmal ein Mediziner, dass drei Stunden Sport nun einmal nicht 168 bewegungsarme Stunden in der Woche ersetzten. Er riet viel mehr zu Bewegung im Alltag, zum Beispiel auf dem Weg zur Arbeit, im Büro Treppensteigen statt den Fahrstuhl zu nehmen, vom Schreibtisch regelmäßig aufzustehen und sich zu bewegen sowie bewegte Pausen einzulegen, wie im Kapitel „Medien" beschrieben. Dazu ergänzend sei natürlich Sport gut für uns.

---

310 Klein 2005, Seite 216

Neben Spaß und Fitness bedeutet Sport auch Wettkampf um Platzierungen und Medaillen, um Sieg und Niederlage. Gerade beim aktuell wohl populärsten Sport der Welt, dem Fußball, zeigt sich das. Fast jeder kann dabei sein Stärken einbringen, der Kleine beim Dribbeln, der Große beim Kopfball, der Schnelle beim Spurt und der Kräftige im Zweikampf. Der Zuschauer kann durch kreative Unterstützung mitwirken. Beim Sport lernen wir, mit Niederlagen und Siegen umzugehen.

Exkurs Profifußball und Vergabe sportlicher Großereignisse

Ob die hohen Einkommen und das starke Bewundern der Stars angemessen sind, sei einmal dahingestellt, denn sie spielen auch nur Fußball. Schauen wir auch hier auf die Zusammenhänge: Die Vereine finanzieren sich ja nicht nur über Sponsoring und Mäzenatentum, sondern auch über den Verkauf von Fernsehrechten, Eintrittskarten, Trikots und anderen Merchandising-Artikeln. Auf diese Weise verdienen die Vereine das Geld und können entsprechende Gehälter für ihre Angestellten bezahlen. Die haben es sich dann im wahrsten Sinne des Wortes verdient. Hier kann jeder selbst entscheiden, wie viel er für solche Sachen ausgibt. Bei den Fernsehgebühren können wir dies kritischer sehen, dazu später mehr.

Bei der Vergabe sportlicher Großereignisse wie Olympischer Spiele und Fußballweltmeisterschaften (WM) gibt es immer wieder Gerüchte um mögliche Korruptionsfälle bei den beteiligten Funktionären. Hier können wir ebenso die Ursachen lösen, damit es keine Möglichkeit für Bestechungen mehr gibt. Die Verbände einigten sich auf folgendes Prozedere am Beispiel der WM: Die WM findet künftig im Wechsel der Kontinente, also nacheinander in Amerika (Nord- und Süd), Asien (inklusive Australien), Afrika und Europa statt. Die Länder dieser Kontinente richteten die WM gemeinsam in verschiedenen Städten mehrerer Staaten aus, sodass keine neuen Wettkampfstätten in großem Maße errichtet werden müssten und viele Menschen daran teilhaben können. Wenn die Staaten des Kontinents die WM nicht gemeinsam veranstalten wollten, bewürben sie sich für die Ausrichtung einzeln. Über die Vergabe entschieden dann keine Funktionäre, sondern in einer öffentlichen Veranstaltung das Los, sodass möglicher Korruption der Boden entzogen wäre.

Fördern wir das Bewegungsangebot unserer Kinder durch Sport an Schulen, in Vereinen oder im Alltag und leben es selbst vor. Nutzen wir vor allem die positiven Seiten des Sports für uns selbst, unsere Gesundheit sowie das Verbindende des Profisports und der Großereignisse. Bewerben wir uns erst wieder für solche Großereignisse, wenn die Vergabe nachvollziehbarer und frei von Korruption sowie die Finanzierung klarer geregelt ist.

Kommunikation. Unsere Wahrnehmung

Gespräche, Nachrichten und andere Formen der Kommunikation prägen unser Leben. Durch bewusstere Kommunikation können wir Unklarheiten vermeiden.

Wie kommt es zu Missverständnissen unter Menschen, auch wenn wir meinen, uns klar ausgedrückt zu haben? Kommunikation ist komplex, wie der Wissenschaftler Prof. Dr. Friedemann Schulz von Thun anhand seines Kommunikationsmodells beschreibt:

„Das Kommunikationsquadrat ist das bekannteste Modell von Friedemann Schulz von Thun und inzwischen auch über die Grenzen Deutschlands hinaus verbreitet. Bekannt geworden ist dieses Modell auch als ‚Vier-Ohren-Modell' oder ‚Nachrichtenquadrat'. Wenn ich als Mensch etwas von mir gebe, bin ich auf vierfache Weise wirksam. Jede meiner Äußerungen enthält, ob ich will oder nicht, vier Botschaften gleichzeitig:
* eine Sachinformation (worüber ich informiere),
* eine Selbstkundgabe (was ich von mir zu erkennen gebe),

- einen Beziehungshinweis (was ich von dir halte und wie ich zu dir stehe),
- einen Appell (was ich bei dir erreichen möchte).

Ausgehend von dieser Erkenntnis hat Schulz von Thun 1981 die vier Seiten einer Äußerung als Quadrat dargestellt. Die Äußerung entstammt dabei den ‚vier Schnäbeln‘ des Senders und trifft auf die ‚vier Ohren‘ des Empfängers. Sowohl Sender als auch Empfänger sind für die Qualität der Kommunikation verantwortlich, wobei die unmissverständliche Kommunikation der Idealfall ist und nicht die Regel.“[311]

Es kommt eben nicht nur darauf an, was wir sagen, sondern ebenso darauf, wie wir etwas aufnehmen.

Auch einfach nur schweigen ist Kommunikation, denn „wir können nicht nicht kommunizieren“, wie der Kommunikationswissenschaftler Paul Watzlawik es beschreibt:

„Man kann nicht nicht kommunizieren, denn jede Kommunikation (nicht nur mit Worten) ist Verhalten und genauso wie man sich nicht nicht verhalten kann, kann man nicht nicht kommunizieren. Praktisches Beispiel: Ein Beispiel wäre eine Frau im Wartezimmer eines Arztes, die die ganze Zeit nur auf den Boden starrt. Zunächst könnte man annehmen, sie würde nicht kommunizieren. Dennoch tut sie es, indem sie den anderen Wartenden nonverbal mitteilt, dass sie keinerlei Kontakt möchte.“[312]

Seien wir uns solcher Muster bewusst und kommunizieren so klar wie möglich, um Missverständnissen untereinander vorzubeugen.

Schauen wir unsere Nachrichtensendungen im Fernsehen an, sind Meldungen über Kriege, Skandale und andere negative Entwicklungen bestimmend. Die Formel „only bad news are good news“ scheint die Maxime zu sein. Nun geht es keineswegs da-

---

311 http://www.schulz-von-thun.de/index.php?article_id=71 vom 25. Oktober 2014
312 http://www.paulwatzlawick.de/axiome.html vom 25. Oktober 2014

rum, solche Nachrichten zu vermeiden, aber warum erwähnt man nicht dazu häufiger auch das Positive bzw. wie die Ursache der schlechten Nachricht zu beheben ist? Bei der nächsten Meldung über einen Fleischskandal in der Massentierhaltung sollte man nicht nur Bilder davon zeigen, sondern auch eine Ernährungsexpertin erklären lassen, wie gesund ein geringerer Fleischkonsum ist, und auf die Anbieter von Biofleisch hinweisen!

Kommunikation ist wichtig, nicht nur im täglichen Miteinander oder in den Nachrichten, sondern auch in der Wirtschaft, wie es uns große Konzerne vormachen. Nicht nur um zu informieren, sondern um die richtigen Botschaften über Werbung und Öffentlichkeitsarbeit zu platzieren sowie mit dem Produkt ein Image und im Idealfall einen Lebensstil zu transportieren. Dies können aber auch andere nutzen:

Die Hersteller von regionalen Bio-Produkten könnten sich eine klarere Kommunikationsstrategie überlegen und dem Verbraucher noch stärker die Vorteile aufzeigen: Sie ernähren sich gesünder, schonen die Umwelt und stärken die regionale Landwirtschaft. Dazu noch eine witzige Werbebotschaft wie „Bio is(s)t und macht knackig" mit Fotos attraktiver Bio-Bauern und bekennender Konsumenten.

Wenn wir dann noch die Hersteller von Lebensmitteln verpflichteten, ebenso konsequent auf deren Produkten Tatsachen zur Herstellung aufzuführen, etwa: „Dieses Hähnchenfleisch stammt aus einer Haltung mit 10 000 Tieren im Stall. Die Tiere wurden mit Antibiotikum behandelt" – was, denken Sie, würde passieren?

Wo wird über die vielen guten Beispiele berichtet, die man so zentral gar nicht erfinden oder steuern könnte? Es gibt natürlich im Internet Informationen der einzelnen Projekte sowie von einzelnen Verbänden wie zu Bio-Produkten. Es wäre doch klasse, wenn solche regionalen Projekte noch leichter zu finden wären, und das nicht nur im Internet.

Das mag einer der Beweggründe gewesen sein, die Prof. Dr. Gerd Michelsen von der Leuphana Universität Lüneburg gemeinsam mit Kolleginnen und Kollegen sowie dem Verlag der

Landeszeitung für die Lüneburger Heide GmbH veranlasst hat, das Magazin „Was zählt. Eine lebenswerte Zukunft in Lüneburg & Umgebung" im Mai 2014 herauszugeben. Das Nachhaltigkeitsmagazin gibt Anstöße für ein besseres Leben und stellt viele Beispiele aus der Region vor. In einem Interview sagt Michelsen zu den Zielen und dazu, was jeder tun könne:

„Es geht vor allem auch darum, verschiedene Lebensstile zu ermöglichen, die sich an Achtsamkeit und Nachhaltigkeit orientieren, wobei Achtsamkeit und Nachhaltigkeit auch wichtigere Orientierungen für die Politik sein sollten." Auf die Frage, wo der Einzelne handeln könne, antwortet Michelsen:

„Praktisch überall, zu Hause, beim Einkaufen, beim Essen, bei der Arbeit, auf dem Weg dorthin, bei der Wahl des Ferienortes. Auto, öffentliches Verkehrsmittel oder Fahrrad, ein weiterer Tag mit fleischlosem Essen, Plastikbeutel oder Stoffbeutel, mit dem Flugzeug in den Urlaub oder auch mal Ferien im eigenen Land. Es gibt viele kleine Schritte, die in der Summe aber durchaus wirksam sind."[313]

Die erste Ausgabe lag der lokalen Landeszeitung bei und erreichte so eine breite Öffentlichkeit mit vielen Tipps – ein großartiges Beispiel. Ein anderes ist das Magazin Bioboom aus Hannover, mehr unter www.bioboom.de, und es gibt sicher viele mehr. Schauen wir uns einfach in unserem Umfeld um und lassen uns daraus inspirieren.

Nutzen wir unsere Kommunikation bewusster. Sehen wir bei Nachrichten und anderer Kommunikation genauer hin. Mit diesem Blick kommunizieren wir selbst einfacher und klarer. Begleiten wir Änderungen, wie in diesem Buch beschrieben, immer kommunikativ, erläutern Hintergründe, erkennen Hindernisse, um diese zu beseitigen, und richten den Blick auf die positiven Veränderungen sowie Ziele, um so die Menschen mitzunehmen.

---

313 Landeszeitung, 31. Mai 2014, Seite 10

Nachrichten und Kultur.
Unsere Sender und Kultur für alle

Das öffentlich-rechtliche Fernsehen und der Rundfunk sowie die vielen Kulturinstitutionen wie Theater, Oper und Museen sind ein Segen für unser Land. Kultur bereichert das Leben der Menschen und liefert Inspiration im Alltag, vor allem, wenn wir selbst aktiv sind und singen, tanzen, musizieren und schauspielern. Wir sollten daher alle Menschen so einfach wie möglich an Kultur und Medien teilhaben lassen, von jung bis alt.

Nach den Erfahrungen im Dritten Reich mit der Gleichschaltung der Medien wissen wir, wie wichtig Medien sind, die auf einer breiten gesellschaftlichen Basis ruhen, von allen empfangen werden können, Korrespondenten in aller Welt haben, Meinungsvielfalt sichern und von niemandem gekauft werden können.

Unsere öffentlich-rechtlichen Medien haben den Auftrag, Menschen zu informieren, zu bilden und zu unterhalten. Um die finanzielle Unabhängigkeit dieser Medien gegenüber dem Staat zu sichern, werden sie nicht aus Steuergeldern finanziert, sondern durch einen gesondert erhobenen Pflichtbeitrag, den bekanntlich jeder Haushalt an die Gebühreneinzugszentrale (GEZ) zahlen muss.

Traditionell gibt es Radio- und Fernsehprogramme der großen Sender ZDF und ARD inklusiver der ARD-Regionalprogramme (NDR, WDR, MDR usw.). In den letzten Jahren gab es eine Ausdehnung an öffentlich-rechtlichen Fernsehsendern. War das wirklich in diesem Maße notwendig? Dieser Beitrag aus dem Jahr 2012 bewertet das kritisch:

„Wird der öffentlich-rechtliche Rundfunk seinem Informations-, Kultur- und Bildungsauftrag noch gerecht? Ist diese superbe und milliardenschwer ausgepolsterte Bestandsgarantie mit den hehren Werten eines Rundfunks, den die Demokratie braucht, den der Einzelne zu Information und Teilhabe benötigt, der für gesellschaftliche Integration sorgt, der versöhnt statt spaltet, sind die 7,5 Milliarden Euro so wertvoll und so notwendig wie Krankenversicherung, Hartz IV, Bundeswehr und fließend Kalt- und Heißwasser aus der Leitung?

So absurd es klingen mag, doch erst die Gesamtheit der 22 Fernsehprogramme ergibt ein öffentlich-rechtliches Bild. Erst die Mischung aus Zellteilung und Segregation sichert der Kultur ihren Platz bei 3sat und Arte, macht die Bildung bei BR alpha pädagogisch wertvoll, gibt der Politik bei Phoenix Sitz und Stimme, fesselt die jüngsten Zuschauer beim Kika. Alles wunderbar, doch alles Randgeschehen. Die Erwartung richtet sich auf die televisionäre Conditio sine qua non, auf die Kernprogramme von ARD und ZDF. Die sind im Kern längst nicht mehr öffentlich-rechtlich getunt (Information, Bildung, Unterhaltung), das sind Kampfprogramme gegen die private Konkurrenz … Von wenigen Formaten der Information und der Dokumentation abgesehen, sind die Kanäle der öffentlich-rechtlichen Machart und die Angebote der kommerziellen Bauart mehr konvergent als komplementär.

Dass das ZDF seit dieser Saison die Fußball-Champions-League überträgt und damit Sat 1 für eine Jahresrechnung von 52 Millionen Euro abgelöst hat, hat nichts mit Bessermachen und Besserkönnen zu schaffen, sondern schlicht mit der Tatsache, dass das ZDF genug Geld hat, um die privaten Nachfrager zu überbieten. Geld schießt Tore, Gebühr kauft Quote."[314]

Eine harsche, aber fundierte Kritik. Es gibt, wie geschildert, gute Gründe für den öffentlich-rechtlichen Rundfunk, aber ergeht es Ihnen mit dieser Wahrnehmung nicht ähnlich? Gerade durch diese Entwicklung besteht die Gefahr, dass die Akzeptanz bei manchem für den Rundfunkbeitrag sinkt.

Ist Ihnen mal aufgefallen, wie viele Krimis mittlerweile im öffentlich-rechtlichen Fernsehen laufen? Früher gab es nach meiner Erinnerung den Tatort am Sonntag in der ARD und

---

314 http://www.tagesspiegel.de/politik/neuer-rundfunkbeitrag-werden-die-oeffentlich-rechtlichen-ihrem-auftrag-noch-gerecht/7571188-3.html vom 30. Dezember 2012

den Freitagskrimi auf ZDF, dazu 1–2 Vorabendserien wie Großstadtrevier in der ARD. Laut einer TV-Zeitschrift liefen in der Woche vom 17.–23. Mai 2014 in allen öffentlich-rechtlichen Sendern insgesamt 27 Krimis, Thriller oder Krimiserien zur besten Sendezeit zwischen 16 und 24 Uhr. Alles aus unseren Gebühren finanziert. Mit Blick auf die Hirnforschung fragt man sich, wie sich die Gehirne von Menschen verändern, die regelmäßig diese Sendungen über Verbrechen anschauen? Ist das Aufgabe des öffentlich-rechtlichen Fernsehens oder ist es eher an der Quote ausgerichtet? Wäre nicht ein weit geringeres Angebot an Krimis die Woche ausreichend, zumal die Angebote der Privatsender noch dazukommen?

Dazu sind in den letzten Jahren wie beschrieben neue aus Gebühren finanzierte Sender gekommen, jeder für sich eine tolle Idee. Aber benötigen wir wirklich für Themen wie Kultur, Politik oder Kinderprogramme einzelne Sender, oder gehören diese nicht eher ins Programm von ARD und ZDF? Dazu kommen die vielen Sender des Privatfernsehens sowie die anderen medialen Angebote.

Mit Blick darauf, dass der Mensch nur eine begrenzte Zeit täglich vor den Bildschirmen verbringen sollte, ein Vorschlag, sich auf das Wesentliche des öffentlich-rechtlichen Auftrags zu konzentrieren: Kindersendungen, Kulturhighlights, Dokumentationen etc. kämen künftig häufiger ins Hauptprogramm von ARD und ZDF, dafür könnten wir die Zahl der Sender und damit den Verwaltungsaufwand reduzieren und den Bürger als Gebührenzahler entlasten. Es böte sich ein reduziertes, aber ausreichendes und kein schlechteres öffentlich-rechtliches Programm.

Im Jahr 2014 sind in der ARD im Vorabendprogramm sogenannte Daily Soaps und Krimiserien zu sehen. Warum zeigt man zu dieser Sendezeit, zu der gerade Familien mit Kindern gemeinsam fernsehen, nicht in einer Serie namens „Wir Weltverbesserer" täglich unterhaltsame Informationssendungen über vorbildliche Kitas und Schulen, Klimaschutz-, Kultur- und Sozialprojekte, Biolandwirtschaft, Flüchtlings- und Mehrgenerationenprojekte, neue lebensverbessernde Technologien sowie Gesundheits-

und Ernährungshinweise, mit denen die Familien und wir als ganze Gesellschaft angeregt werden, ihr und unser Leben noch besser zu gestalten?

Bei der staatlichen Kulturförderung geben wir jährlich Steuergelder an kulturelle Institutionen wie Theater, Opernhäuser und Museen, dennoch klagen so manche über fehlendes Geld und wünschen sich höhere Förderungen. Auch die von öffentlichen Einrichtungen gezahlten Gehälter in der Kultur sind teilweise recht hoch. Dies zeigt die bereits zitierte Veröffentlichung der Stadt Hamburg über die Gehälter der Vorstände und Geschäftsführungen der öffentlichen Unternehmen:

„Doch auch in der Kultur werden ordentliche Gehälter gezahlt. Simone Young, Intendantin der Staatsoper, erhält ein Jahressalär von 180 000 Euro, ebenso wie Ballettchef John Neumeier. Einer Veröffentlichung ihrer Boni stimmten sie nicht zu."[315]

Young und Neumeier gelten als Meister ihres Fachs, und es ist unumstritten, wie wichtig Kultur für jeden Menschen ist. Kulturelle Techniken wie Singen, Tanzen und Schauspielern fördern Kreativität, wecken Fähigkeiten, bringen Freude, lassen unser Gehirn wachsen, und das bei jedem einzelnen Menschen, wie auch Sport und andere körperliche Aktivitäten. Es gilt vor allem dann, wenn wir selbst aktiv sind, also selbst singen und nicht anderen dabei zusehen.

Warum erhalten dann bekannte Intendanten ein üppiges Gehalt aus Steuergeldern, während an der Basis die Leiter von Chören eher wenig bekommen bzw. viele dies sogar ehrenamtlich in ihrer Freizeit leisten? Sollten wir mit Hilfe unserer Steuergelder nicht viel mehr dafür sorgen, dass jeder Mensch, gleich welchen Alters, vor Ort ein Angebot an Kultur hat, an dem er teilhaben kann?

Es gibt viele private Chöre und tolle Initiativen an Kindergärten wie Canto elementar, bei denen Senioren ehrenamtlich mit Kindern Lieder singen, wie auf der Internetseite des Projektes

---

315 Hamburger Abendblatt, 29. April 2014, Titelseite und Seite 8

unter www.cantoelementar.de beschrieben. Oder das Projekt „Klasse! Wir singen", bei dem jährlich zehntausende Kinder im Grundschulalter gemeinsam singen. Allein in Hamburg waren es im Jahr 2014 rund 17 000 Schüler.[316] Auf der Internetseite wird das Projekt vorgestellt:

„‚Klasse! Wir singen' ist eine Aktion, die das Singen von Kindern in Schule, Freizeit und Familie dauerhaft und nachhaltig fördert. Durch die Teilnahme im Chor an einem großen Abschlussliederfest von tausenden anderen Kindern erfahren die Schulkinder einen enormen Motivations- und Selbstvertrauensschub. Gleichzeitig wird den Kindern ein gemeinsamer Liederkanon vermittelt, um auch außerhalb der Schule miteinander singen zu können."[317]

Für Erwachsene gibt es neben vielen kleinen Chören tolle Projekte wie Hamburgs größten Feierabendchor „Hamburg singt", der vor allem Menschen anspricht, die nicht an das Singen herangeführt worden sind, wie der Initiator Nils Schröder auf der Internetseite des Projektes erklärt:

„Du behauptest, nicht singen zu können? Das glauben wir nicht! Egal, ob jung oder alt, erfahren oder unerfahren, talentiert oder talentfrei – bei Hamburg singt sind alle willkommen, die gerne singen – sei es im Auto, unter der Dusche oder im Fußballstadion."[318]

Viele Schulen, die aktuell zu Ganztagsschulen ausgebaut werden, könnten ihr kulturelles und sportliches Angebot erweitern, wovon auch die anderen Menschen im Stadtteil profitieren sollten. Ein Beispiel für einen großartigen Schulchor ist der „Gospel Train" aus Hamburg:

„Dass die Schülerinnen und Schüler Freude und Spaß am Singen haben, wird besonders daran deutlich, dass selbst ehemalige Schüler ‚Gospel Train' treu bleiben. Sicherlich ist das Erfolgsgeheimnis dieses Chores vor allem in der Einsatzfreude

---

316 Siehe Hamburger Abendblatt, 30. Juni 2014, Seite 13
317 http://www.klasse-wir-singen.de/projekt vom 30. Juni 2014
318 http://www.hamburg-singt.de/daskonzept vom 22. November 2014

und Leistungsbereitschaft jedes Einzelnen und der Gemeinschaft innerhalb des Chores zu suchen."[319]

Wer solche Chöre kennt, weiß, dass regelmäßiges Singen im Chor nicht nur Freude bereitet, sondern soziale Kompetenzen wie Gemeinsinn, achtsames Miteinander, Disziplin, Ausdauer, Leidenschaft, Kreativität und vieles mehr fördert. Also genau die Kompetenzen, die das Leben und künftige Arbeitgeber von uns verlangen sowie den Jugendlichen mit Freude Selbstbewusstsein vermitteln. Schulchöre sollten daher nicht nur für wenige, sondern für jeden jungen Menschen ein normaler Bestandteil des Schullebens sein.

Wie bedeutend Singen für uns ist, zeigen diese Theorien:

„In der Forschung nach den Anfängen des Gesangs gibt es Theorien, die davon ausgehen, dass der Mensch erst gesungen hat, bevor er überhaupt begann durch Wortsprache mit seinen Artgenossen zu kommunizieren."[320]

„Denn singen konnten nach Ansicht vieler Forscher die Vorfahren von Homo sapiens schon, bevor sie sprechen konnten. Sonst ließe sich nicht erklären, dass die menschliche Stimme viel mehr kann, als beim Sprechen nötig ist."[321]

Singen scheint bedeutend für uns Menschen zu sein, wie dort weiter beschrieben wird: „Singen bewirkt noch viel mehr: Für die Frauen hatte das Singen wahrscheinlich eine vollkommen andere Funktion, glauben viele Wissenschaftler: Es diente der Kommunikation mit ihren Kindern. ‚Wenn Mütter mit ihren Babys reden, ist die Stimme höher, erstreckt sich insgesamt über einen größeren Frequenzbereich. Das Tempo ist langsamer, und die Sprachmelodie wird übertrieben. All das macht man beim Singen auch', sagt Altenmüller.

---

319 http://www.gospeltrain-hamburg.de/chorleben.html vom 22. November 2014

320 http://www.planet-wissen.de/kultur_medien/musik/singstimme/warum_singt_der_mensch.jsp vom 21. November 2014

321 http://www.spiegel.de/wissenschaft/mensch/evolution-singen-bringt-menschen-ueberlebensvorteil-a-501895.html vom 21. Februar 2015

Besonders wichtig war diese Kommunikation, wenn die Frauen ihren Nachwuchs beruhigen mussten, ohne ihn berühren zu können. Das funktioniert tatsächlich, konnte die kanadische Psychologin Sandra Trehub zeigen: Wenn Babys etwas vorgesungen bekommen, sinkt ihr Stresshormonspiegel und dieser bleibt zudem deutlich länger auf niedrigem Niveau, als wenn die Mütter lediglich reden. Zunutze machen sich das Eltern auf der ganzen Welt, indem sie ihren Kindern Wiegenlieder vorsingen – die laut ‚bild der wissenschaft' interessanterweise überall ähnlich klingen und demnach wahrscheinlich schon sehr früh in der Geschichte der Menschheit entstanden. Noch wesentlicher für den evolutionären Erfolg von Musik könnte allerdings eine andere Eigenschaft gewesen sein: ‚Musik ist immer etwas Gemeinschaftliches, und gemeinschaftliche Aktivitäten stärken den Zusammenhalt einer Gruppe', sagt Altenmüller. Singen beispielsweise sorge dafür, dass sich Menschen ‚emotional synchronisieren' – eine unverzichtbare Voraussetzung für gemeinsames Handeln, das wiederum unabdingbar für das Überleben in schweren Zeiten war.

Damit das nicht in Vergessenheit geriet, hat die Natur zusätzlich noch für einen besonderen Kick gesorgt: Musik stimuliert das Belohnungszentrum und löst dadurch Glücksgefühle aus, ähnlich wie Essen oder Sex. Das beruhigt, bringt die Emotionen ins Gleichgewicht und tut zusätzlich noch dem Körper gut."

Wenn wir um diese Bedeutung und positiven Auswirkungen wissen, sollten wir Singen nicht nur allen Kindern, sondern auch allen Erwachsenen ermöglichen!

Es gibt ja bereits öffentliche Musikschulen, nutzen wir diese noch konsequenter. Zum einen könnten diese die Räumlichkeiten der Schule mit nutzen, so dass tagsüber die Schüler kurze Wege zwischen Schule und Musikschule hätten sowie die Kosten für einen eigenen Standort der Musikschule entfielen. Nach Schulschluss könnten verstärkt Angebote für die Erwachsenen stattfinden. In jedem Ort könnten, je nach Größe, eine oder mehrere hauptamtliche Chorleiterinnen wöchentlich in der Schulaula Chöre wie einen Feierabendchor anbieten. Jeder, von jung bis alt, sollte die Möglichkeit haben, regelmäßig den Genuss und damit die beschriebenen Vorteile des gemeinschaftlichen Singens zu erleben. Kulturelle Ganztagsangebote an Schulen und für die anderen Bürger könnten so ineinander übergehen.

Für die Menschen aus kleinen Orten, in denen es keine Schulen gibt, könnten Busse eingesetzt werden, um neben den Kindern auch andere Personen an diesen Angeboten teilhaben zu lassen.

Es wäre doch großartig, wenn es in jedem Ort bzw. Stadtteil solche aus den Bildungs- oder Kulturetats geförderten Angebote gäbe. So kämen viel mehr Menschen in den Genuss der Kultur, würden dann sicher häufiger Theater, Museen und Konzerte besuchen und zu deren Erträgen beitragen.

Wer seine eigene Kultur besser kennt, ist bekanntlich auch offener für fremde Kulturen, wie ich es immer wieder erleben konnte. Als Kind und Jugendlicher erlernte ich nicht nur Standardtänze, sondern auch Volkstänze. Diese Kenntnisse und Erfahrungen waren ein Segen für mich während meiner Sprachreise in Edinburgh. Auf schottischen Tanzfesten, den sogenannten Ceilidhs, erkannte ich bei den Tänzen Gemeinsamkeiten bei den Schritten und Drehungen. Dank dieser Kenntnisse konnte ich rasch mit den Einheimischen sowie meinen Mitschülerinnen aus aller Welt tanzen. Das veranlasste die Kolumbianerinnen darunter, uns deren Tänze zu zeigen und mit uns am nächsten Abend in einer Bar Salsa zu tanzen. So ging es weiter mit dem Austausch über die Kulturen unserer Länder; wir entdeckten Unterschiede und Gemeinsamkeiten. Ähnliche Erlebnisse hatte ich später bei meinem Praktikum in Brüssel sowie während des Studiums mit ausländischen Studenten bei Tanzkursen des Hochschulsports und anderen Gelegenheiten.

Kultur verbindet, also lernen wir noch mehr von unserer eigenen Kultur, dann sind wir offener für andere Kulturen.

Kulturelle Einrichtungen, Künstler und Sportvereine können noch offensiver mit Schulen, Kitas und Altenheime über gemeinsame Aktivitäten sprechen. Gerade für Schulen im Ganztagsbetrieb können sie Angebote bieten, die die Schule nicht selbst initiieren muss. Viele kulturelle Einrichtungen führen bereits Projekte mit Schülern, Studenten und Flüchtlingen durch. Die Lüneburger Malerin Swantje Crone beispielsweise bietet Kindern und Jugendliche Kurse an. Ob bei ihr im Atelier oder in der Schule oder Kita, wie es die Verantwortlichen wünschen. Mehr auf der Internetseite der Künstlerin: www.swantje-crone.de.

Sollte es nicht Ziel eines Theaters oder Museums sein, jeden Menschen aus seinem Ort bzw. Stadtteil mindestens einmal im Jahr in seiner Einrichtung zu begrüßen? Auch jeder von uns sollte den Anspruch für sich haben, Theater und Museen nicht nur bei Reisen aufzusuchen, sondern auch regelmäßig vor Ort. Eine solche direktere Kulturförderung wirkt für jeden Menschen nachhaltig, denn wer als Kind oder Jugendliche schon einmal selbst auf der großen Theaterbühne steht, wird dadurch sicher für sein Leben positiv geprägt. Und manch Erwachsener wird in seiner zweiten Lebenshälfte noch mehr zum Kultur- und Sport- liebhaber, wenn alle die Möglichkeit erhalten, selbst aktiv zu werden und daran teilzuhaben.

Besinnen wir uns bei den öffentlich-rechtlichen Medien wieder mehr auf deren Auftrag, sparen wir dort an Rundfunkgebühren. Dadurch sowie durch ein konzentriertes und hervorragendes Programm erfahren diese Medien noch mehr Akzeptanz und Resonanz. Durch eine direktere Kulturförderung profitieren jeder Einzelne von uns sowie die kulturellen Einrichtungen. Durch mehr kulturell gebildete und aktive Menschen gibt es auch mehr potenzielle Kunden dieser Institutionen, sodass diese finanziell besser dastehen. Wenn wir alle mehr miteinander singen und tanzen, wird unser aller Leben erfüllter und die Welt eine bessere.

Engagement. Unser freiwilliger Einsatz

Nicht nur durch finanzielles, vor allem durch ehrenamtliches Engagement haben wir die Möglichkeit, uns für Dinge einzu- bringen, die uns wichtig sind. Damit tun wir anderen, aber auch uns selbst Gutes.

Sei es im Verein, der Kirche, der Landjugend, einer Hilfsorganisation oder auch im privaten Umfeld bei Freunden oder der Familie. Viele wichtige gemeinnützige Einrichtungen wie Hospize, Altenheime, Freiwillige Feuerwehren, Sportvereine usw. wie auch die kommunale Politik kommen ohne Freiwillige nicht über die Runden. „Aber auch hier gibt es Risiken, nämlich dass Ehrenamtliche ausgenutzt werden bzw. Arbeit auf sie ausgelagert wird. Hier können wir, wie im Kapitel Kultur beschrieben, durch strukturelle Änderungen mehr Menschen ein Einkommen und eine höhere Wertschätzung ermöglichen.

Bei einem freiwilligen Engagement bringen wir unsere persönlichen Neigungen ein, treffen auf ähnlich motivierte Menschen und erfahren im Idealfall Dank. Klein beschreibt dies wie folgt: „Wer freiwillig etwas für andere tut, verschafft sich nicht nur für den Moment gute Gefühle, er steigert auch langfristig seine Lebenszufriedenheit … Altruisten sind gesünder und leben länger, solange sie die Selbstlosigkeit nicht bis zur Selbstaufgabe treiben."[322]

„Vielmehr zieht, wer sich engagiert, fast immer eine große Befriedigung aus seiner Tätigkeit selbst. Das ergab eine Studie des englischen Sozialpsychologen Michael Argyle über Freizeitgestaltung. Die meisten Befragten gaben an, dass nichts die Freude überwiegen könnte, die ihnen ein freiwilliges Engagement bereite. Auf einer Punkteskala des Vergnügens, mit der die Befragten ihre Freizeitbeschäftigungen bewerteten, rangierte nur das Tanzen noch höher … Ob in einer Theatergruppe oder einem Naturschutzverband – sich zu engagieren ist nicht bloß aus moralischen Gründen empfehlenswert, sondern auch aus reinem Eigennutz."[323]

Auch hier können Krisen zu Chancen werden. Von einem Schicksalsschlag getroffene Menschen gründen oft Einrichtungen, um ähnlich Betroffenen zu helfen. So auch Christl Bremer, die eine schwere Erkrankung zur Idee und Gründung der Stiftung phönikks in Hamburg veranlasste:

---

322 Klein 2010, Seite 279
323 Klein 2005, Seite 269

„Für die Stiftung phönikks, die seit 1986 pro Jahr bis zu 300 krebskranke Menschen – Kinder, Jugendliche und deren Angehörige – betreut, hat Christl Bremer richtig angepackt. Eigene böse Erfahrungen – ein Hirntumor im Alter von 17 Jahren – haben sie geprägt. Dass aber nach ihren fast 20 Jahren in der Politik ausgerechnet phönikks ihr Lebenswerk würde, hat sie nicht geahnt. ... Später wurde sie darum gebeten, bitte auch Jugendliche aufzunehmen, Familienangehörige der kleinen Patienten sowieso, und auch junge Erwachsene. In vielen Städten Deutschlands gibt es heute solche Anlaufstellen für Krebspatienten, in ganz Deutschland gibt es allerdings bis heute keine andere Beratungsstelle, die nach dem Hamburger Vorbild familienorientiert arbeitet. Motor der Stiftung ist bis heute Christl Bremer. Unermüdlich im Spendensammeln, im Organisieren von Charity-Aktionen." [324]

Eine weitere bewegende Geschichte verbirgt sich hinter der NCL-Stiftung, bei der die Krankheit eines Sohnes dessen Vater motivierte, diese Krankheit zu erforschen, um so vor allem anderen betroffenen Kindern zu helfen, wie auf der Internetseite der Stiftung beschrieben:

„Im Jahr 2002 wurde die NCL-Stiftung von Dr. Frank Husemann gegründet, nachdem bei seinem damals 6-jährigen Sohn Tim **NCL** diagnostiziert wurde. **N**euronale **C**eroid **L**ipofuszinose ist eine seltene Stoffwechselerkrankung, die das zunehmende Absterben von Nervenzellen zur Folge hat. Es ist die häufigste Form von Kinderdemenz ... Viele der NCL-Patienten erleben nicht einmal ihr 30. Lebensjahr." [325]

Zu seiner Motivation schreibt Dr. Husemann in einem Grußwort: „Die meisten Menschen setzen sich erst dann für eine Sache ein, wenn Sie persönlich betroffen sind. Als Vater eines an NCL erkrankten Sohnes konnte und wollte auch ich nicht tatenlos mit ansehen, wie das Leben auf grausame Weise von Tag zu Tag

---

324 Hamburger Abendblatt, 19. Februar 2013, Titelseite
325 http://www.ncl-stiftung.de/main/pages/index/p/294 vom 15. November 2014

ein wenig mehr von meinem Kind genommen wird. Ich wollte mich engagieren. Nicht nur für mein Kind, sondern auch für die anderen rund 700 NCL-Kinder in Deutschland und ihre Familien."

Großartige und bewegende Beispiele, aber nicht jeder muss seine eigene Einrichtung gründen. Es gibt viele Institutionen, in denen sich jeder mit seinen Talenten einbringen kann, ob als Trainer im Sportverein oder als Freiwilliger in der Feuerwehr. Möglichkeiten zum Engagement in einer der vielen sozialen Einrichtungen oder in der Politik sind leicht zu finden. Das unmittelbare Handeln ist das schönste, und das können wir jederzeit machen. Einfach achtsam sein und schauen, wo Hilfe angebracht ist: Beispielsweise der älteren Dame den Sitzplatz im Bus anbieten, Bedürftigen etwas geben oder Touristen den Weg zum Museum erklären.

Auch Unternehmen und gut situierte Privatpersonen engagieren sich über Spenden oder Stiftungen freiwillig für die Gesellschaft, um etwas von ihrem wirtschaftlichen Erfolg an die Gesellschaft zu geben. Hamburg gilt als das Bundesland mit den meisten Stiftungen pro Einwohner. Viele wurden von Unternehmen wie bei der Körber-Stiftung oder wohlhabenden Bürgern errichtet, darunter diverse Prominente wie bei der Uwe-Seeler-Stiftung. Diese Stiftungen setzen sich für diverse soziale, kulturelle und andere gemeinnützige Zwecke ein.

Bringen wir uns ein mit unserem Engagement und tun anderen und damit auch uns selbst Gutes! Schauen wir also in erster Linie, wofür wir uns gerne engagieren möchten. Das ist das Wichtigste.

Wer, wenn nicht wir?
Wann, wenn nicht jetzt?

Wer, wenn nicht wir als Deutschland, kann beim Weg hin zu einem nachhaltigeren Leben mit gutem Beispiel vorangehen? Was für eine historische Chance für unser Land, das noch im letzten Jahrhundert Millionen Menschen in Vernichtungslagern umbrachte, unsere Welt in vielen Bereichen zum Guten zu verändern.

Wir sind wohlhabend, Europas stärkste Wirtschaft, aufgeklärt, haben das dunkelste Kapitel unserer Historie aufgearbeitet und sind mittlerweile ein recht buntes Einwanderungsland. Wir sind geachtet und beliebt. Eine weltweite Studie der britischen BBC brachte im Mai 2013 das Ergebnis, dass Deutschland das beliebteste Land der Welt ist.[326]

Deutschland ist bekanntlich Fußball-Weltmeister 2014 geworden, durch einen technisch versierten Fußball mit jungen vorbildlichen Spielern. Auch dafür achtet uns die Welt. Spieler wie Per Mertesacker und Philipp Lahm sind Vorbilder für die Jugend und engagieren sich mit ihren Stiftungen für benachteiligte Kinder. Mehr ist auf den Internetseiten der Stiftungen zu lesen: www.per-mertesacker-stiftung.de und www.philipp-lahm-stiftung.de. Eine weitere Umfrage bestätigt dies:

„Deutschland ist das angesehenste Land der Welt. Nach dem Gewinn der Fußball-WM ist Deutschland nun das Land mit dem besten Image: Die Bundesrepublik hat die USA auf der Rangliste der beliebtesten Nationen gegenüber 2013 vom ersten Platz verdrängt. Das ist das Ergebnis einer GfK-Umfrage bei 20 000 Menschen in den größten Industrie- und Schwellenländern."[327]

---

326 http://www.spiegel.de/politik/ausland/bbc-studie-deutschland-hat-weltweit-den-besten-ruf-a-901450.html vom 23. Mai 2013
327 Hamburger Abendblatt, 13. November 2014, Titelseite

Nutzen wir diese Beliebtheit und schreiten bei der Nachhaltigkeit sowie der Klimarettung noch stärker voran. Wenn andere dann sehen, wie wir dadurch besser leben, würden uns Länder wie China beim Klimaschutz noch stärker zum Vorbild nehmen, die Amerikaner viele Windräder betreiben und kleinere Autos fahren. What a wonderful world it could be!

Zukunft. Unser Rückblick auf heute

Das Faszinierende an Geschichte ist vor allem, dass wir im Rückblick in die Vergangenheit Entwicklungen klar erkennen. Wir bewundern Menschen, die bei den Herausforderungen ihrer Zeit mutig und weise das Richtige taten, seien es die Geschwister Scholl, die gemeinsam mit anderen als Studenten gegen das Nazi-Regime protestierten, oder Nelson Mandela, der mit seiner Entschlossenheit Südafrika aus der Rassentrennung führte und dafür viele Jahre inhaftiert war. Aber wir sehen auch auf Fehlentwicklungen und fragen uns: Warum haben die Menschen damals trotz besseren Wissens nicht anders gehandelt? Was werden künftige Generationen wohl über uns sagen?

Hören wir hinein in ein fiktives Gespräch eines Vaters mit seinem Sohn im Jahr 2060.

Der Sohn fragt: „Wir nehmen in der Schule gerade das fossile Kohle-Erdöl-Zeitalter durch. Wann endete das noch mal?"

Der Vater antwortet: „Im Jahr 2023 wurden die letzten Kohlekraftwerke abgestellt."

Sohn: „Warum hat das so lange gedauert, die Menschen wussten doch viel früher, wie sehr die fossilen Brennstoffe das Klima schädigen?"

Vater: „Mit diesen Entscheidungen gingen Arbeitsplätze verloren, damit taten sich die Menschen schwer. Aber Gott sei Dank geschah das noch rechtzeitig. Auch Opa hat seinen Teil dazu beigetragen und einiges in seinem Leben geändert."

Sohn: „Haben die Menschen damals wirklich in Restaurants und anderen Räumen geraucht, in denen sie gegessen haben, selbst wenn sie ihre Kinder dabei hatten?"

Vater: „Ja, denn Rauchen galt lange als Symbol für Freiheit. Die Menschen mussten erst erkennen, was sie damit verbinden, dann konnten sie es ändern."

Sohn: „Haben die Menschen Tiere wirklich in großer Massentierhaltung gezüchtet und nicht, wie wir heute, in artgerechter
biologischer Haltung?"

Vater: „Ja, aber als sie merkten, dass dies weder den Tieren noch
den Menschen guttat, ging das wieder vorbei. Das Wissen
und die Bedeutung von Ernährung nahmen wieder zu. Die
Menschen stellten die Landwirtschaft komplett auf biologisch
um, wie es über Jahrtausende ging und du es heute kennst."

Sohn: „Stimmt es, dass früher viele Kinder in armen Ländern nicht
zur Schule gehen durften und es Kinderarbeit gegeben hat?"

Vater: „Ja, das war so. Vor dem Hintergrund der steigenden Flücht-
lingszahlen in den ersten zwei Jahrzehnten des 21. Jahrhunderts
entschloss sich die Weltgemeinschaft, die Ursachen der Armut
weltweit zu beseitigen. Durch den weltweiten Mindestsozialvertrag wurde für alle Kinder weltweit die Schulpflicht eingeführt, die Kinderarbeit abgeschafft, Mindestlöhne eingeführt
und die Armut weitestgehend beseitigt, sodass seitdem weit
weniger Menschen auf der Flucht sind als noch in den ersten
20 Jahren unseres Jahrtausends. Geholfen haben dabei die
Steuern, die die UN seitdem von den weltweit agierenden
Unternehmen einnehmen. Du weißt doch, wann der Vertrag
geschlossen wurde?"

Sohn: „Na klar, das weiß doch jeder, im Jahr 2026. Heute habe
ich das Wort ‚Mülldeponie' gehört. Was war das?"

Vater: „Mit dem Mindestsozialvertrag wurde gleichzeitig das
‚Cradle to Cradle-Prinzip' weltweit eingeführt. Wie du weißt
geben wir ja heute die Verbrauchsgüter in den Kompost und
die Gebrauchsgüter an die Produzenten zurück. In früheren
Zeiten haben die Menschen diese oft weggeworfen. Der Abfall wurde nur zum Teil getrennt und recycelt, ein Großteil
wurde verbrannt oder landete auf einem großen Haufen. Das
war eine Mülldeponie."

Sohn: „Wie, die Menschen haben die wertvollen Rohstoffe einfach weggeschmissen?" …

Epilog. Unsere Ziele

Wir alle gestalten unsere Gesellschaft mit den vielen kleinen und großen Entscheidungen Tag für Tag. Die durch die Veränderungsdynamik verursachten Krisen sind Chancen für eine Zeit des Umdenkens weg von ideologischen Debatten, hin zu pragmatischem, konsequentem und vor allem nachhaltigem Handeln, ganz nach dem afrikanischen Sprichwort: „Wenn viele kleine Menschen an vielen kleinen Orten viele kleine Dinge tun, verändern sie das Antlitz der Welt."

Manch einem werden Themen in diesem Buch fehlen oder das eine oder andere Thema zu oberflächlich behandelt sein. Es ist nicht mein Anspruch, alle Themen umfassend zu erfassen. Diese können Sie selbst ergänzen. Zu allen beschriebenen Bereichen gibt es natürlich tiefer gehende Erkenntnisse. Meine Motivation ist, die Vielfalt der Möglichkeiten aufzuzeigen und vor allem zum Handeln zu motivieren.

Sehen wir Krisen als Chancen, lösen die Ursachen und vertagen sie nicht mit Schulden auf morgen. Gegenseitige Unterstützung durch unsere Mitmenschen ist die natürlichste und damit beste Hilfe, denn Fördergelder leisten keine emotionale Unterstützung. Gemeinsam meistern wir unsere Herausforderungen besser als alleine. Statt uns in inneren und äußeren Konflikten aufzureiben, leben wir im Einklang mit uns selbst und im gegenseitigen Respekt und Wertschätzung. Finden wir statt spaltender Schwarz-weiß-Entscheidungen gemeinsame Lösungen.

Kommen wir weg von Extremen und leben ausgewogener. Eine Angleichung bei Einkommen, Vermögen und der Altersversorgung lässt die Schere zwischen Arm und Reich kleiner, unsere Gesellschaft gerechter und uns alle zufriedener werden.

Konsumieren und Handeln wir bewusster und teilen wir mehr, werden wir freier. Orientieren wir uns weniger am aktuellen

Zeitgeist und Trends, sondern mehr an natürlichen Vorgaben und sehen wir die Natur als Partner. Neue Technologien helfen uns am meisten, wenn wir bei deren Nutzung unsere ureigenen Bedürfnisse berücksichtigen.

Gönnen wir uns regelmäßig Stille und kommen zur Ruhe. Nicht nur, um uns zu erholen, sondern um Erlebtes zu verarbeiten, uns selbst zu finden, die Hinweise der göttlichen Kraft wahrzunehmen sowie auf eigene Gedanken zu kommen.

Denken Sie nicht auch manchmal, wenn Sie durch die Natur gehen, alte Bäume und blühende Blumen sehen: „Ist das nicht herrlich, und sollten wir das nicht erhalten?!" Machen wir einfach alle mit und belohnen uns selbst mit guten Gefühlen, wie David Servan-Schreiber es beschreibt:

„Jeden Abend fasse ich in meinem Tagebuch in wenigen Worten zusammen, was mir am meisten Freude gemacht hat. Normalerweise sind das ganz einfache Dinge. Oft bin ich überrascht, welche Freude ich daran habe, dass ich nur Gemüse, Hülsenfrüchte und Obst (und ein bisschen Vollkornbrot) gegessen habe. Mir fällt auf, dass ich den ganzen Tag aufmerksamer war und mich leichter fühlte. Es ist ein schönes Gefühl zu wissen, dass ich dem Planeten, der mich trägt und ernährt, keine allzu große Last bin."[328]

Ein wahrlich schöner Gedanke, mit dem wir unsere Umwelt schützen, uns selbst belohnen und auf diese Weise zufriedener und glücklicher werden. Lassen Sie uns gemeinsam unsere Gesellschaft neu denken und gestalten, ohne neue Ideologien und Revolutionen, sondern einfach durch viele gute Taten.

Das achtsame Denken setzt sich fest: Mir fallen immer mehr die positiven Beispiele und Nachrichten in meinem Umfeld auf, und bei schlechten denke ich sofort: Wie könnte es anders und besser gehen? An diesen vielen positiven Beispielen und Ideen wollte ich andere Menschen wie Sie teilhaben lassen. Das alles macht viel Freude, und die wünsche ich Ihnen auch beim Entdecken

---

328 Servan-Schreiber 2010, Seite 136

Ihres persönlichen Weges: „Es gibt sechs Milliarden Menschen und sechs Milliarden Wege zum Glück."[329]

Stellen Sie sich vor, dass Sie bereits in kurzer Zeit bei sich und in der Gesellschaft die beschriebenen positiven Auswirkungen wahrnehmen. Stellen Sie sich vor, dass Sie später von Ihren erwachsenen Kindern gesagt bekommen, dass sie stolz darauf sind, dass ihre Eltern Dinge in ihrem Leben verändert haben, um unsere Welt für die nächsten Generationen lebenswert zu erhalten. Sind das nicht großartige Ziele für eigene kleine Veränderungen im Leben?

Einen herzlichen und großen Dank an alle, die mir geholfen oder mich inspiriert haben. Seien es meine Familie, Freundinnen und Freunde, Kollegen, Mitglieder aus meiner und anderer Gemeinden und andere aktuelle und ehemalige Weggefährten.

Ein großer Dank ebenso an viele andere liebe Menschen wie meine Ärzte und andere Helfer, Mitarbeiter auf dem Wochenmarkt, in Bioläden und Cafés, meiner Krankenkasse, meines Verlags und viele andere. Die einen haben mir geholfen, andere mich inspiriert und oder Korrektur gelesen. Mit anderen habe ich über einzelne Themen gesprochen. Mal gab es Zustimmung, mal nicht, was mich noch einmal zum Nachdenken anregte.

Herzlichen Dank und allzeit Gottes Segen an Sie und euch alle!

---

329 Klein 2005, Seite 283

Literatur

Betz, Robert (2011): Willst du normal sein oder glücklich?, Wilhelm Heyne Verlag München, in der Verlagsgruppe Random House GmbH, 2011

Csikszentmihalyi, Mihaly (2004): Flow. Das Geheimnis des Glücks, J.G. Cotta'sche Buchhandlung Nachfolger GmbH, Stuttgart 1992, Erste Auflage dieser Ausstattung 2004

Gauck, Joachim (2012): Freiheit, 4. Auflage 2012, Kösel-Verlag München

Klein, Stefan (2002): Die Glücksformel, 9. Auflage, Reinbek bei Hamburg: Rowohlt Taschenbuch Verlag, 2005

Klein, Stefan (2010): Der Sinn des Gebens, 2. Auflage, S. Fischer Verlag GmbH, Frankfurt am Main 2010

Johnson, Ben; Loyd, Alex (2012): Der Healing Code, 22. Auflage Mai 2014, Reinbek bei Hamburg: Rowohlt Taschenbuch Verlag, März 2012

Liedloff, Jean (1977): Auf der Suche nach dem verlorenen Glück, 426.−455. Tausend der deutschen Ausgabe, 2002, München: Verlag C. H. Beck

Servan-Schreiber, David (2010): Das Antikrebs-Buch, 2. Auflage Taschenbuchausgabe, München: Wilhelm Goldmann Verlag, in der Verlagsgruppe Random House GmbH, 2007

Verstegen Mark (2006): Das Core Programm, München: Südwest Verlag, einem Unternehmen der Random House GmbH

Von Hirschhausen, Eckart (2009): Glück kommt selten allein, 1. Auflage, Reinbek bei Hamburg: Rowohlt Verlag GmbH, 2009

Der Autor

Stefan Lütkemüller, Jahrgang 1972, hat in vielen
Bereichen nicht nur theoretische Kenntnisse,
sondern auch praktische Erfahrungen sammeln
können. Der Wunsch, die Welt zum Guten zu
verändern und ein Buch zu schreiben mit Anregungen, wie wir das alle gemeinsam tun können,
war schon immer Teil seines Lebens. Dieser hat sich
durch ein persönliches Ereignis aber verstärkt:

Im Jahr 2010 wurde bei ihm ein Gehirntumor
entdeckt. Diese Krise motivierte ihn, sein Leben
zu verändern. Diese Veränderungen bereicherten
sein Leben und er lernte, Krisen als Chancen zu
sehen. Für diese Erfahrungen ist er dankbar und
sagt: „Krisen hat bekanntlich jeder im Leben. Ich
wünsche mir, dass Menschen Krisen als Inspiration
erkennen. Sie können ihr Leben dauerhaft zum
Guten verändern, ebenso wie wir alle gemeinsam
unsere gesamte Welt, einfach und ohne große
Revolutionen. Wir haben viele Möglichkeiten, also
einfach mitmachen!"

novum VERLAG FÜR NEUAUTOREN

Der Verlag

*Wer aufhört
besser zu werden,
hat aufgehört
gut zu sein!*

Basierend auf diesem Motto ist es dem novum Verlag
ein Anliegen neue Manuskripte aufzuspüren, zu ver-
öffentlichen und deren Autoren langfristig zu fördern.
Mittlerweile gilt der 1997 gegründete und mehrfach
prämierte Verlag als Spezialist für Neuautoren in
Deutschland, Österreich und der Schweiz.

**Für jedes neue Manuskript wird innerhalb
weniger Wochen eine kostenfreie, unverbind-
liche Lektorats-Prüfung erstellt.**

Weitere Informationen zum Verlag und
seinen Büchern finden Sie im Internet unter:

w w w . n o v u m v e r l a g . c o m